普通高等职业教育“十三五”规划教材

大学生心理健康教育与发展
——为成长护航

DAXUESHENG XINLI JIANKANG JIAOYU YU FAZHAN

主　编：武传伟　张洁婷　朱小红
副主编：谢　飞　曲媛媛　孙　蕾
陈小斌　张　静　杜秋霞
参　编：李文婷　王俊力　朱艺丹

清华大学出版社
北京

内容简介

本书以心理学基本理论为支撑，以典型案例为切入点，内容涵盖大学生的学习心理、自我意识、人格发展、情绪管理、挫折心理、人际交往、恋爱与性心理、竞争与合作、职业生涯规划、心理问题识别与预防。本书各章章首设置"案例导读"，引发学生对本章内容的思考；在正文中穿插了"心理小贴士""心理训练游戏""案例讨论"，以增加学生的相关知识储备，帮助学生加深理解，增加课堂互动体验；正文后附有"心理测试""思考题""拓展阅读"，作为课堂延伸，以拓展学生的思考为切入点，增强学生自主学习的兴趣。

本书内容贴近大学生活，适合大学生阅读和学习，可以作为大学生心理健康教育的教材，也可以作为大学生自我修养、心理保健的图书。对于广大教育工作者及学生家长，本书也不失为一本有价值的参考资料。

图书在版编目(CIP)数据

大学生心理健康教育与发展：为成长护航 / 武传伟，张洁婷，朱小红主编. —北京：清华大学出版社，2018（2022.8重印）

（普通高等职业教育"十三五"规划教材）

ISBN 978-7-302-50425-2

Ⅰ.①大… Ⅱ.①武… ②张… ③朱… Ⅲ.①大学生-心理健康-健康教育-高等职业教育-教材 Ⅳ.①G444

中国版本图书馆 CIP 数据核字(2018)第 123087 号

责任编辑： 刘志彬
封面设计： 汉风唐韵
责任校对： 王凤芝
责任印制： 宋 林

出版发行： 清华大学出版社
网 址： http://www.tup.com.cn，http://www.wqbook.com
地 址： 北京清华大学学研大厦 A 座 **邮 编：** 100084
社 总 机： 010-83470000 **邮 购：** 010-62786544
投稿与读者服务： 010-62776969，c-service@tup.tsinghua.edu.cn
质量反馈： 010-62772015，zhiliang@tup.tsinghua.edu.cn
印 装 者： 三河市铭诚印务有限公司
经 销： 全国新华书店
开 本： 185mm×260mm **印 张：** 16 **字 数：** 378 千字
版 次： 2018 年 7 月第 1 版 **印 次：** 2022 年 8 月第 7 次印刷
定 价： 49.50 元

产品编号：080182-02

前　言

习近平总书记在2016年全国卫生与健康大会上提出，要加大心理健康问题基础性研究，做好心理健康知识和心理疾病科普工作，规范发展心理治疗、心理咨询等心理健康服务。

在当今多变革、高效率、快节奏、多信息、强竞争的新时期社会背景下，大学生心理素质不仅关系着他们自身的成长和发展，也关系着我国人才培养的质量和国民素质的水准。因此，大学生心理健康教育作为大学教育的组成部分愈发重要，其重点是面向全体学生开展预防性教育、提升整体心理健康水平。而开设大学生心理健康课程就是高校开展此项工作最为经济、有效的渠道。

2011年，教育部颁布《普通高等学校学生心理健康教育工作基本建设标准(试行)》，明确要求各高校开设心理健康教育必修课。作为多年工作在教学一线的教师，课堂上，我们也一直努力从大学生熟悉的生活现象入手，用通俗易懂的语言普及心理健康知识，让学生们听得懂、用得着，能将心理学知识与自身的内心经验相印证，掌握提高心理健康发展的基本规律。在长期的实践研究与经验累积中，我们始终对照教育部颁布的《普通高等学校学生心理健康教育课程教学基本要求》反复讨论研究、认真总结梳理，力图让课程设置、内容取材、教学方法等既符合教学基本要求，又满足大学生心理成长需要。在逐渐形成实用课程模式的同时，也促成了本书的诞生。

本书各章章首设置“案例导读”，引发学生对本章内容的思考；在正文中穿插了“心理小贴士”“心理训练游戏”“案例讨论”，以增加学生的相关知识储备，帮助学生加深理解，增加课堂互动体验；正文后附有“心理测试”“思考题”“拓展阅读”，作为课堂延伸，以拓展学生的思考为切入点，增强学生自主学习的兴趣。

本书由山东外贸职业学院武传伟、张洁婷和湛江幼儿师范专科学校朱小红任主编，山东外贸职业学院谢飞、曲媛媛、孙蕾和湛江幼儿师范专科学校陈小斌、张静、杜秋霞任副主编，山东外贸职业学院李文婷、王俊力和湛江幼儿师范专科学校朱艺丹参与编写。

时光匆匆，当编者老师们终于完成书稿围坐小憩，内心仍旧忐忑：我们是否切实把握学生的心理成长需要，对书中内容进行了最合理的取舍？有没有把课堂内外最契合的案例、故事，以合理的方式叙述成文？编写体例是否最适合学生阅读、理解？

尽管我们做了各种努力，但书中必定存有诸多不妥。盼望大家多予批评指正，促进我们专业学识的增长和工作能力的提升。特别感谢编写顾问山东外贸职业学院学生工作处处长张风文和思想政治理论教学部部长刘爱华，为本书的策划编写给予了大力支持和指导，感谢审阅书稿和提供宝贵意见的领导和老师们！同时，本书参考和引用了国内外诸多学者、同仁的大量研究成果，在此一并表示诚挚谢意！

编　者

目　录

第一章　大学生心理健康

——了解心理健康　适应大学生活

案例导读

两年来，大二男生小李心中一直存在这样的困扰：自己已经20岁了，身体长得比父母还高大、健壮，内心渴望独立，但面对现实难题或新环境时却总是胆怯，仍旧依赖父母。

有时候自我感觉还不错，希望能与更多的人建立友谊或良好的人际关系，却由于难以平衡自己、他人、环境或事件之间的关系而频遇困境。

憧憬着美好的爱情，看过许多浪漫故事和爱情电影，自认为是个爱情顾问，当真正遇到心仪之人，却羞于表露心声，最终错失芳心。

心怀理想，也相信自己能够为了理想而坚持不懈、奋斗不已，却在几次碰壁后陷入迷茫，不知所措。

有类似感受的青年大学生并不少见。大学生们应如何在收获知识和能力的求学路上，也同时收获健康的身心呢？让我们一起从“心”开始——本章首先介绍心理与心理健康，然后介绍大学生的心理发展特点及心理健康现状，最后阐述大学生心理健康教育的意义。

第一节　心理与心理健康

一、心理的实质

心理是脑的机能，任何心理活动都产生于脑，即心理活动是脑的高级机能的表现；心理是对客观现实的反映，即所有心理活动的内容都来源于外界环境；心理是外界事物在脑中的主观能动的反映，心理活动会进一步影响身体机能。客观现实是人的心理活动的依据和源泉，脱离了客观现实，人就会丧失心理活动。

心理现象是心理活动的表现形式，分为心理过程、心理状态和心理特征三类。

心理过程是心理现象的动态表现形式，包括知、情、意三个方面，具体指人的感觉、知觉、记忆、思维、想象、言语等认知活动，以及情绪活动与意志活动。

心理状态是指在一段时间内相对稳定的心理活动。例如，认知过程的聚精会神与注意力涣散状态，情绪过程的激情状态和颓废状态，意志过程的信心状态和犹豫状态等。

心理特征是指心理活动进行时经常表现出来的稳定特点。例如，有的人观察敏锐、精确，有的人观察粗枝大叶；有的人思维灵活，有的人思考问题深入；有的人情绪稳定内向，有的人情绪易波动、外向；有的人办事果断，有的人优柔寡断；等等。这些差异体现在能力、气质和性格上的不同。

在人的心理生活中，心理过程、心理状态和心理特征三者紧密联系(见图 1-1)。

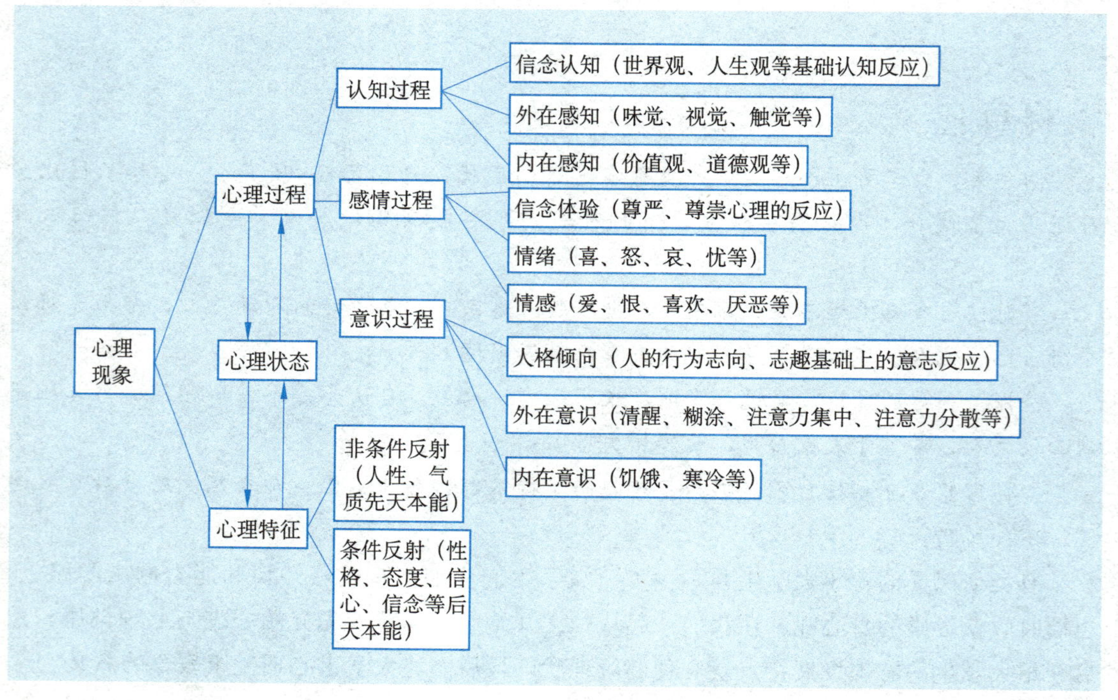

图 1-1 心理现象三分法

人们的心理活动是不断发展变化的，不同人的心理活动特点是不同的，同一个人在不同的时间和环境下的心理活动特点也不同。心理活动也会随着人的年龄增长而不断发生变化。

二、心理健康

真正的健康是生理的、心理的、社会适应与道德健康的完美整合，这种认识是现代社会人们对健康概念的全面总结与更新，体现了文明的价值和人性的尊严。

心理健康是健康的重要维度，世界卫生组织指出，心理健康是一种健康或幸福的状态，在这种状态下，个体可以实现自我，能够应对正常的生活压力，工作富有成效和成果，以及有能力为社会做贡献。为了更清晰地表达心理健康的内涵，我国研究者描述了人们在心理健康上可以达到的三个水平。

（一）低水平的心理健康

低水平的心理健康是指没有心理疾病，即个体的心理活动表现没有达到临床心理学的有关心理疾病的诊断标准，没有表现出明显的疾病状态，例如，没有精神病患者的幻觉、妄想、自知力丧失等；没有神经症患者的焦虑、抑郁、强迫、恐惧等；没有身心障碍患者出现的身心功能失调等。这是心理健康的最低要求。对于个体而言，简单而且直观的理解就是个体在心理活动方面没有明显的主观不适感，工作、学习、生活等基本的社会功能没有受损。

（二）中间水平的心理健康

中间水平的心理健康是指心理功能健全，社会适应良好。具体来讲，就是个体自身能够保持心理活动(知、情、意、行)功能正常，彼此协调，人格稳定健全；对外能够与现实保持较好的同一性，能够与他人建立良好的人际关系，社会适应功能良好。

（三）高水平的心理健康

高水平的心理健康是指自我实现。心理健康的最高境界不仅是心理没有疾病，社会适应功能良好，还应该能够在发展过程中很好地调节自己的身心与社会的关系，最大限度地发掘自身的潜能，达到自我实现的理想状态，有效地为社会和人类做贡献。

三、心理健康的标准

心理健康的标准和心理健康的定义一样，迄今仍有诸多争议，很多专家基于不同的社会文化背景、研究维度、立场和方法，做出很多不尽相同的表述。美国心理学家马斯洛和米特尔曼提出的心理健康的十条标准被公认为“最经典的标准”：

(1) 充分的安全感；

(2) 充分了解自己，并对自己的能力进行适当的评价；

(3) 生活的目标切合实际；

(4) 与现实环境保持接触；

(5) 能保持人格的完整与和谐；

(6) 具有从经验中学习的能力；

(7) 能保持良好的人际关系；

(8) 能适度地发泄情绪与控制情绪；

(9) 在不违背社会规范的条件下，恰当地满足个人的基本需要；

(10) 在符合集体要求的前提下，适当地发挥自己的个性。

心理健康的标准不像生理健康的标准那样具体、精确和绝对，对心理健康状况的划分一般用“常态”“变态”或者“正常”“异常”表示。心理健康状况正常与否的界限是相对的，是一个连续体的两端，没有绝对的分界线。

四、大学生心理健康的标准

迄今为止，对大学生心理健康状况的判断还没有一个统一的标准。一般情况下，从经验标准、社会适应标准、统计学标准和自身行为标准四个方面对其进行判断。

经验标准，即当事人根据自己的主观感受来判断自己的心理健康状况，研究者凭借自己的经验对当事人的心理健康状况进行判断。

社会适应标准，即以社会中大多数人的常态为参照标准，观察当事人是否适应常态而进行心理健康状况的判断。

统计学标准，即依据对大量正常心理特征的测量取得一个常模，将当事人的心理与常模进行对比从而得出对心理健康状况的判断。

自身行为标准，即以每个人正常生活中形成的稳定的行为模式为正常标准，对心理健康状况进行判断。

综合国内外专家学者的观点，根据大学生的年龄特征、心理特征和角色特征，大学生心理健康应从以下几个方面把握。

（一）智力正常

智力正常是大学生学习、生活与工作的基本心理条件，也是适应周围环境变化所必需的心理保证。因此，从智力正常方面衡量大学生的心理健康状况时，关键在于判断其是否有强烈的求知欲，是否乐于学习并能够积极参与学习和活动。

（二）情绪健康

情绪健康的标志是情绪稳定和心情愉快，包括：愉快情绪多于负面情绪，乐观开朗，富有朝气，对生活充满希望；情绪较稳定，善于控制与调节自己的情绪，既能克制又能合理宣泄；情绪反应与环境相适应。

（三）意志健全

意志是人在完成一种有目的的活动时，所进行的选择、决定与执行的心理过程。意志健全者在行动的自觉性、果断性、顽强性和自制力等方面都表现出较高的水平。意志健全的大学生在各种活动中都有自觉的目的性，能适时地做出决定并运用切实有准备的方式解决所遇到的问题，能在困难和挫折面前采取合理的反应方式，能在行动中控制情绪和言而有信，而不是盲目行动、畏惧困难、顽固执拗。

（四）人格完整

人格指的是个体比较稳定的心理特征的总和。人格完整就是指有健全、统一的人格，即个人的所想、所说、所做是协调一致的。

大学生人格完整的主要标志如下：

(1) 人格结构的各要素完整统一；

(2) 具有正确的自我意识，不产生自我同一性混乱；

(3) 以积极进取的人生观作为人格的核心，并以此为中心把自己的需要、目标和行动统一起来。

（五）自我评价正确

正确的自我评价是大学生心理健康的重要条件，大学生正确的自我评价包括：自我观察、自我认定、自我判断和自我评价；做到自知，恰如其分地认识自己，摆正自己的位置，既不以自己在某些方面高于别人而自傲，也不以自己在某些方面低于别人而自惭；能够自我悦纳，喜欢自己，接受自己；自尊、自强、自制、自爱适度，正视现实，积极进取。

（六）人际关系和谐

良好的人际关系是事业成功与生活幸福的前提。大学生人际关系和谐主要表现为：乐于与人交往，既有广泛的人际关系，又有知心朋友；能够在交往中保持独立而完整的人格，有自知之明，不卑不亢；能客观地评价别人和自己，善于取人之长补己之短，宽以待人，乐于助人，积极的交往态度多于消极的交往态度，交往动机端正。

（七）社会适应正常

社会适应正常是指个体与客观现实环境保持良好的秩序。大学生社会适应正常表现在能够进行客观观察以取得正确认识，能够以有效的办法应对环境中的各种困难，不退缩，还能够根据环境的特点和自我意识的情况努力进行协调，或改变环境适应个体需要，或改造自我适应环境。

（八）心理行为符合大学生的年龄特征

大学生是处于特定年龄阶段的特殊群体，应具有与年龄、角色相适应的心理行为特征。

此外，作为个体发展中的一个特殊而重要的时期，大学生心理健康的标准除上述一般标准之外，还包括能够保持较浓厚的学习兴趣和求知欲望，能够保持良好的环境适应能力（包括正确认识环境及处理个人和环境之间的关系）。

需要指出的是，心理健康是一个相对的概念，心理健康的标准会随着不同的文化、不同的历史时期和不同的社会环境而发生变化。而且，心理健康是一个动态的过程，心理健康与否只能反映一个人某一段时间内的状态，而不是其一生的状态，我们不能仅凭一时的表现或者状态来判断自己或他人的心理是否健康。同时，我们也不能因为自己在某个方面没有达到标准，就简单地认为自己心理不健康，而应该根据个人的具体情况进行判断。总之，关于心理健康的标准只是一种理想的尺度，它在一定程度上帮助我们衡量个体的心理健康水平，为我们指明了提高心理健康水平的努力方向。

心理小贴士

幸福是什么？幸福在哪里？

幸福指数是指较为稳定的幸福感，是令人感到持续、稳定的幸福感觉。幸福指数包括一个人对现实生活的总体满意度和对自己的生命质量的评价，是对自己生存状态的全面肯定。

美国心理学家赛利格曼的幸福公式：

总幸福指数＝先天的遗传素质＋后天的环境＋一个人能主动控制的心理力量

财富和成功不能永葆幸福，而乐天派的情绪和积极的生活态度才是稳定的幸福源泉！

第二节　大学生的心理发展状况及心理健康教育的意义

大学生是一个特殊的群体，他们具备一般青年的心理特征，又因为不同的学习和发展阶段产生了不同的心理感受，而面临不一样的心理问题。

一、大学生心理发展的特点

（一）智力发展达到最高峰

大学时期是人生智力发展的黄金期，在这一阶段，大学生的智力发展达到最高峰，观察力、记忆力、思维力、想象力和注意力等基本心理特征得到应有的发展。通过专业知识的学习，大学生对所学专业的认识水平达到了一定高度，喜欢抽象思维。大学生思维的独立性和批判性增强，对事物有自己独特的见解，开始用批评的眼光看待周围事物，喜欢怀疑、争辩，不盲从，拥有较好的逻辑思维能力，但辩证逻辑思维的能力有待提高。

（二）独立意识增强

大学生正处于成年初期，有心理学家认为这个时期正是心理发展的“暴风骤雨期”。与高中生活相比，大学生活约束较少，时间自由，大学生有更多的独立自由的空间。学习和生活方式的巨大变化使大学生的独立意识逐渐增强，使他们更加崇尚自由，热衷于探索新事物。

（三）自我意识增强

自我意识指自己对自己的认识，包括认识自己的生理和心理状况，以及自己与他人的关系等。大学生活是群体生活，同学们一起上课、一起交流、一起生活，每个同学周围都有一群密切相处的人。他们开始形成明确的自我观念，有自己的想法与创意，对自我的评价仍然依赖外部评价系统，情绪变化较大。他们热衷于参加集体活动，渴望在活动中被关注，十分在意别人对自己的评价；他们开始初步认识自我，但并没有真正地了解自我，对自己的力量和能力往往有过高的估计；他们愿意在公平的环境中施展自己的才华，并希望成为竞争中的优胜者。

（四）情感丰富，富有激情

在情感心理方面，大学生的特点是情感丰富，但稳定性不足。大学生的情绪变化主要源于心理需求结构的变化。情感与大学生的需要、愿望和动机联系密切，一旦需要、愿望得到满足，动机得以实现，就引发大学生积极的情绪；反之，则会表现出强烈的挫折感，引发消极情绪。大学生情感隐蔽性较强，消极心境常延续较长时间，个体情绪变化起伏较大，容易兴奋、激动、热情，也容易发怒、怄气、失落。生活中的挫折，如失恋、竞选干部落选、学习成绩的下降、突发事件等，都容易使学生心理遭受打击。

(五) 性意识增强

随着大学生年龄的增长，生理发育日渐成熟，性意识逐渐增强并明朗化。性意识的发展使大学生开始按照性别特征来塑造个性形象，并开始对异性的关注与追求，但是大学生的心理成熟落后于生理的成熟，往往不能理性地对待恋爱中的挫折。

二、当前大学生的心理健康状况

(一) 心理健康的认识误区

现行教育模式下，大多数学生在一种学分制的制度体系中成长，把专业技能看得尤为重要，实际学习中更关注分数或测评结果，没有意识到保持心理健康是一切行动或成功的前提条件，同时忽略了心理健康对自己成长发展的促进作用。甚至还有一部分人认为自己没有心理疾病，因此心理健康跟自己没有多大关系，同时对有心理障碍或心理疾病者敬而远之，甚至恐慌不已。这都是对心理健康的错误认识。

所以，提高大学生心理健康意识是心理健康教育的关键。大学生应该了解和学习必备的心理学知识，尤其是心理健康知识，有助于预防心理困扰、提升心理素质，正确地看待自身或他人的心理状态，促进个人的健康成长。

心理小贴士

大学生心理健康教育的三级目标

大学生心理健康教育的目标一般划分为三级：一级目标是以预防教育为主，面向全体学生，注重潜能的开发和心理素质的培养；二级目标是以解决心理问题为主，针对普遍的心理问题进行辅导和咨询，消除学生的心理障碍；三级目标是以治疗心理疾病为主，针对有心理障碍和疾病的个体进行心理诊断和治疗。

长期以来，大学生心理健康教育实践的重心通常局限于二级和三级目标，而对一级目标缺乏足够的重视。因此，当代大学生心理健康教育的最新理念就是要强化一级目标，兼顾二级和三级目标，实现三级目标之间的有机统一，将心理健康教育落实到全体学生，体现在学生成长的各个方面。

(二) 大学生常见的心理问题

由于大学生在不同的阶段所关注的事情不同，而且心理发展也有个体差异，所以会出现各种不同的心理问题。根据某高校近三年的新生心理普查平均数据来看，大学生心理健康调查表(UPI)中异常人数约占新生总人数的15%，症状自评量表(SCL90)中异常人数约占总人数的18%。常见的心理问题主要表现为新生入学适应问题、学习方面的心理问题、人际交往方面的心理问题、恋爱与性方面的心理问题和求职择业方面的心理问题等。

1. 新生入学适应问题

新生迈入大学校门后，面临的是陌生的环境、生疏的人际关系。对于绝大多数首次远离家门、离开长期依赖的父母和熟悉的生活环境的大学生而言，今后怎样独立生活、怎样适应新环境，或多或少会感到担忧。当由于环境改变而引发的焦虑、不安、孤独感超过限度时就会产生心理问题，出现失眠、食欲不振、烦躁、注意力不集中等症状。

2. 学习方面的问题

大学生的主业仍是学习，绝大多数大学生都把学习看作分量最重的成才砝码。然而，大学的管理方式、授课方法、学习进度等都不同于中学，对自主学习和自我约束能力要求更高。一些大学生学习动力不足，对大学的学习方式不适应，造成他们在学习方面出现心理问题，主要表现为考试焦虑、成绩波动过大、学习动力不足、专业不满意、学习负担过重、学习方法不当、不会安排学习时间与计划等，一些学生甚至出现厌学情绪。

3. 人际交往方面的心理问题

人际关系是大学生所面临的一个十分棘手的人生课题。与中学生相比，大学生对人际交往更加重视，普遍认识到人际关系对于人生的意义，并试图提高自己在这方面的能力。但是，由于缺乏经验和技巧，在交往过程中，沟通不足、社交恐惧、关系失调、人际冲突等问题时有发生，从而容易导致心理失调。有相当数量的大学生感叹：“中学知己不少，大学知音难觅”，尤其是大学一年级学生更容易产生这种心理。人际交往的不顺或失败使他们困惑、焦虑，严重者会导致心理障碍。

4. 恋爱与性方面的心理问题

大学生由于性机能的成熟、性意识的觉醒、性心理的发展，同时大学生活又为他们创造了诸多与异性交往的机会，他们渴望交异性朋友，向往爱情的学生常常会尝试恋爱的实践。但是，由于缺乏经验和指导，大学生在恋爱与性方面的心理问题主要表现为异性交往困难、陷入三角恋而不能自拔、单相思而导致苦恋、失恋带来的痛苦、对性冲动的不良心理反应、性自慰行为产生的焦虑和自责等。

5. 求职择业方面的心理问题

在市场经济条件下，找到可以发挥自身潜能、满足个人兴趣、适应个人发展的工作并不容易。对自己不了解、对职业不了解、对进入社会缺乏心理准备、择业渠道不通畅等因素都可以引发大学生在求职择业方面的心理问题，如缺乏自信、过于追求功利、逃避社会、过于担忧等。

心理训练游戏

大树与松鼠

目的：使大学生认识到环境变化很快，人要么改变环境适应个体需要，要么改变自我适应环境，而且要善于抓住机遇，找准自己的位置。

步骤：

(1) 全班学生每三人一组，分为若干组。每组中，两人扮演大树，面向对方伸出双手搭成一个圆圈形成树洞；一人扮演松鼠，站在树洞中间。老师或其他学生担任自由角色。

(2) 当老师喊“松鼠”时，大树不动，扮演松鼠的人必须离开原来的大树，重新选择其他的大树，自由角色的人也可以抢占树洞成为自由松鼠，最后没有树洞藏身的松鼠为失败者。

(3) 当老师喊“大树”时，松鼠不动，扮演大树的人必须离开原先的同伴重新组合成一棵大树，并圈住某个松鼠，自由角色的人扮演自由大树，最后没有成为大树的人为失败者。

(4) 当老师喊“地震”时，扮演大树和松鼠的人全部打乱并重新组合，没有扮演角色的限制，自由角色的人也可以加入，最后落单的人为失败者。

三、大学生心理健康教育的意义

著名教育家陶行知先生曾说：“健康是生活的出发点，也是教育的出发点。”

大学生作为社会上最活跃、最富有生机的人群，其心理状态处于成熟与不成熟之间。现实生活中，大学生面临学业、就业、社会责任等各方面的压力。随着社会的发展，大学生所承受的心理负荷也在相应增长，所感受到的矛盾和冲突也在不断增加。与此同时，大学生活中的人际关系复杂化等多元刺激也对大学生个体造成不同程度的心理压力。心理健康教育对大学生提高学习效率、完成学习任务、提高人际交往水平和生活质量有着重要的作用。对于大学生来说，每个人都应对自己的健康负责，应积极地通过各种途径提高自己的心理健康水平。

心理小贴士

让生活失去色彩的不是伤痛，而是内心世界的困惑；
让脸上失去笑容的不是磨难，而是禁闭心灵的缄默；
没有谁的心灵永远一尘不染；
战胜自我，拥抱健康；
沟通、消除隔膜；
交流、敞开心扉；
真诚、融化壁垒；
心理访谈，健康人生从心开始。

——CCTV12《心理访谈》经典广告语

(一) 大学生心理健康教育是时代发展的基本要求

当今世界，国家间的竞争在很大程度上表现为综合国力的竞争和科学技术的竞争，归根到底是人才的竞争。科技的发展，经济的振兴，乃至整个社会的进步都取决于人才素质的提高。心理素质是人才素质的基础，同时又渗透在思想道德素质、科学文化素质、职业素质之中，而心理健康是良好心理素质的基本要求。心理健康教育的目标是提高全体大学生的心理素质，优化每一个学生的人格，帮助大学生解决成长、发展中的各种困惑及问题，增强适应现代社会的能力，开发个体心理潜能，提高心理健康水平，使全体大学生得到全面发展。当代社会对人才素质的要求更高、更全面，与以往任何时期相比，当代大学生更需要心理健康教育的指导。

（二）心理健康是大学生身体健康的基础保证

人的心理活动和生理活动是密切相关、相互依存的，不存在无生理活动的心理活动，也不存在无心理活动的生理活动。生理健康是心理健康的基础，而心理健康反过来又能促进生理健康。心理健康是身体健康的动力和保证。一个人只有具备心理健康的基本条件，才能保证人体的完整统一和全面健康，才能维护身体功能的协调稳定。

大学生的主要任务仍然是学习，同时也即将踏入社会、自力更生，所以更应该保证身心的健康，准备随时迎接各种挑战。

（三）心理健康是大学生适应社会的可靠保证

身体健康是人生的第一财富，心理健康又是身体健康的动力和保证。对作为天之骄子的大学生来说，心理健康更是学业有成、事业成功、生活快乐的基础。我们所处的社会环境是复杂多变的，心理不健康的人在复杂多变的社会环境面前，往往惊慌失措、一筹莫展。而心理健康的人则能与现实保持良好的接触，对周围的事物常有清醒、客观的认识；既有高于现实的理想，又不沉湎于幻想；对生活中的问题和困难，能以切实的方法加以处理，不回避，处处表现出积极进取的精神面貌，从而能较顺利地适应社会环境的变化。

（四）心理健康是大学生全面发展的基本条件

大学阶段是掌握专业知识技能和个人自我发展完善的重要时期，两大任务并驾齐驱，缺一不可。自我发展涉及的领域很宽，包括自我评价、社会适应、人际交往、情绪管理、挫折应对、科学思维、团体合作、婚恋态度、潜能开发、求职择业等，重视的是个人全面、健康、均衡的发展。随着我国改革开放的逐步深化，社会关系日趋复杂，未来社会对人才素质的要求也将更加全面，尤其是对心理素质的要求会越来越高。为此，高校必须大力加强心理健康教育，促进大学生素质的全面发展和提高。

第三节 大学生心理适应性的调适

一、心理适应

心理适应主要指人的各种个性特征互相配合，适应周围环境的能力。一个人能否尽快地适应新环境，能否处理好复杂、重大或危急的特殊情况，与个人的心理适应性高低有直接的关系。生物进化论的创始人达尔文指出：“适者生存。”人类必须尽最大的努力去适应环境，否则生命将难以维持。

良好的心理适应性是大学生心理健康的重要标志之一，也是大学生综合素质的集中体现，是大学生在学习学业、集体生活、人际关系、社会环境和自我发展等方面进行自我调整、自我管理、自我控制，与周围环境达到和谐、平衡的一种能力。大学生心理适应能力的提高有利于学生发挥主观能动性，在自己的努力与社会环境的作用下，主动改变自己，顺应时代潮流和环境的变化，更好地利用环境，创造条件，达到自己的奋斗目标。

心理小贴士

智慧的本质就是适应

瑞士儿童心理学家皮亚杰认为，智慧的本质就是适应，适应的本质在于取得机体与环境的平衡。实现这种平衡需要通过两种形式：一是同化，即主体把环境因素纳入已有的认知图式或认知结构中，以扩展和充实自身的动作；二是顺应，即主体改变动作以适应环境因素的变化。如果机体与环境失去平衡，就需要行为主体改变自身的行为模式，重建平衡。这种“平衡—不平衡—平衡”的过程，叫作适应。

二、大学生心理适应不良的主要表现

社会环境、社会关系或社会条件的变化必然给大学生带来适应问题，有人说得好：“主动地适应和主动地改变，你会成为命运的主宰者；被动地适应和被动地改变，你只能终生受命运的摆布”。适应不良是指主体不知道如何适应环境，只能被动地适应和被动地改变自己的心理状态，是适应能力低下的表现。适应不良容易使人变得自卑、冷漠、固执、退缩、情绪化和暴力。大学生适应不良的表现是形形色色的，比较常见的有：大学新生进校时的生活环境适应不良；中年级大学生的学习适应不良、情感适应不良和交往适应不良；高年级大学生的毕业与就业压力造成的适应不良等。总而言之，大学生心理适应不良的主要表现可以归纳为大学新生的心理适应问题、中年级大学生的发展适应问题、高年级大学生面临的重大转折适应问题。

（一）大学新生的心理适应问题

▶ 1. 难以适应新生活环境的焦虑心理

大学新生入学首先面临的就是生活环境的变化。进入大学后，失去了往日家庭的特殊照顾，有的学生因缺乏独立生活的能力，一时在生活上不能自理；有的学生开支无计划，时常出现“经济危机”；有的学生每天循环往复于三点一线（宿舍—教室—食堂），面对丰富多彩的校园生活无所适从；有的学生因缺乏集体生活的经验，总希望得到组织与他人的照顾和帮助，不知道也不会关心他人；还有的学生来到新的城市“水土不服”，不适应学校的饮食，或者不适应气候、语言环境与作息时间的变化等。一些大学新生在遇到这些问题时，常常束手无策，郁郁寡欢，导致出现烦躁、痛苦、紧张不安等焦虑情绪，以及疲倦、失眠、注意力不集中等现象。

▶ 2. 理想与现实的落差形成的失落心理

在进入大学前，许多学生想象的大学都是校园风景如画，教室宽敞明亮，处处欢歌笑语，充满诗情画意。然而，进入大学，经过短暂的兴奋期之后，却发现现实中的大学并非自己想象的那么完美。有的学生感到自己所考上的大学与梦想的大学相去甚远；有的学生因为自己的高考失利，或是填报志愿时受老师、家长的左右，所上大学并非自己所愿；有的学生对自己所学的专业不甚了解，或者根本就不是自己选择的，因而没兴趣，没有心思学习。这些理想与现实的落差，致使一些大学生常常怅然若失、忧心忡忡、情绪低落，感到前途渺茫、困惑失望，从而形成失落心理。

3. 人际关系难以适应的抑郁心理

大学生在中学阶段一般都有自己稳定的交际圈，上了大学后，同学们来自五湖四海，彼此陌生，加之一些大学生还保留青春期"闭锁性"的心理特点，自我保护意识比较强，同学之间交往较谨慎。不少学生涉世不深，社会阅历浅，不是交往范围狭窄，就是不能与人坦诚相待、开诚布公地交往。由于不愿意主动接近别人，思想情感得不到及时沟通和表达，很多大学新生出现人际关系不协调，感到"知音难觅"，产生了压抑、孤寂和烦闷的抑郁心理。

4. 自我评价失调导致的自卑心理

能考上大学的学生多数是中学时的佼佼者，老师称赞，家长鼓励，同学羡慕，自我感觉良好。到了大学之后，面对新的环境和新的挑战，原有的优势和平衡被打破，很多人从"鹤立鸡群"变成了"平庸之辈"。多数学生能满怀信心和希望开始新的拼搏，而有些学生却因原有的优势被削弱甚至丧失，自尊心受到严重挫伤，导致自我评价失调，由强烈的自尊心转变为自卑心理。

5. 经济拮据带来的压抑心理

一名普通高校的学生每年须缴纳一定的学费，再加上生活费和其他费用，这对一般工薪家庭来说是一笔不小的支出，对于来自贫困家庭的学生来说更是巨大的经济压力。大学里的日常消费不仅局限于简单的吃喝事项，还包括一些满足个性成长需求的支出，甚至还有偶尔的交往聚会等消费。绝大多数学生的支出都来自家庭的供应，而且需要自己做支出决策，有不少学生很难在短时间内达到经济上的平衡和从容应对，常感心理压抑。

6. 失去奋斗目标的迷茫心理

经过高考的激烈竞争，很多学生感到筋疲力尽，在饱尝了成功的喜悦的同时，认为进入大学可以好好放松一下，以补偿十几年的寒窗苦读。进入大学后，仍然要面临繁重的功课，这让他们不知所措。十几年的学习中，不少学生的学习目标就是考取大学，而且是在家长和老师的双重推动下向这一目标冲刺的，学习上带有很大的被动性。进入大学后，这个目标已经实现，许多学生失去了奋斗目标和外界推力，学习上的被动心理明显表现出来，出现了徘徊和迷茫心理。

（二）中年级大学生的发展适应问题

度过大学新生适应期之后，中年级大学生主要面临的是发展适应问题，一般从大学二年级这些问题就会凸显出来，重点是学习发展适应问题和人际交往适应问题。

▶ 1. 学习发展适应问题

学习发展适应问题是大学生面临的较为突出和最主要的问题之一。大学里的学习和发展并非仅关系到学习成效，更关系到个人的认知方式、情感体验、意志品质和人格完善等全面发展的问题。大学学习的范围更加广阔，而且是随时随地，各类活动都是大家学习的载体和平台。中年级大学生学习发展的适应问题表现在学习动机和目标缺失或不准确、学习内容的广度和深度难以把握、学习方法运用困难等方面。

▶ 2. 人际交往适应问题

人际交往能力对个人的发展有极其重要的作用，人际环境的变化和个性的发展导致大学生很难在短时间内找到平衡点。中年级大学生人际交往的适应问题表现在不敢主动与人交往，过于胆小慎微，经常有自卑心理，甚至有“交往恐惧症”；不愿与人交往，自命不凡，有自我优越感；凡事以自我为中心，计较个人得失，无视他人的感受和利益；经常感到孤独、寂寞无助；与周围人意见不合，矛盾不可解决，甚至有敌意；异性交往的需求与困惑同时存在。

（三）高年级大学生面临的重大转折适应问题

高年级大学生临近毕业，要么走向社会，要么通过继续深造后再进入社会，面临新的社会环境和新的挑战，更重要的是即将告别学生时代，进入人生另一个阶段。这时的大学生心理主要表现为紧迫感、责任感和忧虑感，也被认为是一种预演性适应，是走向社会的心理准备。此时，大学生既表现出对大学生活的留恋不舍，也表现出急切踏入社会、自力更生的冲动，还有对社会及未来个人发展的迷茫。

心理小贴士

大学生活较高中生活的变化

由于我们国家的教育特点，大学和中学存在很大的差异，大学生自身也会明显地感受到这种变化。

1. 学习自主性的变化

进入大学之后，慢慢忘记了中学时代的快节奏生活，丰富多彩的大学课余生活令人眼花缭乱，各种各样的讲座、讨论会、学术报告、文娱活动、社团活动、社会兼职、公关活动等扑面而来。很多大学新生常常过于放松和随性，无法迅速获取有效的心理支持，很难自主选择并确定目标和方向，甚至会有迷失的感觉。

2. 学习方式的变化

在大学，一堂课可能要讲十几页甚至几十页的书本内容，很多课程没有连续性，专业课程几乎都是陌生的，再没有人会指导预习、练习或者复习，自习室里再也看不到老师的身影，学习更多的要“自力更生”。

3. 人际环境的变化

班主任或辅导员一般不会天天见面，师生关系变得离散；上课经常是大合堂，一天几节课要跑好几个教室，再也没有固定的位置和同桌，同学关系变得松散；室友之间因为大事小情难免产生各种大大小小的冲突或矛盾；好像异性交往没有必要那么遮遮掩掩。如何在这样的情况下与老师、同学保持有效的联系和沟通，理解和应对宿舍同学之间的思想差异、生活方式差异，需要大学生认真思考并积极去面对。

高中生的大部分时间和精力都用在学习上，绝大多数生活上的事情由父母包办打理。进入大学后，没有了父母、长辈的悉心照料，许多事情需要独自处理了。大一第一学期是从中学生到大学生的心理过渡期，带给大学新生的既有困扰和痛苦，也有机遇和革新，一时的彷徨、退缩、抗拒和视而不见，都是正常的心理反应。但如果无视这种反应，一味任其蔓延，必将严重影响大学生正常的学习和生活，甚至导致出现不必要的心理问题。

三、大学生心理适应不良的调适策略

为了更快地适应新的环境，以饱满的热情投入大学学习生活，以积极的心态面对人生，提高适应能力，促进全面发展，一般可以从以下几个方面调适。

（一）认知调节：尊重客观，面对现实

认知调节是适应环境的起始阶段，包括外部认知调节和内部认知调节两部分。

外部认知调节是指主体对变化了的外部环境及其对自身发展所具有的影响作用进行全面了解并做出新的判断的过程。环境及其变化是客观存在的，主观上熟视无睹不但逃避不了现实，反而受环境的影响越来越大。新生进入大学以后，其所处外部环境的变化是多方面的，自然环境、人际环境、社会环境、社会角色环境、心理环境等都起了很大的变化。这些都是客观现实，是不可回避的，要区分哪些变化对自身发展影响比较大，哪些变化对自身发展有正面影响，并及时调整自己。

内部认知调节是指主体在对外部变化做出正确判断的基础上，对自身内部状态做进一步了解与判断。内部认知调节实际上是在自我监控系统的参与下，自我评价和自我意识调整的过程。认识自我，正确评价自己和他人，合理地自我定位是调整角色、取得自我心理平衡、适应社会环境、搞好人际关系的前提。自我评价过高，容易引起别人的反感；自我评价过低，会产生自卑心理，导致离群孤独，失去自信。当认识自我、调整角色遇到困难时，可以向班主任、辅导员、心理咨询老师求助，也可以听听同学的意见，但主要靠自己独立思考和自我心理调整。

（二）态度转变：主动适应，积极行动

认知调节的结果必然引起主体情绪的变化，同时也会导致行为意向的变化。在认知、情绪和行为意向中，正确的认知是基础，情绪是动力，行为是意向的外在表现。积极乐观的人生态度和愉快的情绪体验必然会引起态度的转变，态度的转变实际上是动力系统和反应倾向的调整，“态度决定一切”，态度的转变是在正确的认知基础上和合理的情绪推动下做出的积极的行为意向，这种合理的调整是适应新环境的变化、保持和恢复心理平衡的背景条件。主体的价值观念、目标期望水平、情绪情感体验的深刻性，对态度的转变具有重要的作用。因此，面对大学新环境、新生活，调整目标、加强道德修养，科学的人生观和价值观对适应新环境尤为重要。大学生难免会遇到这样那样的挫折和困惑，然而，在大学

生活中，还有很多快乐和幸福的事情，挫折和困难总是暂时的，乌云总会过去。总之，只要我们积极面对、主动适应，就可以摆脱环境不适应引起的困惑、郁闷、孤独、恐惧和烦恼。积极参加各种社会活动，在积极行动中得到愉快的情绪体验，在积极行动中体验我们的人生价值和意义，在积极行动中去适应环境，可以提高适应环境的能力，使心理更健康、人生更快乐。

心理训练游戏

思“变”

首先写出关于“变”的词语：________________

然后，回忆自己走过的生活道路，想想自己是如何应“变”的？例如，在遇到困难时，你是如何随机应变？某种办法不能解决问题时，你又是如何变通的？在人前遭遇尴尬时，你是如何应变的？

最后，请写出你对“应变”的思考：________________

____

提示：要适应环境，就要变通，有时甚至要放弃自己原有的东西才能适应环境转变的需求，才能获得更大的发展。有人认为大学新生至少应该有“四变”。

“心变”：转变对人、对事主观的、天真的心态。

“脸变”：担任多种角色，少点娃娃脸，多点成人脸。

“向变”：调整或改变原来的奋斗目标。

“法变”：转变自己的学习、生活、交往的方式和方法。

还有哪些需要“变”，请你补充：________________

____

建议做好三个主要转变：

第一，转变学习目的、学习方式和学习方法。

第二，转变人际关系观念，不要根据个人好恶交往，学会与自己看不惯的人和平共处。不要将自己的标准强加于人，而应在相互妥协的约定下进行自我的心理调适。

第三，转变你对自己的认识与评价，通过对自己存在的不足以及与别人的差距进行客观分析。差距分为两类：一类是必须想办法缩短的差距，如学习方面、人际交往方面的问题。因为学习、掌握知识是将来开创事业的必备手段，而交往是重要的辅助手段，这些都是个人今后安身立命的根本。另一类是正常的差距。这类差距能缩短更好，不能缩短也无大碍，因为个体之间肯定存在差异，一个人不可能在所有方面都优秀。在了解自己的不足和差距的同时，还要肯定自己的优点，自爱、自信、保持开放的心态，这样才能客观地面对现状。

（三）确立目标：学会学习，自强自立

大学生的发展目标决定了发展任务，这个发展任务是多方面、多层次的，发展目标也可涉及各个层面。目标的确立指导着行为的选择，而行为选择实际上是一个比较与决策的过程，其核心是行为方式的调整和改变。在行为选择的过程中，远大目标的引导、坚毅顽

强的意志品质和性格、高度的自尊和自信，是影响行为选择的重要因素。目标要根据社会环境和自我的条件来确立，既要实事求是、脚踏实地，又要有远大理想，志存高远；既要有长期的发展目标，又要有近期的行动目标。目标的高度要适度，目标过高或过低都不利于自身的发展。

▶ 1. 学会学习

调整学习方法和习惯，努力掌握适合大学学习的方法，尽快摆脱对老师的依赖心理，增强学习的主动性和自觉性，根据大学教学的特点和专业要求，探索自己的学习方法。充分利用各种社会资源，必要时，向老师、师兄师姐请教不失为良策。充分利用图书馆、实验室，注意课内学习与课外学习相结合。上课时，必须快速做好课堂笔记，课后及时整理、复习所学的理论知识等。注意精与博的协调和统一。理工科的学生要选修一些人文课程，文科的学生要选修一些自然科学类的课程。所有的大学生都要多花时间和精力学好外语和计算机应用技术，学会学习不仅是适应大学学习环境的需要，也是树立终身学习观念的需要。多参加社会实践和教学实践活动，在实践中增长才干，提高适应能力。

▶ 2. 自强自立

大学生不仅要在学习中勤奋刻苦、自强自立，在生活中也要自强自立。要学会生活，学会独立处理生活中出现的问题，学会面对种种困难和挫折，学会快乐地生活和学习。

（四）加强修养：主动交往、完善个性

▶ 1. 学会与人交往

学会与人交往，以积极的态度去适应人际环境，使自己融于集体中。有了良好的人际关系，才会有安全感、归属感和幸福感，心情才能愉快、充实。在主动交往中，加强修养，完善个性。

▶ 2. 完善自己的个性

不断加强个性修养，提高心理素质和人际适应能力是大学生发展的重要内容。个性修养包括思想道德修养、心理素质修养和行为修养。一个有良好个性修养的人是大家都喜欢的人，是容易获得别人尊重的人。

▶ 3. 学习人际交往方法与技巧

人际交往既要讲原则，也要注意交往方法和技巧。人际交往的基本原则包括真诚守信原则、平等尊重原则、互利互助原则、理解宽容原则、中庸适度原则等。在人际交往中，要学会交谈、学会倾听、学会提问、学会知己知彼、学会赞美他人、学会展现自己，注意交往的空间距离、时间频度，注意非语言沟通的方法和技巧。

（五）学会调节：合理宣泄，积极咨询

在学习和生活中，难免会有不适应或暂时不适应的时候，会产生压抑、孤独、痛苦、迷茫、紧张、焦虑等适应不良的心理状态。我们必须学会调节，在调节中学会适应，提高适应能力。调节心理状态的方法有以下几种。

▶ 1. 合理宣泄

可以向亲人、朋友、同学和你认为可信的人倾诉心中的苦恼，也可以通过参加体育文

娱活动和户外活动宣泄自己的不良情绪。

▶ 2. 转移和升华

把消极的情绪转移到积极方面，从不适应的失败、挫折中吸取教训，把时间和精力转移到学习、工作和有社会意义的活动中，既转移了痛苦的感受，又可能得到成就感的体验。

▶ 3. 积极的自我暗示

暗示是指一个人在不知不觉中接受了他人的语言和行为的影响所产生的认同心理。暗示有积极和消极之分，使人增加力量、勇气、快乐和信心的暗示是积极暗示；反之，则是消极暗示。大学生应主动进行积极的自我暗示，调节自己的情绪，增加自信心。

▶ 4. 学会遗忘

克服恋旧心理，面对现实，积极融入现实的群体当中去，学会忘掉不愉快的事件。例如，失恋者会掉入情绪的万丈深渊，产生失落、痛苦、羞愧、悔恨、绝望等情绪，如果不及时进行妥善处理，会导致心理失衡，严重的会失德、失态，以致做出违法的行为。感情挫折的调适应该做到冷静、理智分析失恋的原因，勇敢正视现实；适度宣泄痛苦情绪，升华自己的情感追求；设身处地地换位思考，为对方着想，将失恋当作一次人生的磨难和锻炼。

▶ 5. 充分利用各种资源

多与人交往和沟通，争取更多的信息。多向师长请教，向别人学习。在自我调整不奏效时，可以到学校心理咨询机构咨询，请心理咨询专业人员进行心理疏导，从中学习一些调节心理状态的知识和办法。

（六）全面发展：增强素质，提高适应能力

要树立全面发展的观点，自觉接受全面的素质教育，主动塑造高尚的思想政治素质、优良的道德素质、精博的科学文化素质、健康的心理素质、辩证唯物的创造性思维素质和健壮的身体素质等。要主动参加学校的社团组织和其他集体活动，积极参加户外锻炼，培养和锻炼自己的体魄和意志。

案例讨论

某高校一年级男生自述：我现在一点书都看不下去，老想着回家。在中学时，把大学生活想象得挺美好，进入大学后，发现情况完全不是我想象中的样子。宿舍里有 6 个人，其中两个和我作息习惯不一样，他们 8 点才起床，喜欢在宿舍上自习，但我喜欢去教室。有一个人和我性格差异很大，我们有很多观点不一致，经常话不投机。本来想在宿舍发展一个朋友，现在看来也不可能了。中学时，同学之间的座位都是固定的，交朋友也比较容易，现在大家座位都不固定，交朋友就难了，宿舍以外的同学很难碰到面，大家都忙于学习。我现在很多时候都独来独往，感到很孤单，很想有个知心朋友。给以前的同学写信，他们要过很长时间才能回信。

周围的人都是以自我为中心，宿舍里的同学在晚上经常吵闹，根本不顾及别人的感

受，不像我们中学时，大家都是互相帮助的，同学之间也都很友好。在学习上，周围的同学都很刻苦，成天看书，而我每天完成老师布置的作业后，不知道该干什么事、该看什么书。有时候会在手机游戏上耽误很长时间，之后又很后悔自责。不玩手机的时候，看书又总是看不进去，现在也很担心期末考试不及格。

我现在完全没有了在家时的活跃和在中学时的充实。我都快待不下去了，经常想着回家。有时一听到火车轰鸣声，我的心就飞回家了。

讨论：

1. 这位同学哪些地方出了问题？大家能否给他一些心理调适的建议？
2. 你是否也有类似的困惑，自己是怎么处理的？

心理测试

大学生心理适应性测量问卷

亲爱的同学，请在每道题目的5个备选答案中选择最适合你的一项，完成20道题目可以帮助你了解自己的心理适应性。

1. 假如把每次考试的试卷拿到一个安静、无人监考的房间去做，我的成绩会更好一些。
A. 很对　B. 对　C. 无所谓　D. 不对　E. 很不对
2. 夜间走路，我能比别人看得更清楚。
A. 很对　B. 对　C. 无所谓　D. 不对　E. 很不对
3. 每次离开家到一个新的地方，我总爱闹点毛病，如失眠、拉肚子、皮肤过敏等。
A. 完全对　B. 有些对　C. 不知道　D. 不太对　E. 不对
4. 我在正式运动会上取得的成绩常比体育课或平时练习的成绩好些。
A. 是　B. 似乎是　C. 吃不准　D. 似乎不是　E. 正相反
5. 我每次明明已把课文背得滚瓜烂熟了，可是在课堂上背的时候，却总要出点差错。
A. 经常如此　B. 有时如此　C. 吃不准　D. 很少这样　E. 没有这种情况
6. 开会轮到我发言时，我似乎比别人更镇定，发言也显得很自然。
A. 对　B. 有些对　C. 不知道　D. 不太对　E. 正相反
7. 我冷天比别人更怕冷，而热天又比别人更怕热。
A. 是　B. 好像是　C. 不知道　D. 好像不是　E. 不是
8. 在嘈杂混乱的环境里，我仍能集中精力学习、工作，效率并不会大幅度降低。
A. 对　B. 略对　C. 吃不准　D. 有些不对　E. 正相反
9. 每次检查身体，医生都说我“心跳过速”，其实我平时脉搏很正常。
A. 是　B. 有时是　C. 时有时无　D. 很少有　E. 根本没有
10. 如果需要的话，我可以熬一个通宵，精力充沛地学习和工作。
A. 完全同意　B. 有些同意　C. 无所谓　D. 略不同意　E. 不同意

心理测试

11. 当父母或兄弟姐妹的朋友来我家做客的时候，我尽量回避他们。

A. 是　B. 有时是　C. 时有时无　D. 很少有　E. 完全不是

12. 出门在外，虽然吃饭、睡觉等环境变化很大，但是我很快就能习惯。

A. 是　B. 有时是　C. 是与否之间　D. 很少是　E. 完全不是

13. 参加各种比赛时，赛场上越热烈，观众越加油，我的成绩反而越上不去。

A. 是　B. 有时是　C. 是与否之间　D. 很少是　E. 不是

14. 上课回答问题或开会发言时，我能镇定自若地把事先想好的一切都完整地说出来。

A. 对　B. 略对　C. 对与不对之间　D. 略不对　E. 不对

15. 我觉得一个人做事比大家一起做效率高些，所以我愿意一个人做事。

A. 是　B. 好像是　C. 是与否之间　D. 略不对　E. 不是

16. 为求得和睦相处，我有时放弃自己的意见，附和大家。

A. 是　B. 有时是　C. 是与否之间　D. 很少　E. 根本不是

17. 当着众人和生人的面，我感到窘迫。

A. 是　B. 有时是　C. 是与否之间　D. 很少是　E. 不是

18. 无论情况多么紧迫，我都能注意到该注意的细节，不爱丢三落四。

A. 对　B. 略对　C. 对与不对之间　D. 略不对　E. 不对

19. 和别人争吵起来时，我常常哑口无言，事后才想起该怎样反驳对方，可是已经晚了。

A. 是　B. 有时是　C. 是与否之间　D. 很少是　E. 不是

20. 我每次参加正式考试或考核的成绩，常常比平时的成绩更好些。

A. 是　B. 有时是　C. 是与否之间　D. 很少是　E. 不是

【计分规则】

单号码选择题——A(1 分)，B(2 分)，C(3 分)，D(4 分)，E(5 分)

双号码选择题——A(5 分)，B(4 分)，C(3 分)，D(2 分)，E(1 分)

【结果解释】

81～100 分：适应性很强；

61～80 分：适应性较强；

41～60 分：适应性一般；

21～40 分：适应性较差；

0～20 分：适应性很差。

思考题

1. 日常学习生活中，你能在自己身上发现哪些突出的心理现象？你会怎么解释它们？

2. 阅读过本章，比较一下你心中的心理健康标准与书中的标准有何异同？

3. 思考一下你的心理健康水平如何？对你的生活产生的是促进还是阻碍作用？有没有办法去改善它？

拓展阅读

图书《送你一座玫瑰园》

我们每个人自身都拥有非常奇特的自我调节、自我修复、自我痊愈和自我成长的天赋潜能，而心理问题本身则常常是生命向我们示警和求助的信号。如何充分发掘和调动我们自身的心理潜能，使之成为自觉地保护自己、发展自己的有效手段？作者以随笔的手法结合大量的案例深入浅出地阐释了10多个关乎人心理卫生、生活质量和幸福感的心理学术语，它们是自我认识、需要、潜能、情绪、能力、性格、归因方式、心理防御机制、自调节与自愈能力、习惯、发展任务、共情能力等。为了使读者能够充分地利用这些内在资源，作者还精心设计了大量的、被实践证明十分有效的心理练习题，通过完成练习题，读者便可以逐渐掌握这些调控心理的方法，从而达到“调动心理潜能，为己所用”的目的。

请写出你的感受：____

____

____

____

电影《美丽心灵》

英俊而又十分古怪的数学家约翰·纳什读研究生时便发明了他的博弈理论，短短26页的论文在经济、军事等领域产生深远的影响，他开始享有国际声誉。但纳什出众的直觉受到了精神分裂症的困扰，使他在向学术上最高层次进军的过程中遭受了巨大挑战。面对这个曾经击毁了许多人的疾病，纳什在深爱着他的妻子艾丽西亚的帮助下，与被认为只能好转、无法治愈的疾病做斗争。经过十几年的不懈努力，完全通过意志的力量，他一如既往地坚持工作，并于1994年获得诺贝尔奖，他在博弈论方面颇具前瞻性的工作也成为20世纪最具影响力的理论之一。纳什也成为一个不仅拥有美好情感，也具有美丽心灵的人。

请写出你的感受：____

____

____

____

第二章　大学生学习心理

——养成习惯　善于学习

案例导读

小金是一名大二学生。他最近常说，一年多的生活都是“混”过来的。一年来，他的生活基本如下：上课常常睡觉和玩手机，遇到严师就硬着头皮听听课；回到宿舍就抱着手机玩游戏、刷微博、看直播，一直到凌晨；周末相约玩通宵，三餐吃外卖。

一年过去，小金的成绩自然很差，几门功课不及格。有时，小金也着急，觉得不能再这样“混”下去，得好好学习！可是每当他打算认真学习的时候，却发现老师讲的内容根本听不懂，没坚持几天，便又“打回原形”。已经大二的他找不到学习方向，没有什么目标，完全没有学习动力。

小金不禁自问：“我还能不能顺利毕业，‘混’出个文凭？”

学习是人类生活的永恒主题，更是大学生的主要任务，但是，你会学习吗？本章与你共同探讨如何学习，介绍影响学习效率的因素有哪些，最后阐述如何开发学习潜能。

第一节　学习概述

一、学习是什么

生活中，鹦鹉经过训练会模仿人类说话，小狗经过训练可以帮助警察执行搜毒、搜爆的任务，这些是不是学习呢？是的，动物的这些行为也是学习。从广义上来讲，学习是人类和动物共有的心理现象。一方面，人类和动物的行为来源于本能，即先天的遗传，如蜘蛛织网、鸟儿飞翔等；另一方面，人类和动物的行为是在后天习得的，如马戏团的小狗会做算术、猩猩会骑自行车等，这些行为是通过后天训练形成的。

但是，人类的学习与动物的学习有本质的不同。首先，动物的学习是被动地适应环境，而人类的学习是自觉的、有目的的活动；其次，动物的学习一般是机械的模仿，而人类的学习具有创造性。正是由于这种创造性，人类个体和社会才得以不断发展和进步。

人类的学习是从什么时候开始的呢？其实，当我们还在妈妈的肚子里的时候，学习就已经开始了。心理学家通过观察婴儿吸吮奶嘴的频率和强度发现，刚出生的小婴儿就已经能够分辨母语的节奏和其他语言的节奏是不同的，与其他语言相比，小婴儿更偏好母语。而这种学习的最初形式，充分说明人类对学习和体验新事物所具有的天生欲望。可以这样说，我们的成长和发展的过程，就是不断学习的过程。所以关于学习，我们需要更新一下观念，学习不仅指的是在学校里的学习，也发生在我们生活的方方面面；学习不仅是某个阶段的特定行为，也是贯穿人类一生的重要话题。

在这里，我们将学习定义为：由于经验所引起的行为或思维的持久的变化。我们每个人在成长的过程中都拥有丰富的学习经历和学习体验。

心理小贴士

未来的文盲，不是不识字的人，而是没有学会学习的人。

——（美国）阿尔温·托夫勒

二、大学学习的特点

林琳是一名大学新生，近来她常常有这样的困惑：大学应该怎样学习？高中的时候，迫于高考的压力，每天的时间都被老师安排得满满当当，很少有自己空闲的时间。进入大学后，空闲时间很多，林琳却有点不知所措。看看周围的同学：有的忙着社团活动，有的忙着谈恋爱，还有的忙着打工……似乎大家都有自己的事情做，学习反而成为大学生活的副业。大学里，很多课程只有期末一次考试，舍友经常说，及格万岁，林琳反而更困惑了：大学究竟应当怎样学习呢？

很多刚刚进入大学的同学也会和林琳有一样的困惑，与高中的学习相比，大学的学习在很多方面有了很大的变化。具体来说，大学学习具有以下特点。

（一）学习内容的专业性

大学属于专业教育阶段，学习的内容除了一些综合基础课、通识课程外，基本围绕专业方向和就业需要，深入研究某一专门领域。大学学习的专业化程度较高，职业定向性较强，实质上是一种“学习—职业”活动。因此，对专业的兴趣直接影响了学习兴趣，并影响学业状况和大学生活。

（二）学习的自主性

进入大学后，大学生有了相当大的自主空间。如果说高中的学习像吃“盒饭”，老师把菜搭配好，学生只负责消化即可，那么大学的学习就像是吃“自助餐”，学生需要自己选吃什么、吃多少。如何选课，如何安排学习时间，如何选择上课方式，全由自己做主。

（三）学习的多样性

在高中，老师课堂讲授是最主要的学习途径；在大学，除了课堂之外，还可以通过多种方式和途径进行学习，如图书馆或资料室查阅文献，参加技能竞赛、听讲座和报告，参加实习、实训、各种校园社团活动，开放大学，网络课程，App打卡学习等。同时，与高中相比，大学的评价体系也更加多样化。学习成绩不再是评价的唯一标准，人际交往能力、领导管理能力、艺术创作能力、动手能力等的重要性也凸显出来，而这些能力对大学生综合能力的发展具有重要的意义。大学不再唯学习成绩而论，也就意味着学生的成才标准的多样化。

（四）学习的探索性

大学的学习过程更加注重书本结论之外的新观点的探索和钻研，这就要求大学生不但要掌握所学的知识，而且要掌握知识形成的过程，了解学科发展状况和存在的问题，掌握科学的研究方法，培养独立思考和探索创新的精神。而死记硬背、墨守成规、创新不足的大学生将不能适应大学的生活。

大学期间的学习将影响人的一生，如果大学期间虚度了光阴或者仅仅学习书本上的知识，那么大学最宝贵的时间就被浪费了。大学期间，我们需要学习专业知识，并将所学的知识像编织渔网一样，让知识形成体系，做到“广、博、专、精”。经常会有大学生问：学这个知识有用吗？将来工作能用上吗？大学的学习不应该功利化，正是那些看似无用的知识，才是知识的意义所在。同时，大学生也要学习批判思维的能力，不被教条束缚，学会从不同的角度看问题。

心理小贴士

你憧憬未来的时候，不会去想着把所有的事联系起来；只有在回忆过去的时候，才会将这点点滴滴联系在一起。一定要相信，这些生活的点滴会在你未来的某一天产生联系。一定要相信：勇气、目标、生命、缘起……一切都不会令你失望，只会增加你的与众不同。

——史蒂夫·乔布斯《追随你的心》

三、学习的生理基础

人类的大脑结构精妙绝伦，令人赞叹，任何一项学习活动都离不开它。

我们并不是生来就拥有一个功能完备、高效运转的大脑。婴儿刚出生时，大脑的重量为350～400克，大约是成人大脑重量的1/4；1岁左右的幼儿，大脑的重量达到出生时的2倍，相当于成人大脑重量的1/2；2岁时为成人大脑重量的3/4；到6～7岁时，大脑重量接近成人水平。从大脑重量增长的速度可以看出，在最初的1～2年内大脑发育是最快的，3岁之前，幼儿脑神经的连接速度相当惊人，6岁以前是大脑发育的关键期。青少年时期，大脑逐渐发育成熟，但大脑的发育并未就此止步，终其一生，我们的大脑都在发育。

大脑功能的发挥取决于它工作时的环境和状态。大脑的使用也遵循“用进废退”的规则，长期不用脑，很可能的结果就是“变笨了”，而经常使用大脑，则会越来越聪明。

大脑是一个多元综合体，对情绪、时间、生理节奏乃至场所、环境都很敏感。它能关注到我们的意识所关注不到的东西。而且，当我们提取存储的记忆和数据以资学习时，大脑往往会添加一些我们先前并没有注意到的细节。夜间，当我们睡觉时，大脑还在勤奋工作，寻找在白天的生活琐事中隐藏着的联结和更深层的寓意。大脑更看重有一定意义的事情，讨厌无趣的东西。如果大脑就是一部学习机器，那它一定是一部古怪的机器，它的怪异之处就在于，越是开发利用，其工作效率就越高。

心理小贴士

有损大脑的十大生活习惯

1. 长期饱食

现代营养学研究发现，进食过饱后，大脑中被称为纤维芽细胞生长因子的物质会明显增多。这些纤维芽细胞生长因子能使毛细血管内的皮细胞和脂肪增多，促使动脉粥样硬化发生。如果长期饱食的话，势必导致脑动脉硬化，出现大脑早衰和智力减退等现象。

2. 轻视早餐

不吃早餐使人的血糖低于正常供给，对大脑的营养供应不足，久之对大脑有害。此外，早餐质量与智力发展也有密切联系。据研究，一般吃高蛋白早餐的儿童在课堂上的最佳思维时间普遍相对延长，而食素的儿童情绪和精力下降相对较快。

3. 甜食过量

甜食过量的儿童往往智商较低。这是因为儿童脑部的发育离不开食物中充足的蛋白质和维生素，而甜食会损害胃口，降低食欲，减少人体对高蛋白和多种维生素的摄入，导致机体营养不良，从而影响大脑发育。

4. 长期吸烟

德国医学家的研究表明，常年吸烟使脑组织呈现不同程度的萎缩，易患老年性痴呆。因为长期吸烟可引起脑动脉粥样硬化，日久导致大脑供血不足，神经细胞变性，继而发生脑萎缩。

5. 睡眠不足

大脑消除疲劳的主要方式是睡眠。长期睡眠不足或质量太差，会加速脑细胞的衰退，聪明的人也会变得糊涂。

6. 蒙头睡觉

随着棉被中二氧化碳浓度升高，氧气浓度不断下降，长时间吸进潮湿空气，对大脑危害很大。

7. 不愿动脑

思考是锻炼大脑的最佳方式。只有多动脑筋、勤于思考，人才会变得聪明；反之，不愿动脑只能加速大脑的退化，聪明人也会变笨。

8. 带病用脑

在身体不适或患疾病时，勉强坚持学习或工作，不仅效率低下，而且容易损害大脑。

9. 少言寡语

大脑中有专司语言的中枢，经常说话也会促进大脑的发育和锻炼大脑的功能。应该多说一些内容丰富、有较强哲理性和逻辑性的话。

10. 空气污染

大脑是全身耗氧量最大的器官，平均每分钟消耗500～600升氧气，只有充分的氧气供应才能提高大脑的工作效率。用脑时，特别需要讲究工作环境的空气质量。

第二节 影响学习效率的因素

一、学习动机

最近，夏帅同学正在准备英语四级考试。星期天，八点钟起床洗漱吃早餐，九点钟，带着资料到图书馆开始学习。到图书馆后，夏帅同学拿出手机，拍照片发了一条朋友圈：今天在图书馆学习的人真多……过了一会儿，朋友圈下面好多人评论，其中一个是很久没联系的朋友，两人趁机在微信上聊了起来。朋友邀请自己下午去打篮球，夏帅想到自己的篮球鞋有些旧，是时候买双新的了，于是开始“淘宝”。等购物结束，想起要复习的时候，时间已近正午。夏帅懊恼起来：马上该吃午饭了，怎么一页书都没看完！

面对很多“应该”去做的事情，我们常会拖延、找借口，甚至明知自己应该去做，但就是不想做。影响我们坚持或放弃、拖延或执行的原因就在于动机。

（一）学习动机概述

动机是一种激发、引导、维持并使行为指向特定目标的力量。指向学习的动机，就叫作学习动机。

动机有强弱之分。生活中我们也常常发现这样的现象：去面试的同学有时越是看重这个面试机会，最后发挥得越不好，往往是那些抱着试试看心态的同学最后通过了面试。这又是什么规律呢？

研究发现，人类动机的强度和活动效率之间呈现倒U形曲线的关系，动机过高或过低都会使活动效率下降，中等程度的动机才最有利于活动效率的提高。任务的难度和性质不同，动机的最佳水平也会变化。在比较简单的任务中，工作效率随着动机最佳水平的提高而上升；而随着任务难度的增加，动机的最佳水平有逐渐下降的趋势，工作效率也随之下降。这个定律由心理学家耶克斯(R. M. Yerkes)与多德森(J. D. Dodson)发现，因此，被称为耶克斯—多德森定律，如图2-1所示。

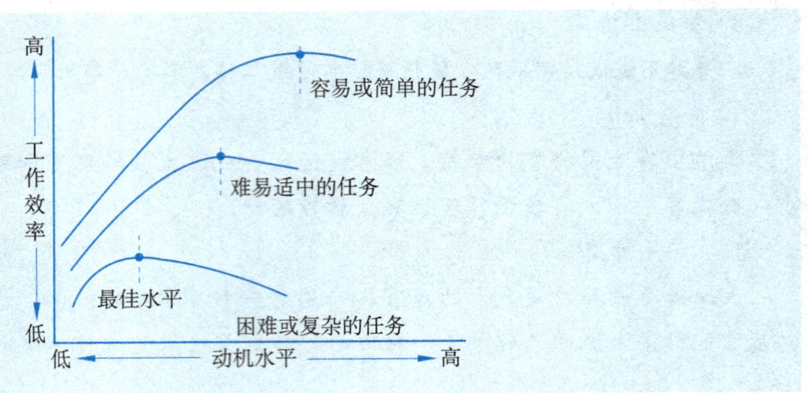

图 2-1 耶克斯—多德森定律

(二) 学习动机的分类

1. 内部动机和外部动机

动机有内部动机和外部动机之分。例如，小朋友为了得到父母和老师的表扬或者避免受到父母和老师的批评而进行学习，这就是外部动机。外部动机是在外界的要求或者外力的作用下产生的，内部动机则是由于个体内在的需要产生的动机。从效果来说，具有内部动机的人能够独立、自主和积极参与，具有强烈的好奇心，所以能坚持不懈，忍受失败和挫折。而外部动机只是为了达到外在的目的或目标，一旦目标达到，动机就会下降；失败则有可能选择放弃。真正能够提供持续推动力的是个体的内部动机。当然，内部动机和外部动机的划分也不是绝对的，由于动机是推动人的活动的内部心理过程，因此任何外界的要求和力量都需要转化为人的内在需要才能成为活动的动力。

心理小贴士

德西效应

一位老人在一个小乡村里休养，但附近有一群十分顽皮的孩子，他们天天在老人的房子附近大吵大闹。老人制止了无数次都没有效果，老人终于想出了一个办法。

他把孩子们都叫到一起，说自己很喜欢他们到这里来玩，并告诉他们以后每天都来玩可以得到奖励。孩子们逐渐习惯于获得奖励，老人却逐渐减少所给的奖励，到最后老人一分钱也不给了。于是，孩子们觉得待遇不公正，认为“不给钱还想让我们给你带来热闹，做梦”，于是再也不到老人的房子附近大声吵闹了。

进行一项愉快的活动时，如果提供外部的物质奖励，反而会减少这项活动对参与者的吸引力，这就是著名的德西效应。学习的过程也是如此，我们应当激发自己的内在动力，即积极主动、持之以恒的兴趣和坚强的意志，而不是仅仅依靠外部物质奖励。

2. 成就动机

学习的动机还与成就动机有关。成就动机是个体希望从事对他有重要意义的、有一定困难的、具有挑战性的活动，在活动中能取得完满的优异结果和成绩，并能超过他人的动机。

（三）学习动机的四象限

所有人的学习动机可以用两种驱力来描述：追求成功的驱力和避免失败的驱力，而这两种驱力都有高低之分，因此可以把学习动机分为四种类型，即学习动机的四象限，如图 2-2所示。

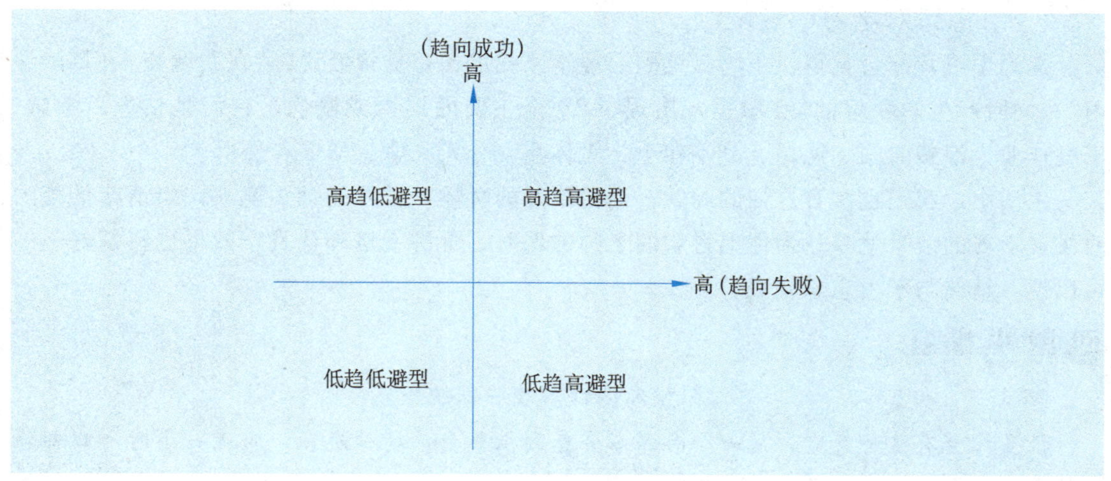

图 2-2 学习动机的四象限

1. 高趋高避型

高趋高避型动机的学生同时受到成功的诱惑和失败的恐惧，对任务又爱又恨。他们对任务怀有既追求又排斥的冲突情绪，表面上他们学习努力、聪明能干，但事实上他们又严重受紧张、冲突的精神困扰，所以他们会想办法获得成功来避免失败。例如，电影《三傻大闹宝莱坞》中的拉加，家境贫寒，进入最好的工程学院，背负改变家庭命运的使命，恐惧失败，天天求神拜佛，手指上戴满了求保佑的戒指。

2. 高趋低避型

高趋低避型动机的学生具有无穷的好奇心，也能很努力地学习，努力地发展自己，这种学生通常也表现得自信、机智。失败时，他们会归因于自己努力不够，从而会更加努力；成功时，归因于自己的能力和努力共同的作用。这种类型的学生被称为“成功定向者”，例如，电影《三傻大闹宝莱坞》中的兰彻，他对机械有一种异乎寻常的热爱和天赋，充满好奇心和质疑精神，成绩很好，总是名列前茅。

3. 低趋低避型

低趋低避型动机的学生没有对成功的期望，也没有对失败的恐惧，并且他们内心很少有冲突。他们很少学习或者直接放弃学习，对学习表现出漠不关心的态度，这种漠不关心有些是真正的漠不关心，因为觉得课程对自己根本无用；也有些漠不关心是因为隐藏着反抗，也避免了对自己无能的评价。这种类型的学生被称为“失败接受者”，例如，电影《三傻大闹宝莱坞》中的乔伊，因为没有完成毕业设计而被劝退，最后选择放弃生命。

4. 低趋高避型

低趋高避型动机的学生认为逃避失败比期望成功更重要，为了避免失败的恐惧，而又不致被别人认为是无能的，他们就会采取自我妨碍的策略，失败了可以为自己找一些借口。这种类型的学生被称为“逃避失败者”。

二、情绪与学习

(一) 情绪对学习的影响

提到学习，你会觉得快乐吗？英国心理学家托尼·布赞曾经说：“在我调查人们对‘学习’一词所产生的联想的 30 年里，出现了 10 个主要的词语或概念，它们是枯燥、考试、家庭作业、浪费时间、惩罚、毫不相干、无休止、令人厌恶、憎恨和恐惧。”

生活中，我们也常有这样的经验：当情绪好的时候，学习的劲头就大；当情绪低落的时候，学习的效果就差；当你上喜欢的老师的课时，听讲就格外认真，效果也特别好……可以说，情绪与学习息息相关。

心理小贴士

学习如何像玩游戏一样快乐？

很多人会有这种感觉：看一小时课本会感到很难受，精神涣散，而玩一小时游戏却精神抖擞，兴奋异常。这是为什么呢？

游戏与学习最大的区别就在于，游戏是一个可以让人马上产生收获和反馈的活动，大脑不停地接收信息和处理信息，处于兴奋状态。

心理学家斯金纳做过一个实验：将一只饥饿的小白鼠放入一个有按钮的箱子中，每次按下按钮，则掉落食物，如图 2-3 所示。一开始，小白鼠在箱内误打误撞，触碰到了按钮，食物掉落，很快，小白鼠自发学会了按按钮，并且会不停地按按钮。

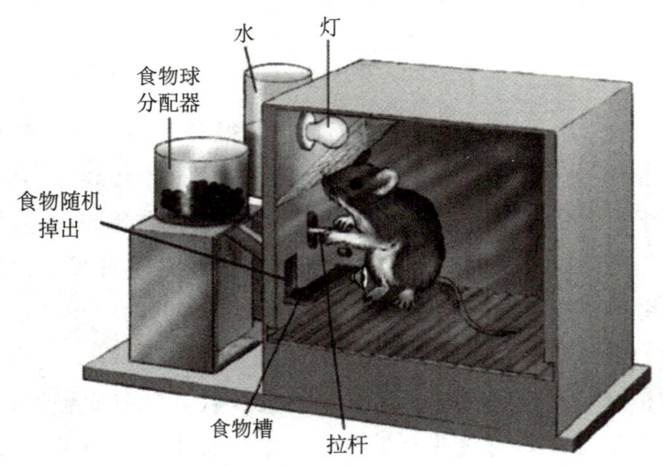

图 2-3 斯金纳箱

学习也是同理，想要快乐学习，就要建立“奖励”和“学习”之间的良性关系。具体来说，就是每学习完一段时间或一段内容，就给自己一个奖励反馈。例如，学 30 分钟英语，可以玩 5 分钟手机，奖励可以让你马上得到反馈并产生收获感、愉悦感，甚至产生多巴胺，那么学习就是一件开心的事情，开心就会激励你不断重复。这样执行下来，学习就会变成一件有成就感，可以产生快乐的事情。在奖励和反馈的同时，也做好学习记录，以便形成进度表格，每隔一段时间回顾总结。例如，以一周、一个月为周期对学习过程和学习收获进行记录，类似于每次游戏过关的分数总结，这样也有利于形成愉悦感、成就感，激励我们不断学习。

当一个人对学习和教师持有欢迎的态度时，会产生喜爱、快乐等肯定的体验；对学习持反对或拒绝的态度时，就会产生憎恶、悲哀等否定的体验。无论是心理学的研究结果，还是人们的教学实践经验，均表明情绪、情感在人的学习活动中具有巨大的调节作用，在一定程度上决定着人们的学习行为。

（二）常见的学习情绪问题

大三的森森最近很苦恼。初级会计职称考试将近，这是森森在校期间的最后一次考试机会。班里的大半同学已经考取了会计从业资格证，其他同学也已经在为就业和升学做准备，森森感觉自己落后了。为此，森森制订了详细的学习计划，可是总被计划外的事情干扰，即使没有什么事情干扰，学习效率也很低。随着考试临近，森森的状态越来越差，学习没有效率，看过的知识也记不住，白天吃不下饭，晚上胡思乱想，睡眠质量很差……

森森的这种情况属于学习焦虑。焦虑是对尚未发生的事情感到担忧或恐惧的状态。有时我们会在事情尚未发生时，设想糟糕或失败的结果以及可能会产生的不良后果，并对这种后果感到无能为力，这是一种痛苦的心理体验。

1. 学习焦虑的表现

学习焦虑会有一些外在表现，如学习压力大，精神高度紧张、记忆力下降，情绪紧张、焦虑、恐惧、心慌、失眠等。学习焦虑表现在考试上，即考试焦虑。还有一种情况属于“化妆后”的焦虑，即通过防御或者逃避表现出来的行为，例如对学习抱无所谓的态度，学习心不在焉，产生“破罐子破摔”等想法。

2. 学习焦虑的原因

从内部因素来说，学习焦虑产生的原因一般有以下几种：一是理想与现实差距过大时，就会产生强烈的心理冲突；二是自信心不足，导致焦虑；三是以往学习中的失败或挫折经历，导致对相似情境的焦虑。

从外部因素来说，大多数的学习焦虑与压力相关，如来自学业和考试的压力、来自家长“望子成龙”的压力、来自同学间竞争的压力、来自就业的压力等。

3. 学习焦虑的调适

(1) 学会调整认知。要充分发挥自我调节的能力，控制焦虑的程度。通常人们会认为，诱发性事件导致不良的情绪反应。例如，通常会认为考试是导致学生焦虑的原因，但是，美国心理学家埃利斯认为，诱发事件只是引起情绪的间接原因，人们对事件所持的信念和看法才是引起情绪的直接原因，这就是情绪的 ABC 理论。埃利斯认为，“人不是被事情困扰着，而是被对这件事情的看法困扰着”。俗话说：“天下本无事，庸人自扰之”，正说明了我们对事情的认识会影响我们的情绪反应。所以，面对学习焦虑和考试焦虑，我们要学会正确认识和评价自己的能力，确定切合自己实际情况的学习目标，增强自信和毅力，不怕困难和失败，保持适度的自尊心，降低对胜败的敏感度。

(2) 面对学习任务，充分准备。找到适合自己的学习方法，制订符合自己节奏的学习计划，并预留休息时间，注意劳逸结合。在对学习产生焦虑情绪的时候，适当地转移注意力。这里推荐的方法就是有氧运动＋激励歌曲。在学习间隙，建议增加体育锻炼，以慢跑为主，跑步时可以播放一些励志歌曲。慢跑到出汗为止，运动出汗的时候，可以把肌肉内的压力激素皮质醇排除，焦虑感就会降低，同时身体容易产生内啡肽激素，让人产生愉快感。在双重作用下，可以让我们暂时远离焦虑情绪。

(3) 学会自我暗示和放松，控制焦虑的程度。面对学习任务的时候，不搞“疲劳战术”，注意合理安排时间。法国作家大仲马说过：“人生总是由一串无数烦恼组成的念珠，达观的人总是笑着念完这串念珠的。”学习任务繁重的时候，要学会给予自己积极的心理暗示，同时要注意保证有充足的体育锻炼和充足的睡眠，保证有充沛的精力、清醒的头脑、健康的身体和良好的情绪。

三、意志与学习

小金刚进入大学的时候，学习热情很高，下定决心要拿奖学金，还报了自学本科学历的考试，参加了好几个社团，可她总是对事情“三分钟热度”。

自考周末上课，小金爱睡懒觉，常因此迟到，学习效果自然不好，第一次考试就有两门不及格，于是退出自考；几次社团活动后，小金也失去兴趣，慢慢也不去了；听学姐说，所学的专业需要考取从业资格证，她便买来一堆复习资料，着手看书，可是计划却总也完不成……时间一天天过去，小金什么也没做成，对什么都提不起兴趣，什么也不想做，越来越强的挫败感弥漫内心……

大学里不乏类似小金的情况。入校时，信心满满，可往往是“雷声大，雨点小”。面对外界的诱惑，对自己的计划“善始者实繁，克终者盖寡”，做事情不缺热情和能力，但是往往有计划却缺乏相应的行动，或者计划不合理带给自己挫败的体验，要么是在遭遇挫折后选择放弃和逃避。

(一) 影响意志力的因素

意志是个体有意识地支配和调节行为，通过克服困难，实现预定目的的心理过程。对于每一个需要克服的障碍，都离不开意志力。意志力并非是生来就有，也并不是不可改变，它是一种可以培养和发展的技能。

由于意志力是不断波动的，所以想要提高意志力，就要了解意志力的影响因素。

1. 情绪状态

我们都有这样的体验，当情绪高涨的时候，做事情就比较有动力；而情绪不佳的时候，往往也会做一些负面的事情。的确，情绪低落的时候会导致意志力薄弱，而情绪高涨的时候意志力会增强。

2. 个人经历

美国心理学家塞里格曼做过一个经典的实验：把狗关在笼子里对狗电击，每次电击之前一个蜂音器都会响起。开始，狗上蹿下跳，试图逃出笼子躲避电击，但经过多次努力，狗发现根本逃不出笼子。于是，只要蜂音器一响，狗就安静地等待电击。后来，塞里格曼把笼门打开，然后打开蜂音器。结果狗不但没有逃出笼子，反而躺在地上呻吟、颤抖。

塞里格曼指出，人与动物一样，在面临一种无法改变的客观条件时，都会产生一种无助感，久而久之，即使客观条件改变了，他们仍然不能从已形成的无助感中摆脱出来。塞里格曼称这种消极悲观的心理状态为习得性无助，它使人们失去希望，放弃努力，被动地承受灾难和痛苦。

▶ 3. 周围环境

“近朱者赤，近墨者黑”，意志力有时也会通过周围的环境相互传染，相互影响。例如，如果周围的人都吸烟，那么一个人想要戒烟是很困难的。

（二）提高意志力的方法

▶ 1. 冥想

冥想是所有意志力训练中效果最快的。通过冥想，你可以训练大脑的专注度和抵制神游的冲动。研究表明，每天 5 分钟的冥想练习只要做 2～3 天，注意力就能更加集中，获得更多的能量，同时也可以缓解压力。

▶ 2. 利用最后期限

很多人都有这样的经验：考试之前挑灯夜战或者考试中的最后一分钟，注意力高度集中，精神非常紧张，高度亢奋。使用同样的原理，研究人员发现自己设定一个期限，也可以提高意志力，还能提高效率。将要做的事情列成表，定下要完成的最后时间，然后坚持完成。参与者照这样做了两周后，不仅原来的事情做完了，还空出了很多时间来健身、调节饮食。

▶ 3. 遵循由少到多、由易到难的原则

不要在一开始就追求完美，刚开始少做一点，可以先做容易坚持的事情，然后不断地增加难度。不同的人养成不同的习惯所需要的天数是不同的，有科学试验得出结论：培养一个长期的习惯，大概需要 66 天。一定要注意，在培养习惯的过程中，一定要坚持下去，不要中途停止。

心理小贴士

懒惰的时候，不妨试试普瑞马法则

在学习和生活中，我们可能都有这样的经验，想要做某件事情，但过了好久发现还是没有做，或者觉得有力气使不出来，或者总觉得生活是灰色和抑郁的，等等。生活好像总是被一种惰性缠绕，知道这种状态不好，但又不知道从何处入手来改变。

如果坚持用一周的时间尝试普瑞马法则，你会发现整个人有很大不同；如果能继续坚持，那么惰性的生活方式就永远不敢再接近你，而你将在人生获得你想要的成就。

首先，可以用一到两天时间给自己做一个行为记录，把你通常每天要做的事情记下来，包括所有的生活活动。这样，即使粗粗地记，大约也会有几十件。把其中一些吃饭、

穿衣等必须完成的事情剔除，再把剩余下来的几十件事情按照兴趣排列，把最不喜欢做的事情放在第一位，把最喜欢做的事情放在最后一位。

然后，你就可以在以后的一周内采取行动了。每天一早起来，从最不喜欢的事情开始做起，并且坚持做完第一件事情，再做第二件事情……一直做到最后一件你喜欢的事情。

在整个过程中，开始会觉得很困难，但只要花很少的力气稍稍坚持，就能顺利进行下去。注意，中途不要回避那些很不喜欢做的事情。

对于改变惰性的生活方式，这种方法可以带来很好的效果。对于经常有抑郁心情的人，这种方法将直接改变表现为抑郁的行为，可以很容易地使抑郁的情绪结束，而只要坚持，抑郁的生活状态就会永远结束。通过结束惰性的生活方式或抑郁的情绪，而结束惰性或抑郁的心理。

如果你试试，并且多一些坚持，你将发现，生活着，工作着，是多么轻松、有趣的事情！

4. 改变周围的环境，帮助你完成目标

尽最大可能为自己的目标而改变环境。例如，你要坚持学两个小时英语，在开始的时候就选择一个安静的地方，并且把手机调成静音，以防其他琐事打扰等。

5. 利用公开承诺的力量

可以将自己的目标告知周围的朋友，并请朋友们监督自己，同时也可以充分利用手机的打卡软件。

6. 给自己一些想要的奖励

将大的目标进行细分，转换成每天的目标，每天的目标完成之后，可以给自己一些奖励。

像锻炼身体的肌肉一样，意志力锻炼也是一项“马拉松”，要从少到多、循序渐进。

以上介绍的方法可以使你的意志力有很大的提升，更加高效地完成工作。

四、注意力与学习

阿苗同学最近很苦恼。上大学后，她终于有了自己的智能手机，但因此无法专心上课了，即使没什么事情，也总是想拿出手机看一看。听讲不如以前专心，去图书馆看书也很低效，有时一晚上都看不完一页。

的确，注意力现在是一些大学生缺乏的东西。注意力是对一定活动对象的指向和集中，是人的各种心理过程正常进行的保证。可以说，没有注意力，人的各种心理活动将很难进行。同样，大学生的学习也离不开注意力。

（一）注意力不集中的表现

大学生注意力障碍主要表现为：上课思想开小差，不能专心听课，胡思乱想，容易受到手机等无关事物的吸引，自己不能控制思维；容易受到环境的干扰，一点小刺激就会引起注意力的转移，长时间不能静心。

(二) 提高注意力的方法

每个人的注意力都是一种有限的资源，重视这件事情，就必定会忽略另一件事情。如何将自己的注意力放在最重要的事情上呢?

▶ 1. 专注当下，从做计划开始

如果担心自己遗忘，可以给自己配备一个助理——随身带一个小本子，记下自己需要做的事情，养成列待办事项的习惯，每天定时查看。做计划可以给自己带来安全感，人们总是害怕未知、不确定的事物，害怕自己的金钱、精力投入得不到回报，必须要时时看着进展才能让自己安心，就像打游戏时的进度条一样。

同时，制订计划时不要盲目模仿别人的计划。每个人都是不一样的个体，按照自己的时间、精力、喜好来制订计划，才能达到最好的成果。

▶ 2. 不要让手机成为自己的绊脚石

身处信息时代，每天我们都会通过手机接收大量的信息，如何不被这些信息干扰呢? 在工作和学习的时候，可以将手机调为静音，随身携带手表，只通过手表看时间，防止拿出手机就做一些与学习无关的事情。这样，每天给自己一段专注于自己的任务的时间。手机的出现不是让别人随时找到你，而是让别人在“你想让他们找到你的时候”找到你。

▶ 3. 选择环境，排除无关干扰

不要迷信“桌子乱的人平均智商更高”，真正的聪明人，从不把自己的桌子搞得乱七八糟，乱糟糟的桌子只会让你注意力涣散。神经学家 Oliver Sacks 建议，如果你要在同一个桌子上完成 2 个完全不同的项目，那么就把桌子划分为 2 个区域，在不同的区域做不同的工作。进入一个新的空间可以让大脑重启，从而保证创造力不受限。

▶ 4. 学会取舍，只关注最重要的事情

将每天要做的事情按照紧急和重要与否进行分类，主要的精力放在最重要的事情上，放弃一些无用的娱乐和社交，“心无旁骛”会让你的学习效率更高。

第三节 学习的潜能开发

一、了解学习风格

每个人擅长学习的内容和最适合的学习方法不尽相同，有的人喜欢自己一个人学习，有的人喜欢几个人一起学习；有的人在早晨记忆力很好，有的人则在晚上记忆力好；等等。学习者在学习过程中表现出的一贯的、典型的、经常采用的学习方式就是学习风格。了解自己的学习风格，选择适合自己的学习方式，对提高学习兴趣和学习效率具有非常重要的作用。

可以从不同角度对学习风格进行分类。

(一) 对学习时间的偏爱

每个学习者都有自己的生物节律，表现在有不同的学习时间偏爱，即在不同的时间段里进行学习会产生不同的效果，有人喜欢在清晨，有人喜欢在上午，有人喜欢在下午，还有人喜欢在晚上。根据学习者对不同学习时间的偏好，可将学习者分为四种类型：清晨型(又称百灵鸟型)、上午型、下午型、夜晚型(又称猫头鹰型)，每种类型的学习者在自己偏爱的时间段内学习效率最高。

当然，学习者偏爱什么时间段进行学习受许多因素的制约，其中有些因素如生活习惯等是可以调节的。了解自己的时间偏爱后，每一个人都可以合理、科学地安排作息制度和最佳学习时间，提高学习的效率。

(二) 对感觉通道的偏爱

人们接受和加工信息、进行学习，要借助不同的感觉器官，如用耳朵听、用眼睛看、用手摸等。由于个人身心特点的差异，不同的人对不同的感觉器官和感觉通道有不同的偏爱。心理学的有关研究表明，不同认知通道的学习效果是有差异的。一般来说，只使用视觉通道，能记住材料的 25%；只使用听觉通道，能记住材料的 15%；而视听结合，使用多通道参与学习活动，则能记住材料的 65%。不同感知觉类型的学习者，在学习上有不同的表现，所应采用的学习策略也各不相同。从感知觉方面来看，学习者主要有视觉型、听觉型、动觉型三种类型。学习过程中充分调用多种通道，可以达到良好的学习效果。

(三) 左右脑的差异

人的大脑两半球在进行思维活动时，在功能上表现为一侧优势，这种现象叫作偏侧化或不对称性。由于生理类型的差异，有的学习者在心理能力上表现为左脑优势，有的学习者表现为右脑优势，有的则是两半球脑功能和谐发展。根据个体的大脑优势半球差异，可以把学习者分为左脑型、右脑型和左右脑混合型三类。左脑型的学习者，语言、逻辑性强，对细节问题特别敏感，善于分清主次，能够抓住重点，做事自觉性、计划性、条理性强，有责任心；右脑型的学习者容易接受新事物，空间概念较强，喜欢以直觉的方式处理信息，善于把握整体。左右脑混合型的学习者则根据学习情境、学习任务的性质等不同，有时较多地使用左脑，而有时则较多地使用右脑。

总体来说，每个人适合的学习风格是不同的，只有正确认识自己的学习风格，并采取相应的策略加以辅助，才能提高学习效率。

二、学习的记忆策略

很多同学会有这样的感受：复习了一会儿，明明这部分内容已经记住了，可是隔了几天，发现自己又忘记了，这是怎么回事呢？这就要说到记忆了。记忆是在头脑中积累和保存个体经验的过程。

德国心理学家艾宾浩斯(H. Ebbinghaus)研究发现，人类大脑对新事物的遗忘符合某种规律，这种规律画成图形就是遗忘曲线，如图 2-4 所示。简单来说，学习新内容后，如果没有复习，那么就会遗忘大部分内容。如果遵循记忆的规律，那么学习的知识也就会很好地记住。其实道理很简单，学完一个东西，需要经常复习和反复使用，才能记得住、记得牢。

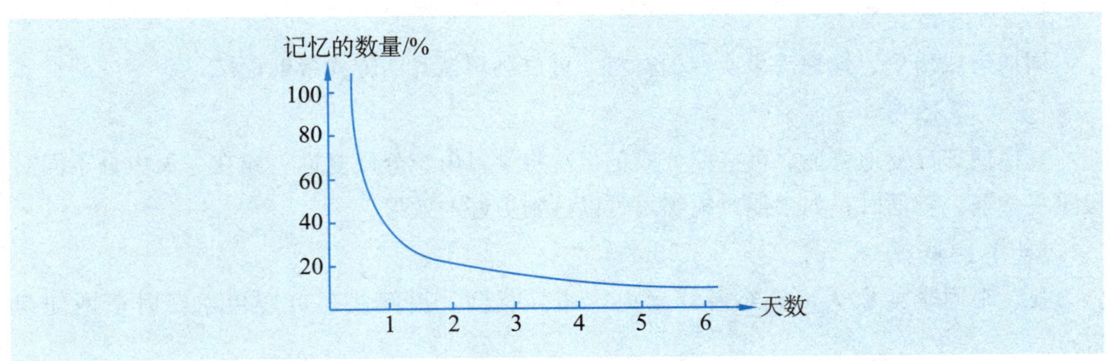

图 2-4 艾宾浩斯遗忘曲线

另外，艾宾浩斯遗忘曲线也告诉我们，机械记忆是低效的记忆方式，使用一些常用的记忆策略可以更有效地提高记忆效率。

（一）直观形象记忆法

从信息论的角度来说，直观形象产生的信息对大脑的刺激比语言文字要多得多。例如，老师教“灭”字时，把一个小纸团点燃放进杯子里，然后在杯子上盖一块铁板火就灭了，学生便因此有了“火”上加一块板的形象，可以很容易地记住“灭”字。

（二）歌诀记忆法

从许多人的学习经验中发现，有节奏感的学习材料的记忆保存效果良好。歌诀记忆法便是采用此原理，将学习材料（尤其是大量的、不规则的资料）编成歌词形式的节奏和顺序，不但便于识记，也便于提取和保存。

（三）趣味记忆法

将抽象、无趣的学习材料赋予有趣的联想，便是趣味记忆法。除了学习成绩取得的成就感可以促进学习外，学习材料和教学技巧的趣味化也能让人对学习产生直接的兴趣。

（四）特征记忆法

特征记忆法是指利用好奇心，在平常的学习情境中比较这种东西（或观念）与其他东西（或观念）的不同，发现其特征，从而达到记忆目的的方法。

（五）分段记忆法

分段记忆法是指将学习材料先分为几个部分，慢慢教授，然后进行整体的记忆。

（六）比较记忆法

比较记忆法是指把相反或相似的新旧学习材料相比较，然后进行记忆。比较记忆法可以集中注意力，有利于旧知识的复习和思维能力的发展，可以作为强化记忆的方法。

（七）自我复述记忆法

自我复述记忆法是将学习材料变成自己的话，以加强记忆。自我复述记忆法的优点在于必须要对学习材料集中注意，并达到充分理解。例如，写读后感或参观心得都是整合学习材料的好方法。

（八）谐音记忆法

周期表或历史、地理等事实性的材料，可以利用谐音的方式帮助记忆。

（九）复诵法

复诵法即反复地背诵。可搭配分段记忆法将学习内容分段复诵，或在一天中分不同时段重复背诵。背诵时，如果能对镜练习可以达到更好的效果。

（十）提问法

找一个同学或家人，针对所背诵内容相互提问。提问法还可避免学习时遗漏知识盲点。

三、时间管理

一天，教授为一群商学院学生讲课。首先拿出一个一加仑的广口瓶放在面前的桌上。随后，他取出一堆拳头大小的石块，一块一块仔细地放进玻璃瓶里，直到石块高出瓶口，再也放不下，他问道：“瓶子满了吗?”

所有学生应道：“满了。”

教授反问：“真的?”教授又从桌下拿出一桶砾石，倒了一些进去，并敲击玻璃瓶壁使砾石填满下面石块的间隙。“现在瓶子满了吗”他第二次问道。

这一次学生有些明白了，“可能还没有。”一位学生应道。

“很好!”教授说。

教授又从桌下拿出一桶沙子，开始慢慢倒进玻璃瓶。沙子填满了石块和砾石的所有间隙。他又一次问学生：“瓶子满了吗?”

“没满!”学生们大声说。

他再一次说：“很好。”

然后，他拿过一壶水倒进玻璃瓶直到水面与瓶口平。教授抬头看着学生，问道：“这个例子说明什么?”

一个心急的学生举手发言：“它告诉我们：无论你的时间表多么紧凑，如果你确实努力，你可以做更多的事!”

“不!”教授说，“那不是它真正的意思。这个例子告诉我们：如果你不是先放大石块，那你就再也不能把它放进瓶子里。”

那么，什么是你生命中的“大石块”呢?

（一）时间管理的理论

1. 史蒂芬·柯维的时间管理理论

“一寸光阴一寸金，寸金难买寸光阴。”每个人的时间都是珍贵的资源，如何合理利用好时间达成自己的目标，这就需要进行时间管理。著名管理学家史蒂芬·柯维在《高效能人士的七个习惯》一书中提出了一种时间管理理论，即把工作或学习按照重要和紧急两个不同的方面进行了划分，分为四个象限，如图 2-5 所示。

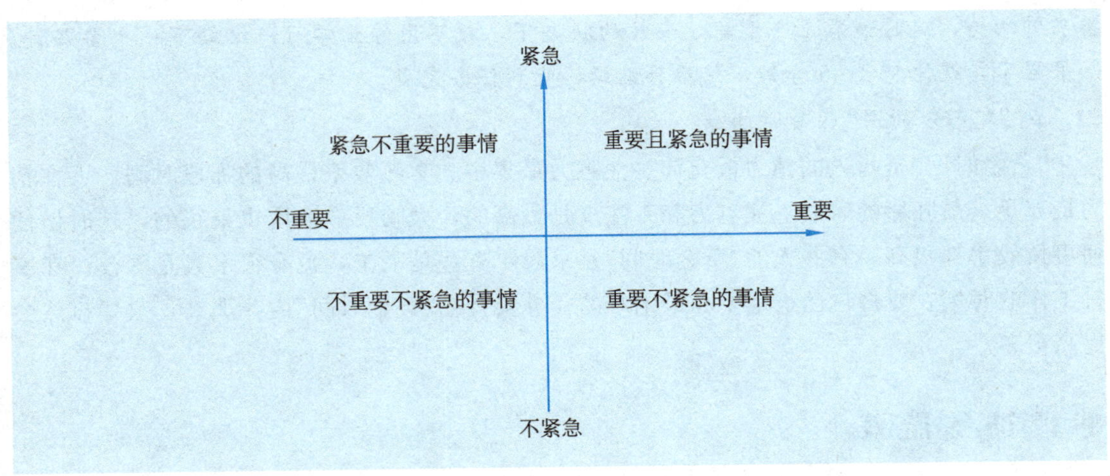

图 2-5 时间管理坐标体系

第一象限，重要且紧急的事情，如四、六级考试，需要限期前完成的学习任务等；

第二象限，重要不紧急的事情，如建立人际关系、搜集信息等；

第三象限，紧急不重要的事情，如接听电话、不速之客造访等；

第四象限，不紧急不重要的事情，如客套的闲谈、聊天打牌和玩游戏等。

时间管理理论的一个重要观念是应当把主要的精力和时间集中于处理那些重要但不紧急的学习与工作上，这样可以做到未雨绸缪，防患于未然。

2. 二八法则

二八法则是指世界上充满了不平衡性。例如，20％的人口拥有 80％的财富，20％的员工创造了 80％的价值，80％的收入来自 20％的商品，80％的利润来自 20％的顾客等。这种不平衡关系就是帕累托发现的“二八法则”。该法则认为，资源总会自我调整，以求将工作量减到最少。解决起主要作用的 20％的问题，其他 80％的问题就迎刃而解了。所以，在工作中要学会抓住关键的少数，要用 20％的精力付出获取 80％的回报。因此，这种法则又叫省力法则。在一天的时间中，我们要把 80％的精力放在解决 20％的重要事情上。

(二) 合理安排时间的方法

这里推荐时间管理中最实用的两种方式。

1. 番茄工作法

番茄工作法是一种能让人在 25 分钟内高效、专注的时间统计方法。

现在几乎人手一部智能手机，手机有时会是学习的重要干扰，但是如果善加利用，手机也可以是我们学习的利器。手机上的计时软件，可以帮助我们在规定时间内集中注意力，提高学习效率。大家可以利用这些软件，让自己的学习更有乐趣。

心理小贴士

风靡一时的番茄钟

推荐大家在手机上下载番茄钟的App，时间是25分钟。开始完成第一项任务，直到番茄钟响铃，这时如果还处于高效专注的状态下，就不用停止学习，继续下一个番茄钟。如果累了，就休息3～5分钟，然后再继续，直到任务完成。

▶ 2. 充分利用“黄金时间”

“黄金时间”是指人的精力最充沛、注意力最集中、学习效率最高的那段时间。人在精力最充足、最旺盛的时候，注意力和专注度是最高的，大脑反应速度也最快的，这时做任何事情效率都很高。有些人的“黄金时间”是早晨，有些是下午，也有很多人是深夜。在安排工作的时候，要将自己最重要和最困难的任务安排在“黄金时间”内，那么，效率自然会提高很多。

心理训练游戏

时 间 银 行

如果每天都有86 400元存入你的银行账户，而你必须当天用光，你会如何运用这笔钱呢？

其实，每个人都有这样一个银行账户，那就是“时间”，每天都有新的86 400秒时间进账，你打算如何利用好每一秒，对人生进行投资呢？下面，我们一起做这样的一个小游戏——时间馅饼。

图2-6的大圆圈代表生活中一天24小时，请你估计下列每项事情所占用的时间，然后把自己的“时间馅饼”按各项的比例分割，并分别填色：

①睡觉；②上课；③人际交往(如与朋友会面、聊天等)；④与家人共处(包括吃饭、打电话、视频等)；⑤社团活动；⑥体育锻炼；⑦课外学习(如去图书馆)；⑧休闲娱乐(如玩手机、网购、玩游戏)；⑨其他。

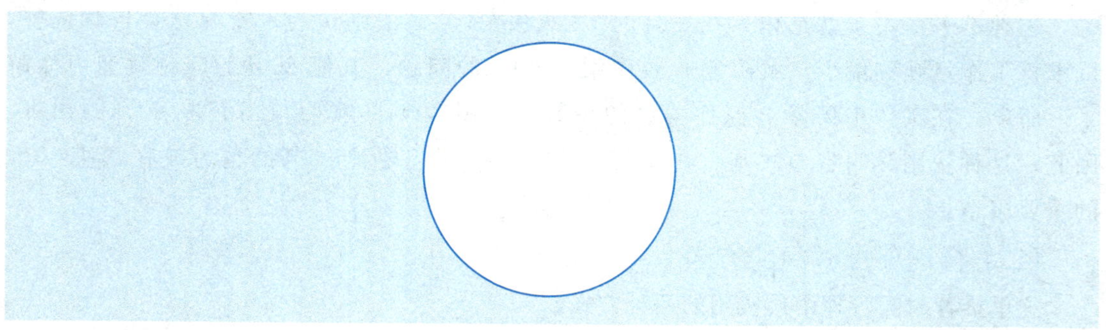

图2-6　现实的“时间馅饼”

大家画好后，分小组进行讨论：

1. 你对自己目前使用时间的情况满意吗？

2. 在你的理想中，应该如何使用时间？现在，在图2-7中画一个代表你理想时间使用的“时间馅饼”。

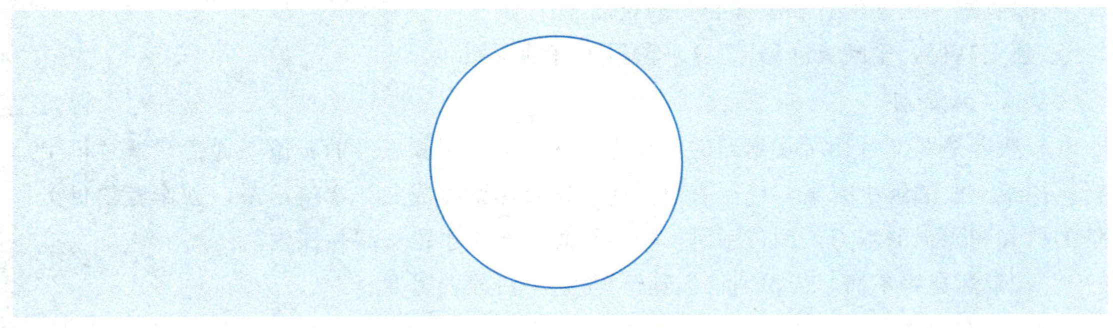

图 2-7 理想的“时间馅饼”

3. 你需要采取什么行动来改变现实的“时间馅饼”，使它更接近理想的“时间馅饼”呢？

四、创造性思维

胡润研究院发布《2017 胡润全球少壮派白手起家富豪榜》，37 岁的汪滔以人民币 280 亿元排名第九位。汪滔拥有大疆科技 45％的股份。

1980 年出生的汪滔，最早是通过漫画书认识了航模，对航模产生了兴趣。2003 年，大三的汪滔退学后去了香港科技大学。在香港科技大学求学的第三年，汪滔接触到硬件研发，把本科毕业设计定位在直升机的核心部件：飞行控制系统。但在最后毕业演示时，汪滔的飞机摔了下来，毕业设计只得了 C。后来，在研究生导师李泽湘的鼓励下，汪滔在读研的同时开始创业。最终，他在宿舍里制造出飞行控制器的原型。2006 年，他和自己的两位同学用奖学金作为起步资金，在深圳的一所居民楼里正式开启改变世界的创业之路。

从居民楼里的 3 个人到 4000＋员工，从白手起家到占据无人机行业 70％的全球市场份额，汪滔成为全球无人机行业的第一位亿万富翁。而汪滔在宿舍创立的“大疆创新”正低调地主导全球无人机革命。

在大众创业、万众创新的时代大背景下，“创新”成为一个炙手可热的词汇。其实，不仅是创业成功人士，每个人都拥有创造力。创造力可能是对已有的事物提出新想法，也可能是创造新东西。不要认为创造力是少数人的天赋，普通人也有创造力，区别就在于创造力是否能体现出来。只有当个体创造出产品的时候，个体创造力才会被感知。因此，人们感知到的创造力是个体外显的创造力。

（一）创造性思维的体现

创造性思维是伴随着创造性活动过程而言的，对创造性思维体现过程的分析最有代表性的、最有影响力的是英国的心理学家华莱士（Wallas，1926）提出的四阶段理论，即创造性思维体现的过程包括准备期、酝酿期、豁朗期和验证期四个阶段。

1. 准备期

准备期是提出创造、创作发明对象的阶段。这一阶段最重要的任务如下：

（1）明确创造目的；

（2）掌握丰富的经验；

(3)收集广泛的信息和掌握必要的技能。

“独上高楼，望断天涯路”是这一阶段绝好的写照。

2. 酝酿期

酝酿期是对准备期所收集到的资料进行深入的探索和思考的阶段，通常在潜意识中进行。探索问题的解决方案，等待有价值的想法自然酝酿成熟，产生出来，创作者须付出百倍的勇气和顽强的毅力，刻苦钻研、精心构思、大胆想象、顽强探索。

“衣带渐宽终不悔，为伊消得人憔悴”是这一阶段的写照。

3. 豁朗期

豁朗期亦称灵感阶段。在豁朗期，个体经过充分的酝酿之后，由于创作者对问题的考虑是多方面的、周密的，甚至是较长时间的思维活动，问题可能会突然得到解决。豁朗期是创造性思维最富有智慧的高潮阶段，经典的例子是希腊科学家阿基米德解决测定王冠含金量的问题。

豁朗期可表述为“蓦然回首，那人却在灯火阑珊处”，即经过艰苦思索和顽强探索，灵感终于出现。

4. 验证期

问题的解决往往不是一下取得完满成功的，而要在理论上和实践上进行多次论证和反复修改。灵感所获得的观点尚须加以检验，在此阶段，逻辑思维和各种非逻辑思维交融在一起，可谓“苦尽甘来，光彩夺目降人间”。

（二）创造性思维的培养

1. 注重知识的积累

能力的培养是以知识为基础，因此获得相关领域的知识是培养创造性思维的基础。创造性思维包括广度和深度两个方面，这就决定了获取相关领域的知识也必定要广泛和深入。站在前人的肩膀上，才能走得更远、走得更稳，所以，要培养创新能力，必须先积累基础知识。

2. 运用发散性思维和远距离联想能力

发散性是创造的主要成分，发散性思维具有流畅性、变通性、独特性等特点。发散性思维就是人们沿着不同测序方向思考，重新组织当前信息和记忆系统中存储的信息，产生大量、独特的新思想。远距离联想就是将不同事物、概念或元素进行联想，并重新整合的过程。例如，由一个圆，联想到数字 0、字母 O，或者排球、网球、乒乓球，甚至地球、月饼、硬币……这样的训练方法也有助于创造力的提高。

3. 突破自己的舒适区

每个人都有自己的心理舒适区。心理舒适区会让我们感到熟悉、驾轻就熟，如果我们的行为超出了这些模式，就会感到不安全、焦虑，甚至恐惧。生活中，当我们面对新工作、接受新挑战时，内心会从原本熟悉、舒适的区域进入紧张、担忧甚至恐惧的压力区。心理学表明，人们天生喜欢稳定，喜欢待在舒适区，不愿意冒风险。而创新则意味着变化，意味着不确定性，意味着冒风险。所以，要勇敢跳出自己的舒适区，接受新的环境和挑战。例如，尝试学习一项新的技能，研究一个新的领域，学会与背景、教育、观点各不相同的人相处，敢于接受别人的质疑和挑战等。

4. 重视非智力因素的培养

兴趣、志向、信心、坚持力等非智力因素，是创造活动过程中最稳定、最持久、最巨大和最经受得住考验的驱动力。科学研究表明，对于一个人来说，创造成就的取得，智力因素只占25%，而非智力因素则占75%。创新是复杂性的活动，需要创新者有坚定的理想和抱负，有顽强的意志力，有强烈的自信心，有聚精会神的专注力等优秀的心理品质。因此，大学阶段加强非智力因素的自我培养，对创造性思维的形成具有极强的推动作用。

案例讨论

620女生宿舍的学习之路

620宿舍是某高职院校的一个普通的大学女生宿舍，宿舍里有四个女生。

白雪是620宿舍的老大。高考时，白雪特别想考好，她觉得只有考好才能对得起父母的期望。但是考试时，白雪却紧张到一度要晕厥，考试成绩自然也很差，分数只够进入一所专科院校。进入大学后，只要一想到考试，白雪就会紧张、焦虑，想到考试就吃不下睡不香，自然也影响复习的效果。每到考试前一天晚上，白雪就会失眠、头痛，第二天只能昏昏沉沉地去考试。进入考场，白雪依然紧张得不行，手心冒汗，脸色发白，考试成绩自然也好不到哪里去。更严重的是，白雪的紧张不仅仅体现在考试方面，上台演讲、举手回答问题，甚至是小组讨论需要自己发言，白雪都会莫名的紧张。她恨不得当一只“鸵鸟”，把自己隐藏起来。为此，白雪不敢参加班级竞选，不敢参加社团竞选，更不敢面对考试，自己的生活、社交受到了严重的干扰，完全没有了高中时意气风发的样子。白雪很苦恼，大一上学期的期中考试后，白雪觉得不能再这样下去了，她来到了心理咨询中心，向心理咨询老师倾诉了自己不为人知的苦恼。心理咨询老师与她一起制定了摆脱紧张的办法，经过多次咨询后，期末考试的时间到了，白雪参加考试的时候心态平稳，结果取得全班第一名的好成绩。

陈晨是宿舍的老二，她来自农村，家里经济情况一直不是很好，但是学习成绩一直很优秀。上大学后，陈晨迷上了手机上网和直播，除了上网之外，好像没什么自己感兴趣的事情，学习没有动力，生活没有目标。有时候想到辍学在家的妹妹和年迈的父母，她也恨自己不争气，可又找不到奋斗的目标与学习的动力，学习上得过且过，生活上马马虎虎，上课打不起精神，学习成绩自然也好不到哪里去。

晓静是宿舍的老三，来自知识分子家庭。一直优秀的她一向对自己要求很高，当然这也与家庭期望有关，在父母的言传身教下，晓静从小就知道努力与奋斗。在大学，她进行了认真细致的生涯设计，一步一个脚印向前走，成绩要拔尖，二年级要通过国家英语六级和托福考试，为将来出国留学做好准备，三年级要入党，与此同时还要锻炼自己在各方面的能力。于是，晓静像一只陀螺飞速运转着，珍惜大学的分分秒秒，因为她相信：付出总有回报。

小秦是宿舍的老四，她对国际贸易一直很有兴趣，高考时填报了国际贸易专业，但事与愿违，最后被录取到市场营销专业。拿到录取通知书时，她的心都凉了，只觉得理想顿时化作泡影。没有别的选择，怀着抑郁心情的小秦上了大学。抱着“既来之，则安之”的态度，她糊里糊涂地过着大学生活。专业课多了以后，小秦越来越没兴趣，越来越觉得心灰意冷，常常跟宿舍里的姐妹抱怨说：“推销东西还用学么，哪赶得上去做国际贸易呀?”她想过换一个专业，但学校不允许。好在，大二的时候，学校开设了国际贸易专业的选修课，小秦毫不犹豫地将所有选修课都换成了国际贸易专业的课程，终于圆了自己的“国际贸易”梦。

讨论：

1. 白雪在考前特别想考好，但最后却没有考好的现象，可以用哪种动机定律来解释？
2. 对于找不到学习目标的陈晨，你有什么好的方法和建议？
3. 小秦对市场营销专业的学习兴趣不足，你有什么办法帮助她？

心理测试

学习动机自测

亲爱的同学，请根据自己的实际情况，对以下20个问题做出“是”或“否”的回答。

1. 如果别人不督促我，我极少主动地学习。
2. 我一读书就觉得疲劳与厌烦，只想睡觉。
3. 我读书时，需要很长的时间才能提起精神。
4. 除了老师指定的作业外，我不想再多看书。
5. 在学习中遇到不懂的知识，我根本不想弄懂它。
6. 我常想，自己不用花太多的时间，成绩也会超过别人。
7. 我迫切希望自己在短时间内就能大幅度提高学习成绩。
8. 我常为短时间内成绩没能提高而烦恼不已。
9. 为了及时完成某项作业，我宁愿废寝忘食、通宵达旦。
10. 为了把功课学好，我放弃了许多感兴趣的活动，如体育锻炼、看电影与郊游等。
11. 我觉得读书没意思，想去找个工作。
12. 我常认为课本上的基础知识没啥好学的，只有看高深的理论、读大部头作品才带劲。
13. 我平时只在喜欢的科目上下功夫，对不喜欢的科目则放任自流。
14. 我花在课外读物上的时间比花在教科书上的时间要多得多。
15. 我把自己的时间平均分配在各门课程上。
16. 我给自己定下的学习目标，多数因做不到而不得不放弃。
17. 我几乎毫不费力就实现好几个学习目标。
18. 我总是同时为实现好几个学习目标而忙得焦头烂额。
19. 为了应付每天的学习任务，我经常感到力不从心。

心理测试

20. 为了实现一个大目标，我不再给自己制定循序渐进的小目标。

【计分规则】回答“是”记 1 分，“否”记 0 分。

【结果解释】

20 道题目可分成 4 组，分别测试四个方面的困扰程度：

1～5 题：测试学习动机是否太弱；

6～10 题：测试学习动机是否太强；

11～15 题：测试在学习兴趣方面是否存在困扰；

16～20 题：测试在学习目标方面是否存在困扰。

假如对某一组(每组 5 道题)中大多数题目持认同的态度，则说明在相应的学习动机上存在一些不够正确的认识，或存在一定的困扰。

将各题得分相加，得出总分来评估学习动机的总体情况：

0～5 分：说明学习动机上有少许问题，必要时可调整；

6～13 分：说明学习动机上有一定的问题和困扰，需要调整；

14～20 分：说明学习动机上有严重的问题和困扰，急需调整。

思考题

1. 十几年的学生生涯，眼下你的学习动机是什么？对于激发自己的学习动机，你有哪些好方法？遭遇学习困难、学习焦虑的时候，你有哪些好经验？
2. 仔细分析一下自己的学习方式，你觉得自己属于哪种学习风格？
3. 你平时如何进行时间管理？
4. 如何针对个人实际情况塑造创造性思维？

拓展阅读

图书《如何学习》

纽约时报记者本尼迪克特·凯里汇集了神经科学和认知心理学数十年的科研成果，为我们展示了大脑获取知识的途径和记忆的规律，提炼出 10 种颠覆常识的学习方法，告诉我们如何通过拉开学习间隔、变换学习环境、交替学习等方式提升学习效率，甚至利用考试和睡眠，也能加强记忆。

请写出你的感受：____

____

____

____

图书《自控力》

该书是斯坦福大学最受欢迎的心理学课程推荐书目。只需 10 周，即可成功掌握自己的时间和生活。提高自控力的最有效途径在于弄清自己如何失控、为何失控。如果你总拖到最后一分钟才开始工作；总是“月光”，信用卡透支；想放松一下，却熬夜上网；一直想减肥，总是挫败，那么这本书就是专门为你而写的。本书为读者提供了清晰的框架，讲述了什么是自控力，自控力如何发生作用，以及为什么自控力如此重要。

请写出你的感受：____

____

____

____

第三章　大学生自我意识

——认识自我　完善自我

案例导读

小李是一名大一新生，因为高考失利，他选择了自己并不太感兴趣的学校和专业。进入大学后，他开始迷茫。虽然与其他同学一样，上课、竞选学生会、加入社团，似乎每天都忙忙碌碌，却又不知道自己都在忙些什么。当一个人独处时，小李不禁会有这样的疑问：这是我想要的生活吗？每天忙碌的事情究竟有什么意义？这个专业真的适合我吗？我到底适合做什么？离开校园时的我会是什么样子？

许多大学生有着与小李相似的困惑：我是谁？我想要成为什么样的人？我每天在为什么忙碌？我是否有价值？大学阶段是一个人从青春向成年过渡的重要时期，随着大学生生理的成熟、眼界的开阔、人际关系的扩大，开始更主动、更深入地探索自己存在的价值，寻找人生的坐标，这一切都意味着大学生自我意识的进一步觉醒。

什么是自我意识？大学生的自我意识发展有什么特点？如何正确认识自己、悦纳自己、有效地控制自己？如何完善并超越自我，成就最好的自己？本章，我们将一起探讨这些问题。

第一节　自我意识概述

“我是谁?”这是一个古老而永恒的命题。早在古希腊时期，“认识你自己”这句被镌刻到德尔菲神庙上的碑铭，就犹如一把千年不熄的火炬，引领着人们踏上漫漫的自我探索之路。

约翰·保罗说：“一个人真正伟大之处，就在于他能够认识自己。”认识自己绝不比认识世界更容易，对于大学生而言，自我意识是个体认识世界的出发点，也是个人成长和发展的基础。俄国心理学家科恩曾指出："青年初期最有价值的心理成果就是发现了自己的内部世界，对于青年人来说，这种发现与哥白尼当时的学说同等重要。"

心理小贴士

你充满了神秘，你叫我。

——保罗·瓦莱里

一、什么是自我意识

自我意识是对自己身心活动的觉察，即自己对自己的认识，具体包括认识自己的生理状况（如身高、体重、体态等）、心理特征（如兴趣、能力、气质、性格等），以及自己与他人的关系（如自己与周围人的关系，自己在集体中的位置与作用等）。例如，你满意自己的外表和性格吗？你满意自己的努力和成绩吗？你觉得周围的人是喜欢你还是讨厌你？

自我意识为我们提供了一种个人身份感，即关于"我是谁"的意识是个体感知到自身存在的心路历程。自我意识是人格的核心力量，也是衡量性格成熟的重要标准，它的核心内涵是一个人的人生观、价值观和世界观。

二、自我意识的结构

自我意识不是单一的概念，它包括了一系列的"我"，是一种多维度、分层次的有机结构，是复杂的动态存在。自我意识的结构从不同的角度分析具有不同的解释，概括起来有以下几种。

（一）生理自我、社会自我与心理自我

1. 生理自我

你认为自己是否漂亮？你对自己的身材是否满意？你觉得自己的声音是否很迷人？这些都属于生理自我的认识内容。

生理自我是个人对自己身体、生理状态的认识和体验，包括一个人对自己的身高、体重、容貌、身材等方面的认识，以及对温饱饥饿、劳累疲乏、病痛等方面的感受，还包括占有感、支配感和爱护感，它是自我意识的最初形态。

青年初期，大学生正处于心理自我的高度关注期，女生会在意自己的外貌是否漂亮，身材是否匀称，甚至脸上是否长痘等；男生则会较多地关注自己的体型、身高，甚至生理器官及声音的吸引力等。这个时期的大学生往往开始通过健身、美妆及时尚的服饰来让自己变得迷人而有吸引力。然而，当下还有一些青年人，沉迷于过度减肥、社交软件上的过度修图和整容，这些都是对生理自我不接纳、不正视的表现。

2. 社会自我

你觉得自己的人缘如何？你认为自己在同学中是否有很高的威信？你怎样认识自己和父母的关系？这些问题都涉及社会自我。

社会自我是个体对自己在社会关系、人际关系中的角色的意识，包括对自己在集体中的地位及自己与他人之间关系的评价和体验，如是否受人尊重和信任，在集体生活中是举足轻重还是无足轻重等。

随着社会自我的发展，大学生的社会角色感、责任感和义务感不断增强，他们渴望得到他人和社会的认可、理解和尊重，一旦失去周围人的认同和肯定，就会感到孤独、寂寞。

3. 心理自我

你觉得自己思维是敏捷还是迟钝？做事是果断还是优柔寡断？理解力和记忆力是强还是弱？性格是外向还是内向？是否很情绪化？自制力是否很差？这些都与心理自我有关。

心理自我是个体对自己的心理活动、人格特点、心理品质的认识和评价，主要包括对自己的能力、知识、情绪、气质、性格、理想、信念、兴趣、爱好等方面的认识和评价。

心理自我的发展意味着青年人逐渐脱离对成年人的依赖，表现出自我意识的主动性和独立性，开始追求自我的价值与理想。心理自我发展完善的大学生能够知觉并调整自己的心理活动及状态，可以透过自我意识去认识外部世界，形成对现实的正确态度，树立强大的信念和远大的理想，并能够根据自身需要和社会发展需要灵活调控自己的心理和行为。

(二) 自我认识、自我体验与自我控制

1. 自我认识

自我认识是个体对自己的认识与评价，即个体对自己各种身心状况的认识，以及在这个认识的基础上对自己做出的某种判断和评价。自我认识包括自我感觉、自我观察、自我概念、自我分析、自我评价等，主要解决"我是一个什么样的人""我这个人怎么样"等问题。

心理小贴士

通往自我的一扇窗——"乔韩窗口"

美国心理学家Jone和Hary曾提出一个关于自我认识的窗口理论——"乔韩窗口"，他们认为人对自己的认识是一个不断探索的过程。

如图3-1所示，每个人的内心都有四块领域：第一块是公开的自我(开放区)，即自己很了解，别人也很了解的部分；第二块是秘密的自我(隐藏区)，是自己了解但别人不了解的部分；第三块是盲目的自我(盲点区)，别人看得很清楚，自己却不了解；第四块是未知的自我(未知区)，是别人和自己都不了解的潜在部分，但通过某些契机可以激发出来。

可以通过"乔韩窗口"的方法来认识自己。

第一步：请5个或10个非常了解你的朋友列出你的优点和缺点。可以先从好朋友开

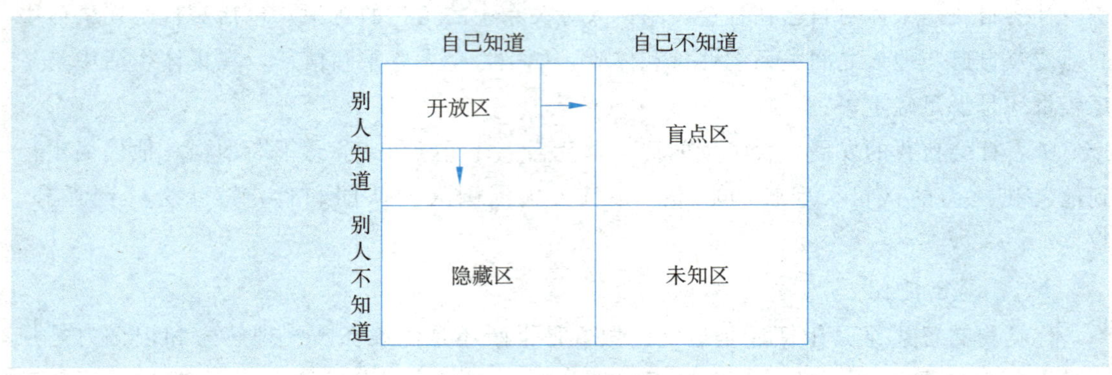

图 3-1 “乔韩窗口”

始，看他们是怎样看待你的。如果想进一步客观地评价自己，再请那些你最不喜欢的人列出你的优点和缺点。让别人做你的镜子，利用别人给你的反馈，帮助你认识自己、评价自己。

第二步：自己列出自己的优点和缺点，然后将自己列出的优点和缺点与别人列出的优点和缺点进行比较，这就产生了“乔韩窗口”中的四种情况。

通过这个练习，希望大家能够更加具体和全面地认识自己，发现自己眼中的“我”和他人眼中的“我”有何差距，缩小盲点区，开发未知区；通过与他人分享秘密的自我，减少隐藏区；通过他人的反馈，减少盲目的自我，缩小盲点区。随着开放区的扩大，我们对自己的了解会更多、更客观，活得更真实。

2. 自我体验

自我体验是伴随自我认识而产生的内心体验，是自我意识在情感上的表现。自我体验主要集中在“我是否能接纳自己”“我是否喜欢自己”“我是否是个有价值的人”等方面。自我体验的内容十分丰富，包括自尊、自爱、自信、自卑、自怜、自弃、自负、自傲、义务感、责任感、优越感、荣誉感和羞耻感等。

3. 自我控制

自我控制是对自己的行为、思想和言语的控制，以达到自我期望的目标。自我控制包括自我激励、自我暗示、自强自律。自我控制是自我意识中的最高阶段，其核心是“我应该成为什么样的人”“我如何改变自己”“我怎样节制自己”等，常常以自主、自立、自强、自制、自律、自我监督、自我调节、自我控制等形式表现出来。

心理小贴士

自律是我们解决人生问题的基本工具。没有自律，我们什么都解决不了。

——斯科特·派克

自制力强的人，不易感情用事，常常会克制自己的情绪，做事有计划性，自我发展方向明确，给人以深沉、冷静、含蓄的印象；相反，自制力弱的人，与他人交往时易情绪化，常常会不顾场合宣泄一番，高兴时手舞足蹈，生气时乱发脾气，对将来跟着感觉走，常常觉得自己计划完不成，拖延，面对压力时缺乏承受力。

(三) 现实自我、投射自我与理想自我

▶ 1. 现实自我

现实自我也称现实我，是个体从自身的立场和观点出发，对自己目前的实际状况的看法和评价。例如，认为自己很有才华。

▶ 2. 投射自我

投射自我也称镜中自我，是个人想象中他人对自己的看法和评价，以及由此而产生的自我感觉。投射自我有时候会与现实有一定的差距，例如，自己总感觉别人不喜欢自己，而其实他人并没有这种想法。

▶ 3. 理想自我

理想自我也称理想我，是指个体要实现的比较完善的一种自我境界或形象，是个人追求的目标，如个人的生活目标，对将来的期待和抱负，以及自己想成为一个什么样的人。

现实自我、投射自我和理想自我之间会存在一定的差异和冲突，如果不能准确地认清三者的差距，混淆理想与现实、想象与实际，就会破坏自我意识的完整和平衡，进而导致心理障碍。

三、自我意识对大学生发展的影响

(一) 自我意识是心理健康的重要标志

健全的自我意识是心理健康的重要标志。一方面，积极的自我意识可以增强大学生的心理抵抗能力和应付困难的能力感。研究发现，个体的自尊程度越高，心理抵抗能力就越强，在生活中也能更好地应对焦虑、抑郁，以及各种无法避免的困境。另一方面，大学生消极的自我意识容易诱发抑郁、强迫症、人际关系敏感、精神病等不健康的心理。

(二) 良好的自我意识是成功的基础

美国心理学家纳撒尼尔·布兰登(Nathaniel Branden)认为，自我概念就是命运，如果一个人相信自己，相信自己值得快乐，相信自己有能力，那么他成功的可能性会更大。美国社会心理学家马斯洛指出，一个有稳固基础的自我形象是迈向自我实现的先决条件。拥有健康自我意识的大学生能够正确认识自我、规划自我，为自己制定合适的目标，并通过良好的自我控制规范自己的情绪和行为，对自己、他人有正确的分析和判断，对自我有敏锐的觉察和反省，不断完善自我，最终达到自我实现。

(三) 正确的自我意识能够创造良好的人际环境

美国心理家埃里克森指出，人们必须首先去爱和尊重自己，才能真正地爱其他人。只有正确地认识自己，摆正自己的位置，才能在人际关系中做到不卑不亢，采取正确的态度和方法去认识他人和社会，建立和谐的人际关系；反之，自我意识不健全会造成个体无法适应社会及人际关系，从而产生不协调的状况。

第二节 大学生自我意识的特点

自我意识并非与生俱来，而是在社会交往和语言思维活动中逐渐形成和发展起来的。青年期是个体自我意识发展和确立的关键时期，随着个体身心的不断成熟，生活经历的不断丰富，处于青年初期和中期的大学生进入自我意识发展的第三阶段，自我意识不断完善，人格趋于稳定。

一、大学生自我意识的发展过程

大学生的自我意识发展遵循一定的规律。一般而言，大学生自我意识的发展会经历从分化到各种矛盾的冲突，最后回归统一的过程。

（一）自我意识的分化

自我意识的分化是自我意识走向成熟的标志。随着自我意识明显的分化，原来完整统一的自我被打破，出现不同层次上的两个自我：一个是"理想的我"；另一个是"现实的我"。前者是个体希望达到的自我状态，处于观察者的地位；后者是当前实际达到的自我状态，处于被观察者的地位。所以，从某种角度来说，我们既是观察者又是被观察者。

由于自我的分化，大学生们开始主动、迅速地关注自己的内心世界和行为，开始意识到自己原来不曾注意的"我"的许多方面和细节，对生理自我、心理自我、社会自我每次的细微变化产生新的认识和体验。此时，大学生的自我形象更加完整、立体，自我体验更加丰富、深刻，内省、自我沉思和自我分析增多。

（二）自我意识的冲突

自我意识的分化，一方面增加和丰富了大学生的自我认识与自我体验；另一方面也激化了自我的内部矛盾、冲突和斗争。自我意识的冲突是大学生自我意识发展的必经阶段，它会带来不安、困扰和很大的内心痛苦，但同时也会促使自己努力解决矛盾，实现自我意识的统一，从而推动自我意识走向成熟。归纳起来，大学生自我意识的冲突常见于以下几个方面。

1. 主观自我与客观自我的冲突

主观自我是指自己眼中的"我"，客观自我是指他人眼中的"我"。对于大学生而言，由于远离社会，缺乏社会经验，其视角往往被个人出身、成长经历、教育程度等局限，对自己的认识和评价难免与他人对自己的评价有所出入，表现出主观自我与客观自我的矛盾。例如，有很多大学生"初生牛犊不怕虎"，认为自己很优秀，但可能在他人看来却能力不足。

2. 理想自我与现实自我的冲突

小凡是大一学生，自小聪明伶俐，父母对他的期望一直很高，他对自己未来的发展也有很高的定位。由于高考失利，小凡没有进入自己期待的学校。

进入大学以后，他不但没有奋力追赶，反而觉得自己处处比其他同学优秀。渐渐地，他开始放松对自己的要求，学习态度敷衍，懒惰，自制力差。每次老师找他谈话，他都不在意，总觉得还有时间，自己只要稍稍努力，总不会很差。然而，在毕业招聘会上，小凡屡屡受挫，看到周围同学都找到了理想的工作，他开始感到彷徨、无措。

在大学阶段，青年人会在社会要求、父母期望的影响下，不断勾画理想中的自我形象，理想自我包括自己希望达到的理想标准，以及希望他人对自己产生的看法等。而大学生的理想自我往往充满理想主义色彩，很容易出现理想与现实的脱节，这种理想自我与现实自我的差距会给青年人带来很多痛苦与烦恼。

面对这种差距，如果大学生能学会积极调和，加倍努力，不断提高和完善现实自我以实现理想自我，或者适当调整理想自我，树立更切实有效的目标，便可以激发个体奋发进取的积极性；反之，如果选择不再坚持理想自我的目标，而只保持现实自我的水平，不求发展或者怨天尤人，把失败一味归因于环境或他人，则很容易陷入自暴自弃、颓废消沉、自我否定的状态，甚至导致精神障碍和产生精神疾病。

▶ 3. 独立与依附的冲突

上大学后，大学生摆脱了家庭的束缚，开始独立生活。一方面，大学生的独立意识迅速发展，他们渴望独立，希望自己解决和处理问题，做出抉择，向家人证明自己已经长大；另一方面，由于社会阅历和经验的缺乏，在面对重大、突发事件时，大学生在心理上仍然不能摆脱对父母、老师和朋友的依赖，这种独立意识和依赖心理的矛盾一直困扰着他们。

▶ 4. 渴望交往与心灵闭锁的冲突

一方面，大学生渴望与人交往和分享，渴望真诚的友谊与爱情，同时希望得到他人的认同和理解，希望能成为群体中受尊重和受欢迎的人，渴望找到知己一起探讨人生真谛、分享生活中的点滴喜悦和烦恼；另一方面，大学生常常感到大学时期的交往不像中学时那么真诚，朋友之间的交往往往会保持一定的距离，大家习惯把心事深藏起来，或者把复杂深刻的情感寄托于日记或音乐，与父母之间缺乏深入沟通和交流，例如，很多学生会抱怨，与家人通电话时，父母只是问自己在学校吃什么，吃得好不好，却从不问自己在想什么，因此大学生不再愿意敞开自己的心扉。这种渴望真诚的交往与自我锁闭的矛盾使大学生常感到孤独。

此外，还有一些自我意识的矛盾冲突，如自我接纳与自我排斥的冲突、个人我与社会我的冲突、追求上进与自我消沉的冲突等。这些由自我意识分化而带来的冲突是大学生自我意识发展的正常现象，它们给大学生带来心理和行为上的焦虑与不适，但也是促使大学生迅速走向成熟的必要动力。

（三）自我意识的统一

自我分化、矛盾所带来的痛苦不断促使大学生寻求方法以求得自我的统一，即确立自我同一性。自我同一性主要指主观自我和客观自我的统一、理想自我与现实自我的统一、自我接纳与自我排斥的统一，也表现为自我概念、自我评价和自我理想的辩证统一，即在搞清楚“我是什么样的人”的基础上，客观、真实地评价“我这个人怎么样”，进而超越现实的自我，蜕变为“我应该成为的人”，达到自我实现。由于大学生的成长经历、家庭教养方式、社会背景、智力水平、追求目标的不同，自我意识整合的方法和途径不同，整合的结果和统一的类型也不同。一般来说，我们把大学生自我意识的整合结果分为以下五种类型。

1. 自我肯定型

自我肯定型是一种积极的整合类型。自我肯定型的大学生对自我有清晰、客观、全面而深刻的认识，能够根据社会发展要求和自身情况，调整和确立正确的理想自我，并通过努力积极地完善现实自我，最终促使现实自我与理想自我趋于统一，主观自我与客观自我趋于一致。自我肯定型往往体现在那些有抱负、有志气、努力进取的青年人身上，他们能客观了解自己的优势与不足，理性分析哪些是能够通过努力去争取的，哪些是无法改变的。

2. 自我否定型

自我否定型的大学生经常处于消极的防卫状态，通过放弃理想自我，迁就和保持现实自我，缓解理想与现实的差距所带来的痛苦焦虑。他们常表现出不思进取、安于现状、庸庸碌碌、得过且过、消极应付，或者习惯于自我安慰、自我原谅，缺乏发自内心的理想和追求，听凭自然发展。

3. 自我萎缩型

自我萎缩型是一种消极的整合类型。自我萎缩型的大学生，一方面，对现实自我评价较低，自卑心理严重，常感到无价值感、自我否定、自我排斥；另一方面，伴随理想自我的模糊甚至缺失，常表现为没有目标，很少对个人未来发展、个人与社会的关系进行积极主动的自我探索，没有生活激情，随波逐流，缺乏朝气，整日无所事事，虚度光阴。

4. 自我扩展型

自我扩展型是一种消极且非常危险的整合类型。自我扩展型的大学生通过对现实自我的过高评价，获得与理想自我的虚假的统一。这类人往往狂妄自大、自命不凡，经常做白日梦，常常沉浸于自我陶醉之中，在虚幻中度日，却不为实现自我而努力。他们往往有极强的虚荣心和自我防御心理，严重时可能会导致自恋或者反社会行为。

5. 自我矛盾型

自我矛盾型的大学生内心矛盾强度大，持续时间久，难以达到自我的整合和统一。他们的心理发展极不平衡，自我认识和自我体验时好时坏，自我控制或强或弱，缺乏稳定性和确定性，难以获得清晰的自我同一感，容易造成自尊心受挫，价值观确立受阻；长久地找不到发展方向，无法兑现自己的承诺，也无法承担属于自己的义务和社会责任；情感易冲动，思维缺乏条理；与他人的关系常常是表面的、凌乱的。他们虽然对自己父母安排的生活方式不满，但却没有能力按自己的方式设计和安排生活。

心理小贴士

自我同一性与同一感危机

自我同一性是关于个体是谁、个体的价值和个体的理想是什么的一种稳定的意识。每个人在青年时期都在探索并尝试去建立稳定的自我同一感，即自我认同感。自我同一性的确立意味着个体对自己有充分的了解，能够将过去的自我、现在的自我和将来的自我联系起来，形成一个有机的整体，形成一个自己决定的、协调一致且不同于他人的自我，并对与自我发展有关的一些重大问题，如理想、职业、价值观、人生观等进行思考和选择。

有学者研究指出，青年人同一感危机的四种方式如下：

(1) 同一性确立，体验过各种发展危机，经过积极努力，选择了适合自己的社会生活目标和前进的方向，以达到成熟的自我认同；

(2) 同一性延续，正处于体验各种同一性危机之中，尚未明确做出对未来的选择，但是正在积极探索的过程中，处于同一性探索阶段；

(3) 同一性封闭，在还没有体验同一性困惑的情况下，由权威代替其对未来生活做出选择，这实际上是对权威决定的接纳，属于盲目的认同；

(4) 同一性混乱(扩散)，无论是否经历过同一性危机，或是否进行过自我探索，都没有对自己的未来生活抱有向往或做过什么选择，不追求自己的价值或目标，也称为角色混乱。

二、大学生自我意识的飞速发展

(一) 强烈关心自我的发展

大学阶段的青年人正处于“延缓偿付期”，相对单纯的校园环境使大学生应承担的社会责任从时间上向后延，这为他们全面、深刻地反思自我提供了时间的现实可能性。在此期间，大学生开始围绕个人发展、个人和社会的关系，更加主动、积极地探索自我，更加深入、细致地进行自我观察、自我分析、自我评价，开始注意自己行动的原因、结果，频繁地思考自己存在的价值和人生意义，并将理想自我与社会需求、国家命运结合起来。

(二) 自我认识趋于客观

进入大学以后，随着年级的升迁，大学生的理性分析能力增强，知识储备增多，人际交往圈扩大。他们对自己的认知、分析、评价逐渐趋于客观，自我概念更加完整、丰富、稳定且更具有概括性，但有时仍有片面性，表现出高估或低估自己。

(三) 自我体验丰富而且复杂

大学阶段，青年人对自己的体验更加丰富、深刻，他们充满热情，自信、自强，对自己的外表、能力、性格等方方面面都表现出喜欢和满意。但这种自我体验并不稳定，具有一定的情境性和波动性，他们对与自己有关的事物都比较敏感，自我保护感强，常常表现为自信与自卑的相互交织。

（四）自我控制的能力提高

大学生自我控制的能力有了很大提高。他们喜欢独立思考问题、解决问题，不喜欢他人过多地干预。大学期间，他们逐渐学会独自料理生活，照顾自己，合理地安排学习计划，并自觉监督计划的执行进度。很多大学生有强烈的自我设计欲望，他们常从多层次、多角度对自我进行观察、想象和设计，包括穿着打扮、言谈举止、人际交往态度、处事风格、价值观和理想等。

（五）自我意识水平存在年级差异

不同年级的大学生在自我的发展方面存在明显差异。大一新生的自我意识最低，内心矛盾冲突尖锐、思想斗争激烈，回顾与展望时间较多，由于处于高中生与大学生身份的转换期，他们的自我意识表现出一定的依赖性和盲目性。大二学生往往充满理想主义色彩，容易想入非非。大三以后逐渐变得沉着、稳定。

三、大学生自我意识的偏差

总体而言，大学生自我意识发展水平较高，但尚未完全成熟，因而容易出现各种偏差，引起自我意识发展问题，以致自我意识过强或过弱，影响大学生心理的健康成长。大学生常见的自我意识偏差主要表现在以下几个方面。

（一）过度自我否定

小李是一名来自偏远农村的大一新生，家里条件不是很好。她凭借自己的努力考上了大学，来到了梦想中的大城市，欣喜地开始新的学习和生活。可是，入校一段时间后，她开始慢慢失望起来。周围很多同学来自城市，自己与他们有很大的不同。例如，舍友们常常会讨论一些新鲜名词和热门话题，而小李对这些几乎一无所知，无法融入他们的交流；平日里，舍友喜欢一起去逛商场、唱歌、购物、聚餐，而小李因为无法承担高额的消费，只好一个人待在宿舍。久而久之，与大家渐行渐远，小李时常感到很孤独。她觉得自己就是个农村穷丫头，永远都无法和别人比，甚至开始怀疑自己的价值，觉得自己一无是处，对过好大学生活没有信心。

自卑感是由于对自己不满、自我否定而产生的内心体验。精神分析学家阿德勒认为，自卑是一种普遍现象，对每一个人来说，都存在先天的生理或心理缺陷，这就决定了每个人都有不同程度的自卑。但是，过度的自我否定和过分的自卑感则是一种消极的自我认识。

歌德曾说过："降临于人最大的邪恶是让他否认自己。"过分自卑的大学生对自己缺乏信心，怀疑自己的能力，否认自我存在的价值。过分自卑的浅层感受是"别人看不起自己"，而深层的体验是"自己看不起自己"。过分自卑的大学生常常夸大自己的不足而忽略自己的长处，他们或认为自己其貌不扬而担心被人歧视，或认为自己出身贫寒而被人排斥，或认为自己资质平平而没有前途。过分自卑的大学生在批评、笑声、否定等与自我评价有关的一切方面都容易被刺痛，他们在人群中时常会感到不自在，害怕别人注意到自己，担心他人对自己有不好的印象，容易想入非非，产生心理孤立。此外，他们常常因为害怕失败而放弃努力，不敢接受挑战。过分的自我否定往往伴随焦虑、压抑、内疚感等消极的情绪体验，甚至会导致心理问题和精神障碍。诱发自卑的原因有很多，如多次的失败与挫折经历、他人长期过低的评价、身体或生活条件欠佳、不恰当的社会比较，以及消极的归因方式等。

心理训练游戏

“戴高帽”

目的：学习观察和发现别人的优点，以及表达对他人的欣赏，增强人际间的良性互动。同时，学习接纳他人的欣赏，体验被表扬的愉悦感，增强自信心。

操作：5～10人一组围成一圈坐好。请一位同学坐在或站在圆圈中央，其他人轮流说出他的优点及值得欣赏之处(如性格、相貌、处事等)，然后，被称赞的同学说出哪些优点是自己以前察觉的，哪些是不知道的。每个同学轮流到圆圈中央被“戴高帽”。

规则：必须说优点，态度要真诚，努力地发现他人的长处，不能毫无根据地吹捧。参与者要注意体验被人称赞时的感受，怎样用心去发现他人的长处，怎样做一个乐于欣赏他人的人。

(二) 过度自我接受

过度自我接受的人表现为过高地估计自我的价值与能力，这类大学生常常以一种过分积极的、膨胀的观点来看待自己。他们喜欢拿放大镜看自己的长处，拿显微镜看他人的短处，认为自己在外貌、社会地位、能力等方方面面都比其他人优秀，进而产生一种盲目乐观的情绪，表现出很强的优越感，自命不凡、自我欣赏。在情感方面，与人相处时表现冷漠，缺乏对他人的关心和爱护，很难与他人建立真诚、亲密的关系，这也是过度自我接受的人与单纯自尊心强的人的主要区别。此外，过度自我接受的人往往伴随一种“自恋式虚荣心”，他们极度渴望得到别人的关注、赞赏和肯定，常常利用吹牛、撒谎、作假等非正常手段去争取这样的社会奖赏，如很多人沉迷于整容、在朋友圈炫耀非真实的信息等，以此获得并维持自己的优越感。

(三) 以自我为中心

小刘长得很漂亮，家庭条件不错，从小受家里长辈宠爱，养成了她“小公主”的脾气，总是想做什么就做什么，想怎么做就怎么做。在学校，她也总是我行我素，很少顾及他人的感受。例如，每天晚上宿舍熄灯后，她仍会不顾舍友的休息，跟朋友“煲电话粥”到很晚。有时候在宿舍不想出门，便让舍友帮她跑腿带饭或者取快递。但每当舍友请求她帮忙时，她却觉得浪费自己的时间，找各种理由推脱。同学聚会时，她也总能把各种话题引到自己身上，并且很喜欢这种“焦点”的感觉。久而久之，舍友和同学都开始疏远她，她在学校里逐渐“失宠”了。

像小刘这样的大学生属于典型的以自我为中心的人，他们凡事从自我出发，不能设身处地地为他人着想，不顾及他人的感受和需要，不尊重别人的权利，只关心自己的利益，不愿为别人做半点牺牲。他们总是认为自己是正确的，那些与自己观点不一致的人是错误的。他们喜欢把自己的意志强加于人，对他人颐指气使，盛气凌人。总而言之，以自我为中心的人倾向于从一个狭隘的、自私的角度来认识世界，总感觉世界就应该围绕自己转动，一切都应该为自己服务。长此以往，这样的人很难赢得周围人的好感和信任，人际关系总是不和谐，行为做事较难得到他人帮助，容易遭受挫折。

（四）过分追求完美

过分追求完美的大学生对自己的要求过高，甚至近乎苛刻，他们期望自己完美无缺，却不顾自己的实际状况，做事吹毛求疵，谨小慎微，不能容忍自己的任何失误。这样的人内心充斥着各种绝对化的人生准则：我不能让人失望，要成功，要表现得能力过人，要配得上自己的位置，要和别人一样，等等。这种对自己的过分苛责往往会引发理想自我与现实自我的激烈冲突，使自己筋疲力尽、痛苦不堪，时常陷入对自己的怀疑与失望中。

（五）从众

从众是指个人受到群体舆论的影响，而在自己的知觉、判断、认识和行为上屈从权威，与大多数人保持一致的自我保护行为，即我们平时所说的“人云亦云”“随大流”。从众的原因有很多，例如，有的学生害怕被群体孤立，为了求得小团体的认同而选择放弃主见；有的学生对自己的能力和判断缺乏自信，不敢自己独立做决定，只好“随大流”；此外，当下不少家庭和学校在教育中一味要求“听话”和“服从”，使学生形成了一种极富惰性的人格特质，限制了他们的独立思考精神。过强的从众心理会抑制青年人个性发展，束缚思维，扼杀创造力，使人变得无主见和墨守成规，丧失对价值观的独立选择和判断。例如，很多大学生在学业规划和职业选择上盲目从众，不能结合自身实际情况进行独立判断和思考。而当一种行为成为一种观念并形成潮流时，社会阅历不深的大学生也容易受影响而盲目跟风。例如，当下一些大学生在价值观选择上缺乏独立判断，受到网上所谓“个性张扬”的文化影响，把不顾他人感受的情绪宣泄和任性表达当作真性情，并盲目效仿。

第三节 大学生自我意识的发现与完善

健全的自我意识是心理健康的重要标志，它在人格形成、发展和优化中发挥着强大的推动作用。大学阶段是自我意识发展的转折期和关键期，形成一个积极的自我意识对大学生的成长至关重要。所以大学生应该积极利用一切资源，修正自我意识偏差，树立正确的自我认识，悦纳自我，不断完善和超越自我，最终达到自我实现。

一、认识自己

（一）“以人为镜”

我们无法直接看到自己的样子，但我们可以通过照镜子来看到自己的仪容。同样，直接洞悉自我往往很困难，我们需要一面“镜子”，而他人则是这面反映自我的“镜子”。正如著名心理学家荣格所说，“任何人对我们的理解都超过我们自己对自己的理解”。与他人交往，是个人获得自我认识的重要来源。

心理小贴士

“以人为镜”

唐太宗是一个文武双全、英明盖世的能人，但人非圣贤，孰能无过。在他身边有两位监督他言行的“明镜”：一位是长孙皇后，另一位是忠义贤良的魏征。皇上一有过错，他们会立即巧妙地指出。

据《贞观政要》一书所载：唐太宗喜欢一只小鹞子，一日正在玩鸟，魏征来了，唐太宗怕魏征指责自己，赶快把小鸟藏到怀中。魏征假装没看到，故意留下来与他商谈国家大事。唐太宗心里虽然为鸟着急，却也怕暴露，因为他信任、敬畏魏征。等魏征走后，唐太宗取出怀里心爱的小鸟一看，早已命归黄泉了。于是伤心地回到后宫，大发雷霆说：“我非杀掉这个田舍翁不可!”皇后闻之，问明原委，立刻穿上大礼服向唐太宗行礼道贺：“恭喜陛下，贺喜陛下！唐朝有魏征这样的好臣子，又有您这样的好皇帝，这是有史以来没有过的好现象，国家兴盛指日可待。”唐太宗闻此，渐渐平息了怒气。

唐太宗“以人为镜”常观察自己，真正做到了勇于改过、从善如流。后来，魏征死了，唐太宗惋惜地说：“以铜为镜，可以正衣冠；以古为镜，可以知兴替；以人为镜，可以明得失。而今魏征不在了，朕就少了一面镜子。”

1. 比较法

在缺乏客观评价标准的情况下，我们可以通过与他人比较来评估自己的能力、水平、在团体中的相对位置，以及自己的发展变化。俗话说，有比较才会有鉴别，从比较中我们能明确自己的优势，发现自己的不足，认识自己的能力水平，判断自己的目标是否恰当等。但在比较时应该注意科学性和合理性，恰当选择比较对象、比较内容和比较方法。

(1) 把比较的对象从“行动前的条件”转移到“行动后的结果”。例如，很多来自农村的大学生时常拿自己的家庭与他人比较，进而产生自卑心理，我们应该学会用辩证发展的眼光看问题，看一下大学毕业后，谁取得的成绩更高，谁进步更大，这样的比较会更有意义。

(2) 相对标准优于绝对标准。经常有大学生在与他人比较时会纠结于身材、相貌等不能改变的条件，这是一种消极的比较。我们应该把比较的关注点放在可变因素上，如气质的提升、能力的锻炼等，这样可以更好地调动我们完善自我的主观能动性。

(3) 选择条件相似的比较对象。与远不如自己的人比较会变得自满、不求上进，而与极其优秀的人比较则会导致自卑。所以，我们应选择与自己智力、背景等条件相似的人比较，以获得更加客观、真实的自我认知。

需要注意的是，比较法不仅包括与他人的横向比较，还包括与自己的纵向比较。教授哈佛大学“幸福课”的泰勒教授认为，“与自己比较”是独立型自尊获得的主要来源，有高独立型自尊的人倾向于从自己与自己的比较中获得价值感和能力感，他们关注的是“我进步了吗”“我改进了吗”“我是否发挥了潜能”，这样的人更容易获得稳定、成熟的自尊感。

心理小贴士

心理学家吉根的实验

实验是这样的：首先请几名去银行应聘的人对自己的某几项个人品质做出自我评价，然后接待室里出现一位由银行员工假扮的求职者。其中一组应聘者看到的是一位温文尔雅、衣着考究、手提公文包的人（“干净先生”）；另一组应聘者看到的则是手忙脚乱、穿着破烂、行为猥琐的人（“肮脏先生”）。最后，再让原应聘者重新填写自我评价表。

结果，遇到“干净先生”的应聘者，自我评价普遍降低了；而遇到“肮脏先生”的应聘者，自我评价普遍提高了。

▶ 2. 他人评价法

他人评价法就是通过别人的评价来认识自我、了解自我的方法。俗话说，“当局者迷，旁观者清”，了解他人对自己的看法，可以帮助我们更客观地认识自己，发现并正视那些曾被自己忽略的问题。

对于他人对自己的评价，我们要客观、辩证地去看，既不能全盘接受、过度在意，也不能全盘否定、熟视无睹。在接受他人的评价时要注意，重视与自己关系密切的人对自己的评价，因为他们对我们比较了解，评价也会较为全面、客观；重视大多数人对自己的比较一致的评价。

（二）内省法

有人把内省比作“照亮思想和感觉的手电筒”，它可以把我们平时未曾注意和察觉的心理带入意识之中。在自我认识层面，内省能帮助个体随时了解、认识自己的思想、情绪与态度，从而弥补短处，纠正过失，不断完善自我。

古人云，“吾日三省吾身”，大学生应该在日常生活中养成经常反思的习惯，对自己的心理活动、行为进行剖析和评估。一般而言，我们可以从三个关系中认识自我：①自己眼中的我，包括我们的身体、容貌、性别、年龄、学历、资质，以及我们的思想、感觉、记忆等；②别人眼中的我，从别人对自己的态度、情感反应中反思自我；③自己心中的我，即理想我，反思理想自我与现实自我的差距。

在内省时，要全面、客观、独立地做出自我评价。首先，要把自己放在社会、学校、班级、家庭等不同的背景中进行定位，认识自身的条件、地位、作用和责任等；其次，注意从多个角度、多个侧面，全面分析自己的长处和短处、优点和缺点，以获得客观、中肯的自我评价。此外，在自我评价时要有独立的标准，避免盲目地接受他人的暗示，以及对权威、群体性心理的服从和依赖。

心理训练游戏

自我20问——认识“我是谁”

第一步：问自己20次“我是谁？”。把头脑里浮现出来的答案一一写到纸上。例如我是某某某，我是某学校的学生。每次回答时间为20秒，如果写不出来，可以略去，当下一次提问时继续往下写。

我是……

我是……

……

第二步：对自己的答案进行分析，分析的内容包括以下几个方面。

（1）答案的数量分析。如果答案不足8个，则可以认为是过分压抑自己，常表现为过分地顾虑他人的评价而有意或无意地压抑或延缓自己的表现和反应；如果答案为8～12个，则可能存在一定的自我压抑感；如果能写出12个以上的答案，就可以认为自我压抑感方面不存在问题。

（2）回答的内容分析。在回答的内容中，假如有关生理自我的客观陈述或主观判断的数目较多，说明较注意锻炼身体，关注自身的疾病，表现出较强的占有欲；假如有关心理自我的回答数目较多，说明对心理健康较关注或心理的发展较成熟；假如有关社会自我的回答个数较多，说明对自我角色、义务或职责较了解，能按社会规范行动，或者具有相当程度的社会交往能力。

（3）回答内容的自我肯定性分析。假如回答的内容全部都是肯定自己的，说明自我肯定感较强，表现为自信心较强，但可能显得自负，自尊心太强，不容易认识到自己的缺点而固执己见；假如回答的内容肯定自己的判断与否定自己的判断数量相当，说明对自我的认识较客观；假如回答的内容基本上或全部都是否定自己的判断，则可能存在较严重的自我否定感，过分自卑，自我价值感低，有时可能出现轻生的念头。

（4）回答的内容是否涉及自己的未来。如果回答中提到自己未来的事情超过3个，可以解释为未来感较强，有理想和抱负，在现实生活中充满生机，但如果对未来过度涉及则可能有不切实际的空想。

（三）实践法

歌德曾说：“人怎么能认识自己呢？通过观察是不可能的，必须通过行动。你去试验完成你的职责吧，你立刻就知道，你是怎样的人。”通过分析自己在活动中的表现和结果，特别是活动中的成功经验和失败经历，个体对自己的知识才能、性格、态度倾向、兴趣爱好会有更深入的认识和更客观的评价。大学生活丰富多彩，大学生可以在平时的学习、活动和社会实践中，反思自己的行动动机是否正确、行动过程有什么不足、行动结果是否有所收获等，从实践中发现自己的优势，分析自己的不足，进而扬长避短，不断完善和超越自我。

（四）测量法

我们还可以通过一些较为成熟的、信效度较高的测验来了解自己，这是一种比较科学、准确的方法。例如，可以通过艾森克人格问卷、明尼苏达多项人格测验、九型人格测试等来了解自己的人格特征，通过斯坦福—比奈智力量表和韦克斯勒智力量表来测量自己的智力水平，通过霍兰德职业兴趣量表来了解自己的性格特点和职业兴趣。需要注意的是，心理测验时，必须在专业人员的指导下进行并由专业人员解释结果，不要随意使用心理测验。

二、悦纳自我

三毛曾说过："一个不会悦纳自己的人，是难以快乐的。"悦纳自我意味着全然接纳自己，承认自己的全部优点和缺点，承认自己的所思所感所作所为，不要漠视或逃避，要勇于承担属于自己的责任和义务。

（一）接纳不完美的自己

金无足赤，人无完人。我们每个人都有自己的局限，能力、学识、性格等都不可能尽善尽美，要平静而理智地看待自己的长处与短处，冷静地对待自己的得与失。换个角度看自己，我们会发现："虽然我不富有，但人很健康；虽然我不漂亮，但我很善良；虽然我不聪明，但我很努力"。

尼布尔说："愿上帝赐我平静，去忍受我必须忍受的事；愿上帝赐我勇气，去改变我可以改变的事。请上帝赐我智慧，让我分辨两者之间的不同。"针对那些能改善的部分，我们要采取积极有效的行动去完善，例如，我们可以通过精美的妆容或者合适的发型、服装来提升气质，或者通过运动健身、合理饮食来改变身材；通过博览群书来丰富、提升内在修养和外在谈吐。对于无法改变的部分，我们要学会正视、接纳。正如毕淑敏所言："对于不能改变的事物，捶胸顿足、怨天尤人也于事无补，要想保持心灵健康平和，重要的原则就是对那些我们所不能改变的事物安然接纳。"

心理小贴士

晒胎记的佩琪

来自美国洛杉矶的年轻演员、制片人佩琪·贝略特（Paige Billiot）曾在网上公布了一组自己的面部照片，左脸上的大块胎记毫无遮挡，一览无余（见图 3-2）。佩琪希望通过这种方式鼓舞人们正视自己的缺陷。

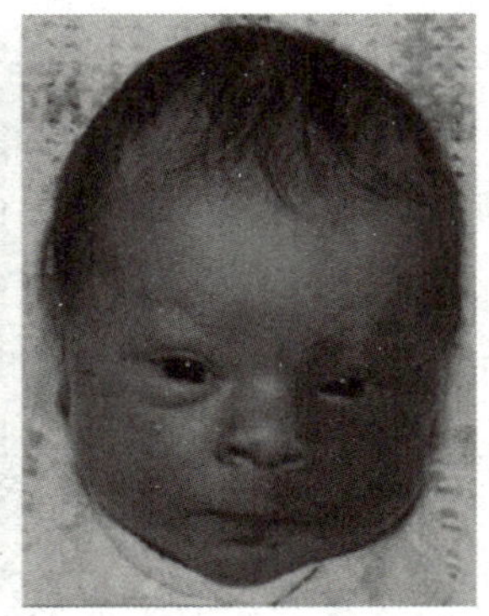

图 3-2　佩琪·贝略特在网上晒出左脸的胎记

因为左脸上的大块胎记，佩琪从小便受到言语欺凌，但她并未一蹶不振，而是认识到旁人的欺凌是缘于他们对此一无所知。因此，她主动向全班同学解释自己胎记的由来，不仅大家异样的眼光消失了，她也逐渐接受了自己的“缺陷”。后来，凭借自己的努力和自信，成功地成为一名演员，并在电影《地狱之路》中一举成名。她说：“我的胎记是我很重要的一部分，它让我变得特别而难忘，这对于我的职业生涯来说十分重要。”

（二）让“内在批评”静下来

“内在批评”是我们对自己的所有先验的批判想法。我们从小到大的教育，太过于强调严格的规矩和自我批评，却很少教我们如何鼓励自己。久而久之，在我们行动前、行动中或行动后，脑子里总会冒出一些“内在批评”的声音，如“有什么意义呢”“这行不通的”“这一钱不值”“还不够好”等。这种内在批评在自卑者和完美主义者中尤其严重，它会降低个体的自我满足感和价值感，产生自我否定与自我怀疑。在日常生活中，我们应该提高对“内在批评”的敏感性，及时察觉、审视、纠正和消除这些无效、过度的自我苛责，增加积极的自我暗示，以此改善与自我有关的情绪体验。

（三）个人诚实

纳撒尼尔·布兰登曾在《自尊的六大支柱》里提到，个人诚实对于提高自尊非常重要。坦诚意味着接纳自己，不逃避问题，使自己的行为和价值观相匹配，而虚伪和虚荣从某种程度上是自我否定和自我拒绝的表现。当我们说实话时，我们给自己传达了一个信息：“我的话是有价值的”，“我的话很重要”，“我很重要”。反之，当我们用说谎来掩饰自己的不足，或者想不停地表现自己时，我们的潜台词是：“这样的我不够好”，“我需要变成另一个人，让别人来喜欢我”。在日常生活中，我们要尽量做到言行一致，信守诺言，公平、正直、善良、热情地对待他人，对自己坦诚，同时对他人坦诚。

心理小贴士

培养自信的诀窍

1. 挑前面的座位

你是否注意到，无论是在哪种聚会中，后面的座位总是先被坐满。大部分占据后排座位的人，都希望自己不要“太显眼”，他们怕受到注目的原因就是缺乏信心。

坐在前面能建立信心。把它当作一个规则试试看，从现在开始就尽量往前坐。当然，坐前面会比较显眼，但要记住，有关成功的一切都是显眼的。

2. 练习正视别人

一个人的眼神可以透露许多信息。不敢正视别人往往意味着：我怕你，在你面前我感到自卑，我感觉不如你，我有罪恶感，我怕你看穿我，这些都是不好的信息。正视别人等于告诉他：我很诚实，而且光明正大，毫不心虚。正视别人，不但能给你信心，也能为你赢得别人的信任。

3. 挺起胸膛，让步态轻松稳健

心理学家告诉我们，改变姿势和速度可以改变心理状态。仔细观察就会发现，那些遭受打击、受排斥的人，走路时都是懒懒散散、拖拖拉拉的，完全没有自信感。自信的人则是胸背挺拔，走起路来稳健轻松。所以，不妨试一下，挺起胸膛，加快加大步伐，你的自信心就会慢慢增长。

4. 练习当众说话

当众说话是建立自信最快的手段，在课堂上或公共社交场合要尽量发言，记住，只要敢讲，就比那些不敢讲的人收获大。不用担心别人会反对你的意见，有人反对是正常的，尽管大胆地去说。而且，不要最后才发言，要做破冰船，第一个打破沉默。

5. 不要吝啬你的微笑

自信、真诚的笑容不仅能治愈自己的不良情绪，还能立马化解他人对自己的敌意。自信的人时常挂着微笑。永远不要吝啬你的笑容，要尽情地笑，不但张开嘴，最好也能露出牙齿，要把你开朗的心情表露出来。要相信，爱笑的人运气是不会差的！

三、完善和超越自我

萨斯曾说：“我们经常会信口就说什么尚未找到自我，但是事实上，自我并不是被找出来的，而是被创造出来的。”

（一）构建理想自我

1. 树立正确的人生价值观

人生价值观是指人们对自身的社会地位、人生目的和意义，以及个人与社会集体、人与人之间关系等进行认识和评价时所持的基本观念。它是自我价值感形成、维持和提高的前提条件，对自我的发展具有导向和动力作用。大学阶段是人生价值观形成的关键期，我们在自我认知和自我评价时应秉持正确的人生观和价值观，将理想自我与社会历史的发展方向、集体和国家的利益联系起来，在实现社会价值的同时实现自我价值。

2. 想象出你想成为的人

构建理想自我的一种有效方法是想象出一个你想成为的人，即把你头脑中的理想自我具象化为脑海中的一个生动的形象。想象你的“可能的自我”（包括“想要的自我”和“害怕的自我”）不仅会帮助你实现目标，也会帮助你更有效地应对现在的生活。此外，想象“害怕的自我”也有助于明确自我目标。例如，你可以想象一下减肥失败的“我”，学习或工作成绩平庸的“我”，以及被人孤立的“我”。总之，想象的形象越鲜明生动，越能帮助我们成为理想中的自己，尤其当我们为之付出努力时。

心理训练游戏

想象出你想成为的人

选择一个你可以放松并独处几分钟的安静地方。闭上眼睛，尽可能清晰地想象出你想成为什么样的人。

你的长相将会如何？

你的穿戴将会如何?

你的行为举止或谈吐将会如何?

你的感觉将会如何?

你是快乐、严肃还是放松的?

你将会在哪里?

你将会做什么?

你可以在每晚睡觉前重复这个练习,一个星期之后,你注意到自己有什么变化吗?

3. 更强的自我导向

构建理想自我时,听取周围老师、长辈和朋友的建议和指导固然重要,但也不要忘记学会倾听自己内心的声音:“我究竟是谁?我怎样才能认识到在所有表面的行为之下,这个真实的自我?什么对我来说是非常重要的,就算没有别人的认同、赞扬和欢呼,即使遭受反对或者批评,我也会做的?我真正想过的是怎么样的人生?我该如何成为我自己?”在自我实现的后期阶段,我们要学会逐渐脱离那个在社会压力和他人期望下产生的自我形象,充分地接纳和肯定内心深处的理想自我,形成更加独立、成熟的自尊。

(二)提升现实自我

1. 在行动中改变自己

一般来说,我们对自己的看法使得我们以某种方式行事。同样地,如卡罗尔·塔佛瑞斯所说,我们的行事方式也会反过来改变我们对自己的认识,并且也可能改变别人对我们的看法。根据自我知觉理论,如果我们想在某个生活领域得到改善,最好的方法就是让自己的行为变得像改善了一样。例如,如果你想要成为自信的人,那么你要在举手投足之间假装是一个非常自信的人,这种外在行为会反作用于你的内在自我体验。渐渐地,你会发现,自己真的越来越自信。所以,改变自我,要从改变行为开始。

首先,从修身养性开始,加强自我管理。通过运动健身、调节饮食使自己保持良好的身体状态;通过读书与交友来开阔眼界、修炼心性;经常学习新的技能,如一门外语、游泳、烹饪等,开发未知的自我潜力。同时,不要好高骛远,给自己树立切实可行的小目标,在不断达到目标的过程中积累成功的经验,提高自我效能感,进而提升自尊感。

其次,成为某方面有专长的人,从事自己擅长和喜欢的活动会让我们获得良好的自我感觉,增强自我肯定,同时有利于得到他人和社会的认同。此外,应认真对待每一次选择和决定。从某种意义上讲,我们的决定塑造了我们的自我。当我们决定与某些人成为朋友,选择参加某个社团,或进入某个学校,选择某个专业时,其中涉及的人或事会参与塑造我们的自我。

2. 做一个自律的人

自律是通往幸福人生的钥匙,但我们的自控力是有限的。我们每天高喊着健身减肥、早睡早起、每天学习英语,可总是发现计划被无限拖延。人生来短视,渴求及时满足,所以不能靠"逼迫"来完成自我控制。

(1) 树立信念。信念能为我们的自律行为提供精神上的正向反馈和内在动力。学会从根本利益和长远利益看问题，我们所有的自控行为都是为了"成为一个更好的人"。你的信念越强烈，就越能忍受改变过程中的痛苦与反复。

(2) 锻炼意志品质。我们应该循序渐进，从小事做起，从点滴琐事中有意识地磨炼自己的意志品质，如每天坚持运动、坚持记账或者阅读等。

(3) 构建全新的习惯体系。培养自律的关键是利用我们有限的自制力，用积极的、新的习惯替换不良的、旧的习惯。我们的每一个习惯都是由一个触机，和随之而来的惯性行为组成的。例如，很多人习惯睡前玩手机，"躺在床上"便是这个触机，"玩手机"便是这个惯性行为。触机本身没有好坏，决定习惯好坏的是它引发的惯性行为。构建一个新的习惯体系包括分解行动目标、远离诱惑、建立记录和奖励机制等。例如，用睡前背单词来替代睡前玩手机，先从一个小的目标开始，每天记录下自己的成长和进步，时不时发个微博鼓励一下自己。

▶ 3. 扬长避短

首先，客观审视自己，正视自己的优点和不足，发挥自己的长处，回避自己的短处。其次，增加人际交往，取长补短。孔子曰："见贤思齐焉，见不贤而内自省也。"通过与不同的人接触、交流，发现他人身上的优点，学习更多的优良品质和丰富的知识；对于他人的缺点和不足，要认真审视内省，看看自己是否有同样的问题，并予以积极改正。

▶ 4. 从批评中学习

他人的批评往往会冲击我们的自尊心，无论善意还是恶意，都会唤起我们不好的自我感觉，让我们产生自我怀疑，陷入沮丧、愤怒中。但接受批评往往是促进个人成长的最有效的方式，与其把大量的精力耗费在担心或者否定他人对自己的批评上，不如平心静气、积极正视，通过他人对自己的批评，去思考"这个人想告诉我什么，他是真诚的吗"。如果你常因为一个行为而受到批评，那么这个批评很有可能是正确的。批评你的人越有资格，你就越应该把他的话放到心上。在此基础上，用积极行动来做出需要的改变，你可以直接向批评者询问："如果你是我，你会怎么做"或者"你希望我怎么做"，从而及时对自我形象做出切实、具体的改变。

案例讨论

小红是某高职院校的一名大一新生，来自农村，家里有两个妹妹和一个弟弟。两个妹妹都已辍学，父母无固定收入来源，生活拮据。小红非常在意自己的出身，最害怕别人问起自己的家庭情况。此外，身材微胖、脸上有一点雀斑的她，对自己的长相也很缺乏自信。平日里，小红比较内向，常常沉默寡言，每天的生活都是宿舍、教室、食堂三点一线，周末很少外出，大部分时间都是独来独往，和以前的同学也很少联系。

刚来学校时，丰富多彩的大学新生活曾让小红欣喜不已，她觉得来到一个新环境可以通过努力让同学们认可自己。在一次班级组织的辩论赛上，小红鼓起勇气报名当了一名辩手。然而，正式辩论时，由于过度紧张，小红表现得很糟糕，结结巴巴，愣是没有说一句完整的话，结果所在辩论队输给对方。事后，她觉得全是自己的过错而导致本队失利，认为自己的形象又一次被毁了，班级同学肯定都看不起自己。同时，她认为要是自己长得好看一些，就不致如此。从此以后，小红变得更加封闭，不喜欢参加任何活动，除非是辅导员要求必须参加的活动，不然宁愿在宿舍睡觉。

小红与舍友关系比较和谐，没有发生过冲突争执，但她感觉自己与舍友之间的感情并不深厚。小红认为自己家很穷，舍友都不愿意真心、主动地与自己交往。她还常常感到自己长得太丑，没有人会喜欢自己。如果有舍友在讨论衣服、家庭或者过去的旅行经历时，小红总是感觉她们在显摆，每每这时，小红便会在一旁一言不发。

小红到现在没有一个异性朋友，她觉得没有男同学愿意主动和自己说话，他们总是喜欢和长得漂亮的女生说话。小红平时喜欢看小说和偶像剧，爱幻想，也羡慕剧情里的浪漫爱情，但小红从没在真实世界里谈过恋爱，刚来大学时曾暗恋过一个学长，可是最终没有勇气表白。用小红自己的话说，“我家穷，人也长得丑，也没有其他女孩那么多才多艺，没有人会喜欢我”。

小红平时学习很努力，经常泡在图书馆里，学习成绩在班上属于中等，可是她觉得这样依然不能让父母关注自己。在小红的印象里，父母感情不太好，经常吵架，而且有很强的重男轻女的观念，因为爸妈经常喜欢说“一个女孩子……”，这让小红心里非常不舒服。虽然父母让自己读书，平时也从不打骂她，但小红仍认为父母并不是很爱她，她觉得，父母很少联系她，家中有什么事也不会和她商量，她常常觉得在家中没有参与感。

讨论：

1. 结合本章内容，谈一谈小红的自我意识出现了哪种偏差？
2. 根据案例和你的理解，谈一谈小红为何会出现这种自我意识的偏差？
3. 如果你是小红的朋友，你会如何帮助她摆脱这种心理困扰？

心理测试

自尊问卷

亲爱的同学，请对照自己的情况回答问题：1=同意，2=非常同意，0=完全不同意。

1. 你是否认为自己是一个具有许多独特品质的优秀人才？
2. 你是否喜欢、钟爱并关爱自己？
3. 你是否喜欢享受高质量的独处？
4. 和别人谈论自己时，你是否表达对自己的尊重和欣赏？
5. 你是否珍惜自己获得的一切，并且不会为不擅长的事而担心？
6. 你是否欣赏自己克服困难的方式？
7. 你是否认真听取并仔细考虑别人对你的批评，接受那些有用的建议并舍弃其他那些无用的？

心理测试

8. 当别人过分要求你、挑剔你、为难你的时候，你是否保持冷静和清醒？

9. 你是否能很好地照顾自己？

10. 你是否能接受别人对你的夸奖？

【结果解释】

15～20 分：你具有非同一般的自尊，而且你将它驾驭得很好。这种自尊无论是从父母那里获得也好，还是经过后天努力获得的，总之太棒了。但是你要记住，只有一小部分人拥有这么高层次的自尊。别人不会像你那么自信，所以当你理解这些人的需要和态度时会显得有些难度。

10～15 分：你具备良好的自尊，十分自信、自重，比较满意目前的自我。你在情绪上可能稍有不稳，但很正常，大多数情况下你知道该怎样应付。你十分清楚自尊要靠自己来培养，不能等别人提供现成的，并且你已经准备好了给自己的自尊投资。你不会让影响你自我价值的局面持续太久。

5～10 分：你已经在努力培养好的自尊，而且也十分清楚这需要发展自身持久的自信心和稳定性。生活中一些困难的经历很可能会对你产生不利的影响，所以你需要多做一些工作来增强自己的信心，这样才能继续前进。你对自己有正确的态度，在此基础上，你可以多加注意去有意识地增强自我价值感。

1～5 分：尽管你对待自己的态度还说得过去，但你十分缺乏自尊。你知道这背后肯定是有原因的，这种状态持续下去会对你的身心健康带来不利影响。缺乏自尊是这种恶性循环的一部分，缺乏自信，所以就退缩，变得消极或者停步不前，进而失去培养自信心的机会。解决这个问题的秘诀就是多参与一些与培养积极的自尊相关的活动。

思考题

1. 观察一下周围的朋友，你认为他们是否存在自我意识偏差？存在怎样的偏差？

2. 若对自我有一定的认识，你打算怎样继续在大学里培养健康的自我意识？

拓展阅读

图书《自我意识的养成》

本书作者为北京大学心理系副教授侯玉波。认识自我是一个如此迷人的任务，对自我的关注贯穿于人类认识自己的全过程，甚至整个心理学的发展都在体现人类理解自我的探求。对自我的研究是如何发展的？有哪些和自我有关的概念？我们对自己的认识会有什么样的偏差？本书会跟大家分享作者自己的看法。

请写出你的感受：____

____

____

____

图书《自尊的六大支柱》

在本书中，作者纳撒尼尔·布兰登系统地回答了关于自尊的四个问题：什么是自尊，自尊为什么十分重要，我们怎样才能提高自尊，以及他人对我们自尊的建设能起什么样的作用。作者第一次建设性地提出自尊建立的六大支柱：有意识的生活、自我接受、自我负责、自我保护、有目的的生活、个人诚实。

请写出你的感受：____

____

____

____

第四章　大学生人格发展

——健全人格　提升魅力

案例导读

“你是双鱼座？哦，那一定敏锐又满怀超然梦想……”

“她是摩羯座……”

你身边是否常有同伴热衷于此类话题？或者，你本人也被这些渲染着神秘色彩的内容所吸引？希望借此来了解自己属于哪类人，会有什么样的个性特点，自己容易和哪类人聊得投机，又会跟哪些人不合拍……好吧，星座也许不失为一种探索自我的有趣方式。不过，用出生日期来判断和确定一个人的性格，是否妥当呢？

与星座热衷者们相似，心理学家同样热衷于对人格进行研究和分析，并致力于建立人格理论来说明人与人之间的不同，以及形成差异的成因，希望可以对人们在不同情境中所采取的行为进行预测。不过，作为学者，他们更喜欢借助科学的“拐杖”行走在寻求人格答案的研究道路上。

那么，你是否也愿意带上这根“拐杖”，跟随心理学家的脚步，重新认识自己？本章，我们先一起了解各流派学者是如何论述人格概念的，然后再回归到我们自身——大学生的人格特点，最后介绍大学生人格完善的途径。

第一节　人格概述

对于人格的概念，学者们给出的定义达 50 多种，现代的定义也有 15 种之多。心理学家试图准确定义“人格”这个名词，但却无法就人格的本质达成共识，至今仍对此有激烈的争论。

心理小贴士

人格

从词源上讲，人格(personality)源于古希腊的“person”，指的是古希腊戏剧中演员们所戴的面具。它代表了演员在戏剧中所扮演的角色和身份，相当于我国的京剧脸谱。这隐含了怎样的意思呢？人的双面性：展现在众人面前的一面，以及隐藏在面具背后的一面。

你是否记得初入大学校园，首次在班里介绍自己、结交新朋友的情形？大家是怎样描述自己的？也许曾有同学说，爱交朋友、爱笑爱闹、活泼开朗；也有人说，喜静、喜欢幕后支持性工作。听到这样的介绍，你会觉得前者更“外向”吧！当你瞬间做出判断时，你对人格的这样一个简单判断，刚好在某些方面跟特质流派的学者们不谋而合了。

一、特质流派的人格论

(一) 什么是特质

特质流派的理论源于2000年前即见雏形的类型论。类型论简单粗糙地把人分为偏内向、偏外向等类型，特质理论则认为，人格的结构其实要复杂得多，人格是由许多的“维度”构建而成的，而这些维度就是特质。在许多不同的维度上，或者说特质上，人们都表现出不同的指标水平，于是，这使我们每个人都有机会成为与众不同的个体。

心理小贴士

类 型 论

早在古希腊时代，对于人格的分类就产生了。例如，希波克拉底将人格和体液多少相对应，分为多血质、黏液质、抑郁质和胆汁质四种人格。

除此以外，还有体型说：内胚层型，体型矮胖，人格表现为情绪放松，喜爱社交；中胚层型，体型健壮，表现为自信、勇敢、精力充沛；外胚层型，体型瘦长，表现为思虑过多，爱好艺术，内向寡言。

同体液说一样，体型说也被证实与个体行为没有相关性。

出生顺序说认为：头生儿守旧，安于现状；次生儿创新，勇于突破。

面对这些迥异的个体，特质理论学家们并不在乎行为的成因是什么，也不关心行为机制，他们的目的是通过调查统计收集人格数据，以便清楚地描绘构成人格的维度。他们认为，一种典型的行为就代表了一种特质。假如你的舍友总喜欢收集成堆的废报纸、废纸片、废广告等一切疑似垃圾的物品，特质理论学家们很可能认为他非常节俭，而不会像精神分析学家那样，去跟他谈谈他的童年经历，然后探究他为什么会这样做。

不过，特质理论学家们的研究也是有前提的。他们认为：一方面，人格的特质在时间和空间上的表现是稳定的。例如，一个人喜欢独处，那么他过去在家里如此，现在在学校如此，明天或者很久之后在公司也不会有太大的变化。另一方面，人群在人格维度上呈现正态分布，也就是说，在某一项特质上，大多数人处于中间水平，只有少数人处于两边极端水平。

（二）代表人物

提起特质流派，不得不说两个人物：奥尔波特和卡特尔。

▶ 1. 奥尔波特

高尔顿·威拉德·奥尔波特，特质流派创始人。1921 年，他和自己的哥哥一起出版了《人格特质：分类和测量》，成为特质理论流派诞生的标志。

奥尔波特生于美国，早年因为动作笨拙而常受到同伴嘲笑。后来，和哥哥一起在哈佛大学完成心理学的本科和研究生学业。刚毕业时，奥尔波特曾到维纳拜会弗洛伊德，这次会面对奥尔波特影响深远。

当时，弗洛伊德带奥尔波特到自己的工作室，坐下后就一言不发。奥尔波特为了打破沉默，就对弗洛伊德说了一件自己在火车上看到的事：一个小男孩很怕脏，总对妈妈说，“这里脏，我不坐”“这里不干净，我不想坐这儿”等。而男孩子的妈妈看起来很古板，似乎居高临下喜欢支配人的样子，这个妈妈的特征也许就是男孩子怕脏的原因。等奥尔波特说完，弗洛伊德以治疗师的目光望着他：“这个孩子，就是你自己吧?”搞得奥尔波特瞠目结舌，感觉受到很大伤害。

这使奥尔波特对精神分析有些反感，他认为弗洛伊德过分重视人的无意识，而轻视当前的意图和体验，这也使奥尔波特明确了自己的研究方向和人格主张。

奥尔波特的研究认为，特质就是动机，是特质发动了人的行为，并且这种动机是有自主性的。例如，大学生入学时努力学习的动机可能是不想挂科，但之后，他渐渐喜欢上自己的专业时，学习的动机就变成了兴趣。同样的行为却是由不同的动机推动，这种变化证明了动机是有自主性的。

奥尔波特还对特质进行了分层，分为首要特质、中心特质、次要特质三个层次。首要特质是一个人最典型、最具概括性的特质，如林黛玉的多愁善感、葛朗台的吝啬；中心特质是构成个体独特性的重要特质，在每个人身上有 5～10 个中心特质，如林黛玉的清高、聪明、孤僻、抑郁、敏感等都属于中心特质；次要特质是个体不太重要的特质，往往在人们的爱好上有所体现，如食物、衣着。

▶ 2. 卡特尔

雷蒙德·卡特尔，著名的人格心理学专家之一，一生著述颇丰。

心理小贴士

因素分析法

因素分析法是现代统计学中一种重要而实用的方法，它是多元统计分析的一个分支。使用这种方法能够使研究者把一组反映事物性质、状态、特点等的变量简化为少数几个能够反映事物内在联系的、固有的、决定事物本质特征的因素。

因素分析法的最大作用就是运用数学方法对可观测的事物在发展中所表现出的外部特征和联系进行由表及里、由此及彼、去粗取精、去伪存真的处理，从而得出客观事物普遍本质的概括。此处，使用因素分析法还可以使复杂的研究课题大为简化，并保持其基本的信息量。

卡特尔出生于英国，童年经历了第一次世界大战，大学时由化学专业转向心理学专业。卡特尔毕业后受邀到美国从事心理研究，曾与奥尔波特共事。受到因素分析发明人斯皮尔曼的影响，卡特尔萌生用因素分析法研究人格结构的兴趣，最终形成了举世闻名的16PF 人格问卷，也叫作卡特尔 16 种人格因素问卷。

与奥尔波特相比，卡特尔更关注人格的基本结构。他相信，人们都有一个共同的人格结构，而自己的工作就是去发现这些结构相同的根源特质。有了这些根源特质就可以更便捷地对不同的人进行比较。人格结构的根源物质如表 4-1 所示。

表 4-1　人格结构的根源特质

特　质	高端表现	低端表现
乐群性	外向、热情	冷漠、刻薄
聪慧性	聪明	愚钝
稳定性	沉静、情绪稳定	不稳定、容易激惹
恃强性	武断、好斗	温顺、随和
兴奋性	好动、活泼	冷静、严肃
有恒性	自觉、守规则	玩世不恭、模式规则
敢为性	胆大、冒险	退缩、犹豫
敏感性	富于幻想、敏感	讲求实际
怀疑性	怀疑、警觉	信赖、接纳
幻想性	想象力强、不切实际	脚踏实地、现实
世故性	老练、精明	坦率朴实
忧虑性	不安、焦虑	自信、满足
试验性	思想自由、求新	保守、传统
独立性	自立	依赖
自律性	受约束、强迫	任性、松懈
紧张性	紧迫感	沉着、镇定

16PF 人格问卷自 1949 年发表以来被翻译成 40 多种语言，在心理测量专业领域被誉为“世界十大心理测评”之一，一直沿用至今。1979 年被引入我国，由专业机构修订为中文版。对此有兴趣的同学可以在网上搜索，或到心理咨询中心进行预约测试。

（三）特质流派的新理论

随着科技手段的进步和全球化背景下信息的交融，特质流派在卡特尔 16 个基本人格因素的思路上继续开拓，于 20 世纪 90 年代提出了五因素模型，也叫大五模型。该模型认为，人格的基本维度有五个：神经质，描述情绪的稳定程度；外向性，描述社交能量；开放性，描述对世界的开放态度；随和性，描述对他人的关注程度；尽责性，描述人们的责任心。各维度的高低分表现如表 4-2 所示。

表 4-2　五因素模型各维度的高低分表现

维　度	得分高的表现	得分低的表现
神经质	情绪消极、缺乏安全感、对自我不满意等	情绪平静、有安全感、自我满意等
外向性	爱好交际、精力充沛、乐观自信、友好等	爱独处、排斥他人等
开放性	喜欢新奇的事物、思维活跃、思想独立等	保守、看重规则
随和性	易合作、富有同情心、信赖他人等	敌对、缺乏信任、在意竞争
尽责性	有条理、有计划、尽心尽责等	马虎大意、虎头蛇尾等

虽然该理论得到普遍认可，但仍有学者提出质疑。例如，为什么人格的基本维度是这五个？这是五因素模型和特质理论学家都无法回答的问题。

特质流派与其他人格流派有很大的不同，特质流派是唯一一个没有治疗理论的流派。这与特质流派更多地关注正常人，以正常人为研究对象有关。与之相反，精神分析流派则是从研究精神病人出发的。从古典到新精神分析，精神分析流派的著名人物众多，他们对人格又有怎样的说法呢？

二、精神分析流派的人格论

（一）西格蒙德·弗洛伊德

自弗洛伊德创立精神分析学派伊始，便一直为世人所瞩目，对其评价也是仁者见仁智者见智，崇拜他的，把他与马克思、爱因斯坦齐名媲美；诋毁他的，把他看成“一头冲进人类文明花园的野猪”。这样的争议，都源于弗洛伊德对人格的解读。

首先，他基于对神经性疾病的治疗经验和在法国时沙科教授给予他的引导，描绘了一幅前所未有的“心理画卷”。他提出，人类的心理有三个层面：最浅的表面一层是意识层，即人们传统意义上的心理。比意识层更为复杂、隐秘、富于活力且广袤的是潜意识层，且它又分为无意识层和前意识层。无意识层由各种受到压抑或被遗忘了的情绪、欲望、动机组成，几乎无法进入人的意识层。潜意识作为意识和无意识的中介，在某些情况下可以使“伪装后”的无意识的信息进入意识层，如做梦。弗洛伊德用心理冰山理论形容说：露出水面的一小点是意识，潜藏在水下的巨大冰体是无意识，随着波涛而时上时下的是潜意识，如图 4-1 所示。

图 4-1　弗洛伊德的心理冰山理论

心理小贴士

释　梦

弗洛伊德所著的《梦的解析》出版时被认为“惊世骇俗”，书中分析了潜意识表象——梦。弗洛伊德将别人不敢接收的疑难精神病人接收下来，搜索他们的心理创伤，分析他们每一次怪异的梦境。他认为梦的方式有四种：凝缩、换位、戏剧化和润饰。

由此，弗洛伊德在世人惊诧的眼光中指出，以理性意识为中心的心理学说根本就是自欺欺人，人类心理的基本部分和力量是来自无意识的。人的一切表现都是无意识所引发，绝非偶然。例如，一个人看似碰巧发生的口误、笔误，其实都是无意识在幕后指使。从此，无意识理论隆重登上心理学历史的舞台。

后来，弗洛伊德在此基础上又提出人格结构理论，认为人格是由本我、自我、超我三部分组成。

本我是原始的、无意识的。它是一切心理能量的源泉，包含了所有欲望、冲动和生命力。唯一的行事原则就是获得快乐、避免痛苦，不理会任何道德的、规范的约束，只寻求个体的舒适、生存和繁殖。

自我是可以意识到的自己，依照意识来执行行动。它既要保证本我的冲动得以满足，又要使个体适应现实的需要。它遵循现实原则。

超我则是内化了的道德规范，是人格中的理想部分。它像本我一样非现实，严厉地监督、批判并管束个体的行为，要求自我遵循道德原则去管束本我。

这三个部分无休止地依照各自的原则决定着我们每分每秒的生活。

如果你一周后就要参加英语四级考试，却有朋友邀请你周末去他家开生日派对，这时候会发生些什么呢？本我会欢呼一声，大叫“太棒了，一定要好好热闹热闹，美美地吃顿大餐!”；超我却紧皱眉头，严肃地批评：“你的考试练习题没做几套，踏踏实实学习才是正途!”自我瞧瞧超我，又瞅瞅本我，于是决定：周末在餐厅先自己吃顿好的，回头考完了再看看怎么补偿朋友和自己吧。

除此以外，弗洛伊德还提出人格的发展阶段，人在童年的不同阶段发生的事件会影响人格的形成。

另外，还有本能理论，认为人的本能驱动力是性，本能驱动了个体的行为。人类最基本的本能有“生本能”和“死本能”。“生本能”保持人类种族的繁衍和个体的生存；“死本能”也称为攻击本能，会危害生命，如自杀、酗酒等。

（二）卡尔·古斯塔夫·荣格

荣格曾师从弗洛伊德，两人关系密切，却终因在人格理论上的分歧而决裂。荣格认同弗洛伊德的无意识理论，继而提出集体无意识、原型和人格八类型。

1. 集体无意识

荣格认为，集体无意识，是远古时代祖先留下来的经验的储存，是对几千年来不胜枚举的细微变化和差异事件的记录。每个人的头脑中都遗传了这样一个相同的组成部分，无处不在地影响着每个人，影响着我们的社会。

2. 原型

原型是集体无意识的表现，是人格的重要组成。其中，“人格面具”是人们在生活中公开表现出的各种角色，是不同情境下的不同面具。例如，我们面对父母的样子跟面对同学时一定不同。“阿尼玛”是男人心灵中的女性成分，它能使男性拥有一些女性人格特征，如体贴、细腻等，同时，“阿尼玛”呈现的理想女性形象为男性提供了男女之间交往的模式。“阿尼姆斯”则是女性心灵中的男性成分。“阴影”是集体无意识中的先祖遗留，是人类原始欲望的代表，让人有疯狂的、攻击的倾向。“自我”与弗洛伊德的自我概念相同，是人格中的“调解员”，起到整合统一人格的作用。

3. 人格八类型

人格八类型结合了内、外两类倾向和感觉、思维、情感、直觉四项技能对人格的划分，如表 4-3 所示。每个人都是一种或几种技能的综合体。

表 4-3　荣格的人格八类型

技　能	外　倾	内　倾
思维	恪守规则、客观冷静、思维活跃，情感压抑	聪慧、特立独行、适应力差，情感压抑
情感	易动感情、喜交往、遵循权威传统，思维压抑	安静敏感、思想不外露、时而幼稚，思维压抑
感觉	享乐无忧、追求新奇艺术、适应性强，直觉压抑	安静被动、爱好艺术，直觉压抑
直觉	创造力强、易变、依感觉行事，感觉压抑	好思考、偏执，感觉压抑

(三)阿弗雷德·阿德勒

阿德勒与弗洛伊德共事多年,受自身成长经历的影响发展出自己的理论,与弗洛伊德分裂,建立"个体心理学"。

阿德勒认为,人天生自卑,并受到环境的压抑造成抑郁之感。但人又有追求卓越和完美的倾向,且适度追求能促进个人发展,对社会有益;过度追求,则容易以自我为中心忽视他人,缺乏社会兴趣。在追求卓越的过程中,人们派生发展出不同的行为特征与习惯,即生活风格,主要有以下四种类型。

1. 支配—统治型

支配—统治型的人倾向于支配和统治别人,缺乏社会意识,很少顾及别人的利益,他们追求优越的倾向特别强烈,不惜利用或伤害别人以达到自己的目的。他们需要控制别人从而感到自己的强大和有意义。在儿童期,他们在地板上打滚、哭闹,希望父母向他妥协。

2. 索取型

索取型的人相对被动,很少努力去解决他们自己的问题,他们对自己缺乏信心,希望周围的人能满足他们的要求。许多有钱的父母对孩子采取纵容的态度,尽量满足孩子的一切要求,以使他们免受挫折。在这样的环境下,孩子很少需要为自己而努力做事,也很少意识到他们自己有多大的能力。

3. 回避型

回避型的人缺乏必要的信心解决问题或危机,不想面对生活中的问题,试图通过回避困难从而避免任何可能的失败。他们常常是自我关注的、幻想的,他们在自我幻想的世界里感受到优越。例如,有些同学现实中失意,沉迷于网络世界中虚幻却强大的自我角色。

4. 社会利益型

社会利益型的人能面对生活、积极与人合作、为社会贡献自己的力量,他们常常生长于和睦的家庭,家庭成员相互帮助支持,人与人之间彼此理解、尊重。

在上述四种生活风格中,前三种是适应不良的,只有第四种才是适当的。

另外,除了自卑会影响人格的形成,阿德勒认为,家庭中孩子出生的顺序也很重要。

三、行为主义流派的人格论

让我们把人生的时钟拨回到生命的头几年。当你在商场里摇着妈妈的手臂盯着柜台,意图想办法得到心仪的玩具,却发现无论如何妈妈都不肯同意时,如果号啕大哭和倒地打滚儿能最终使妈妈妥协的话,那么从此以后你将倾向于用这种方式达成目的。于是,行为主义学家判断:用要赖威胁达成目标的人格特征就在"妈妈妥协"的刺激下训练形成了。

可以看出,行为主义学家不关心人格的结构,他们的研究重点在人格的发展和教育方面,他们认为学习和习惯是人格形成的重要因素,人的行为是可控并可以被改变的。

(一) 老鼠笼里诞生的理论

斯金纳是行为主义学派最负盛名的代表人物，被称为“彻底的行为主义者”。他在巴普洛夫和华生的行为主义影响下，用设计精巧的动物试验箱(斯金纳箱)，研究出了“操作性条件反射”和“及时强化”。

对人类来说，这样的塑造程序可以用于培养孩子的好习惯。弗洛姆曾与斯金纳争论，反对其观点，认为人不是机器，更不是老鼠，不能被操作性条件反射技术控制。一次学术会议上，斯金纳坐在弗洛姆身边，听着弗洛姆激情飞扬的演讲，斯金纳决定做一次现场强化实验。他传了一张纸条给朋友：“请注意弗洛姆的左手，我将塑造一次他做出砍的动作。”每当弗洛姆举起左手时，斯金纳就会直视他；如果弗洛姆挥动左臂如同砍东西，斯金纳就微笑并点头赞许。但如果弗洛姆的手臂伸得比较直，斯金纳就瞥开眼睛或表现出不耐烦的样子。如此这般五六次之后，弗洛姆不知不觉地开始用力挥动左臂，以至于他手腕上的表都被甩落在地。

斯金纳成功证明了自己的理论。的确，其理论在行为塑造和教学实践中得到了良好证明，对矫正和培养儿童都有很好的作用。但是，该理论单单强调了应该怎样做，而不能解释人格本身，对于我们每个迥异的个体而言，他的理论似乎显得过于机械和简单。

(二) 榜样的作用

艾尔伯特·班杜拉，社会学习理论创始人，斯坦福大学心理学教授。

班杜拉认为，人的行为受到个体、环境的影响，三者交互作用，并可以在观察中学习。这种观察学习或者模仿由四个阶段构成：一是注意阶段，注意和知觉示范行为各方面特征的阶段；二是保持阶段，示范虽然不再出现，但仍给观察者以影响，示范行为在记忆中被长时间保持；三是再现阶段，把记忆中的符号和表象转换成适当的行为，再现以前所观察到的示范行为；四是动机阶段，模仿者是否会经常表现出示范行为取决于动机力量，而外部强化、自我强化和替代性强化就是再现示范行为的动机力量。在这样的过程中，人们学会了行为或者规则。

心理小贴士

班杜拉的玩具娃娃试验

试验中，研究者让儿童观察成年人攻击一个玩具娃娃的行为。将儿童分为三组：一组儿童在现场观看，成年人时而踢娃娃，时而打娃娃；第二组儿童看成年踢打娃娃的彩色录像；第三组儿童观看有攻击行为的卡通片。之后，研究者给儿童一样的玩具娃娃，并离开房间。结果发现，儿童都重复了成年人的攻击行为，甚至有的还加入了新的攻击行为。有意思的是，看现场表演和电视对儿童模仿攻击行为的影响更大一些，看卡通片对儿童行为的影响则要稍小。

可见，榜样的作用对儿童的影响是非常大的。

人们对榜样的学习无处不在，例如，幼儿园小朋友学会骂人、社区老奶奶学跳扇子舞、实习医生观察主治医师进行手术等。榜样的影响巨大，却不总是正向的。生活中，我们应留意自己的模仿行为。

四、人本主义流派的人格论

经历了精神分析和行为主义的洗礼，人们发觉这两个流派都忽视了人性中一些非常重要的东西：人的价值、潜能、自由、尊严，忽视了个体的自主作用。

这些恰恰是人本主义研究的主题，他们相信人们的真实自我需要一个良好的环境，如温暖、美好的祝愿、父母的关爱等，让自我得以实现。

（一）马斯洛的需要层次理论

在理解人性问题上，马斯洛找到了一个非常恰当的突破口——人类的动机和需要。他提出了由低到高、由强到弱呈金字塔形状排列的需要层次理论，如图 4-2 所示。

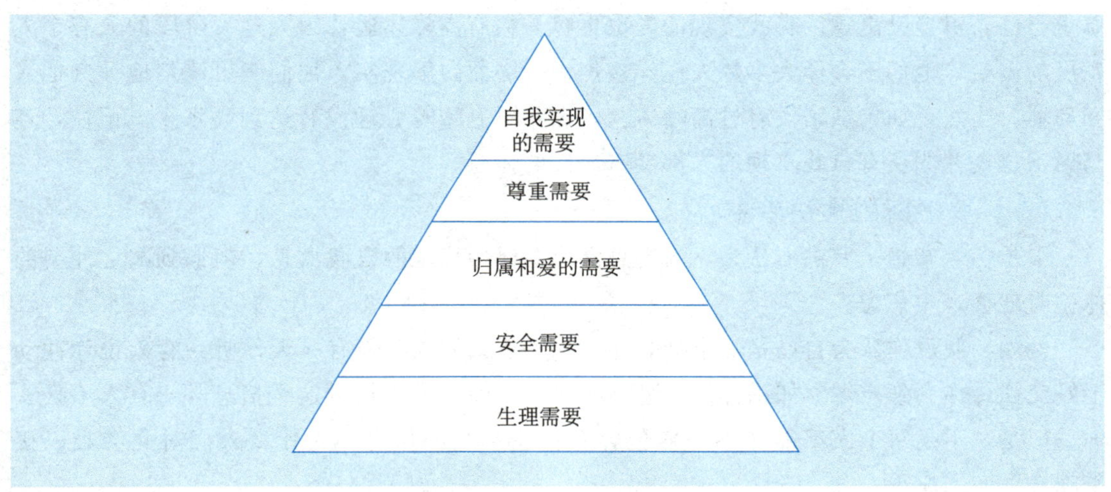

图 4-2 马斯洛的需要层次理论

1. 生理需要

生理需要是人们最原始、最基本的需要，如食物、水、睡眠等。这些需要是人们行动的最强大动力，必须首先被满足。例如，如果长时间缺乏食物、安全和爱情，缺乏食物的饥饿需要会占据最大优势。当一个人被生理需要所控制时，其他一切需要都被推后。

2. 安全需要

安全需要在生理需要被满足后出现，包括远离恐惧危险、被保护和稳定，以及对结构和顺序的需要。正常人身上一般都被满足了安全需要，但儿童阶段对安全的需要占据主导地位。人生发展中停留在安全需要的人可能会因为寻求安全感而导致婚姻不幸。

3. 归属和爱的需要

归属和爱的需要是指人们渴望得到家庭、团体、朋友、同学的关怀、爱护、理解，是对友情、信任、温暖、爱情的需要。马斯洛指出，现在人们强烈感觉缺少朋友、妻子和孩子的爱，人们渴望与他人之间有亲密关系。

4. 尊重需要

尊重需要分为两种：自尊和来自他人的尊重。自尊包括获得信心、能力、本领、成就、独立和自由的愿望；来自他人的尊重包括威望、承认、接受、关心、地位、名誉和赏识。尊重需要如果无法满足，人们就会产生自卑、无助、沮丧的情绪。

5. 自我实现的需要

自我实现的需要是最高等级的需要，这要求人们能最充分地发挥自己的潜能，帮助自己成为所期望的人物，完成与自己能力相匹配的一切。马斯洛说："音乐家必须创作音乐，画家必须作画，诗人就要写诗。如果他最终想要达到自我和谐的状态，就必须成为他能够成为的那个人，必须真实地面对自己。"但人们完成这一过程所采取的方式不尽相同，这依赖于前面几层需要被满足的程度。

自我实现的人并非完美无缺，但他们能接纳自己，承认自己的弱点并努力改进。他们尊重自己，对自己满意。自我实现的人也更容易拥有高峰体验，因为这一阶段的人有个人发展的需要，他们不会像大多数人一样被焦虑折磨而曲解现实，他们能更清楚地评判他人和环境。当然，如果从来没有过高峰体验，也并不意味着心理没有达到高水平。记住，连马斯洛也说并非所有自我实现的人都会有那样的体验。

（二）罗杰斯的来访者中心

卡尔·兰塞姆·罗杰斯认为，人们总是力图保持稳定的自我概念，但遇到与之冲突的体验时就会产生焦虑。

例如，假设你认为自己是一个受欢迎且平易近人的人，但有一天你听到有人说你冲动不好交往，你会怎样做？如果你是个完善的人，可能会愿意接受这个信息——有人不喜欢你。但是，不是每个人都能像你一样包容对自己不利的信息，为什么人们对此会难以接受呢？

罗杰斯认为，这是"有条件的积极关注"导致的。多数人都是在有条件的积极关注环境中长大，很多父母都只在孩子们满足了自己的期望要求时，才表现出关爱；如果父母对孩子的行为不满意，则收回爱以示惩罚。这样的结果就是，孩子学会了抛弃真实的感情和愿望，只接受父母赞许的那一部分自我。慢慢地，孩子开始拒绝承认自己的弱点和错误。

要获得完善的自我，提供"无条件的积极关注"才是正途。在无条件积极关注下，孩子会觉得不需要隐藏，知道无论自己做什么都会被接受、被爱。这能够让他们自由体验全部的自我，自由地把错误和弱点都纳入自我概念中，真实地表现自我。

心理咨询师可以在心理治疗中以来访者为中心，贯彻这种无条件积极关注的思想，从而达到治疗的目的。不只是父母和心理咨询师，我们的生活中有很多人都可以成为无条件积极关注源，如朋友、伴侣等。

五、认知学派的人格论

我们虽身处同一个世界，但是你眼中的世界一定与我眼中的不同，即"一千个人眼里有一千个哈姆雷特”。

认知学派对此非常认同。他们认为，每个人都有自己处理信息的模式，由于观察角度不同，会对客观事物有不一样的认知，这些认知及个人经验影响了人格的形成。

乔治·亚历山大·凯利认为“个人建构”是人格核心，它是人们在生活中通过对环境中的人、事、物的认识、期望、评价、思维所形成的观念。例如，你可以建构：“黛玉是小心眼儿的”，“宝玉是叛逆乖张的”；也可以这样建构：“黛玉是才学浓郁的”，“宝玉是追求自由的”。不同建构源于不同的人格特征。

沃尔特·米希尔的“认知—情感”理论则认为，每个人都有不同的心理表象，从而使我们有不同的行为模式。例如，一棵圣诞树可以让一个人想到宗教信仰，也可以让另一个人回忆起家庭和假期的欢乐，亦可以让第三个人想起童年的悲伤回忆。

认知学派也有与“原型”有关的定义，与荣格的概念不同，认知学派认为原型是指某个事物在个人心目中的典型形象。人们用原型来区别事物或者人。举例来说，一个叫张三的高中生，留着长长的、乱蓬蓬的头发，上课总坐在后面，对课堂内容毫无兴趣。英语老师可能会认为他是一个不思进取、制造混乱的糟糕学生，这是因为英语老师多年的经验形成了一个“惹是生非学生”的原型，而张三恰好与这一原型吻合，于是英语老师和张三之间的对立愈加明显，张三的英语成绩也每况愈下。而历史老师却发现张三与她的“孤独学生”的原型相匹配，是个需要关心和鼓励的孩子，于是历史老师对他任何试图学习的信号都给予积极反馈，张三的历史成绩也一点点进步。不同的原型使我们对同一个人有不同的看法，并用不同的方式和不同的人交往。

第二节 大学生的人格特征

有学者认为，当代大学生的人格特征包括勇于创新和开拓、努力取得成就的坚韧性、热情、富有自信等。当然，在多元文化和观念的碰撞中、社会及家庭结构的变化中，影响人格形成的因素愈发不稳定，使大学生的人格发展遭遇迷茫和冲突。

一、我国当代大学生的特征表现

（一）正向的特征表现

1. 正确认知自我

自我认可，并形成积极的自我看法；清楚自己的优点与缺点，理解现实自我与理想自我之间的区别；拥有明确的奋斗目标与愿望，并愿意为之努力。

2. 智能健全

观察力、记忆力、思维力、注意力和想象力发展良好，各种认知能力能有机结合发挥应有的作用。

3. 社会适应力较强

对外部世界有浓厚兴趣、有广泛的活动范围和兴趣爱好，人际交往范围扩大，积极参与各种形式的社会实践。允许别人与自己在价值观、信念上存在差别，尊重现实，不过于主观。

4. 富有事业心、创造性和竞争意识

认为事业是生活的组成部分，有进取心和责任感；具有开放性的竞争观念，较少保守；喜欢创造，勇于创新，敢于冒险，独立性强，富有幽默感，态度务实。

5. 情感饱满适度

情绪上，稳定性与波动性、外显性与内隐性并存，情感丰富，积极的情绪和情感占主导地位。

从这些特征来看，当代大学生的人格发展状况基本良好。

(二) 不同年代大学生的性格特点

1. 20 世纪 80 年代

从 20 世纪 80 年代开始，心理学工作者在全国范围内对大学生的性格特点进行调查，结果表明当时的大学生有以下性格特点。

在谦让、克己、忍耐、谨慎、负责等方面较突出，与现实社会有良好的适应性，也反映出中华民族的传统性格特点。

在处理人际关系时，通常会先考虑社会和他人，但并非一味地追求社会赞许。他们并不过分掩饰自己，而是表现出敢于面对现实、尊重事实的特点。

在社交上倾向于积极进取，具有稳健、从众的性格特点。虽然他们在聪慧、敏感等与智力有关的性格特征方面表现良好，但他们的“独立成就感”较低。

2. 20 世纪 90 年代

进入 20 世纪 90 年代后期，大学生中的独生子女越来越多，此时的大学生表现出以下性格特点。

(1) 态度特征如下。

对社会，表现出爱国、乐群、守纪、乐观、富于同情心、乐于助人、正直诚实、有礼貌等良好特征，也有对祖国缺乏感情、个人第一、自由散漫、冷漠、虚伪、粗暴等不良特征。

对学习、工作、劳动，多数表现为勤奋、认真、细致、节俭等良好特征；少数表现出懒惰、粗心、保守、浮华、浪费等不良特征。

对自己，多数大学生具有律己、谦虚、自信、自尊、大方等良好特征；少数表现出自负、自傲、自卑、羞怯等不良特征。

(2) 意志特征如下。

意志特征表现为自觉、独立、主动、自制、果断、坚强、沉着、勇敢、持之以恒；少数人表现出一定的盲目、依赖、被动、经常冲动、优柔寡断、软弱、慌张、敷衍等不良特征。

（3）情绪特征如下。

有的大学生情绪一触即发，有的情绪稳定；有的喜怒无常，有的情绪平稳；有的情绪体验持久、深厚，有的情绪稍现即逝；有的每天欢乐愉快，有的终日愁眉不展；有的冷静沉着，有的任性。

（4）理智特征如下。

大学生的认知态度和活动方式多数是较为理智的。在感知、记忆、想象、思维等活动中，多数大学生是主动的而不是被动的，大胆而不妄为，深思熟虑、细心谨慎而不是怕动脑筋、粗心轻率。

随着 2000 年以后出生的大学生开始迈入大学校园，学者们的研究也随之延续，将逐步呈现不同时代大学生独特的性格特点。

二、大学生常见的人格发展缺陷

人格发展缺陷是指介于健康人格与人格障碍之间的状态，表现为人格发展的不良倾向。在大学生心理咨询中，有相当一部分表现为不同程度的人格发展缺陷。常见的有自卑、懒惰、拖拉、粗心、鲁莽、急躁、悲观、孤僻、多疑、抑郁、狭隘、冷漠、被动、骄傲、虚荣、焦虑、以自我为中心、敌对、冲动、脆弱等，在此，简要说明其中几种。

（一）自卑

自卑是对自己不满、鄙视、否定的情感感受。大学里有些同学会发现“山外有山”，尤其是当学习、社交、文体方面显露某些不足时容易陷入怀疑、否定自己的状态中，从而产生自卑心理。

有自卑心理时应怎么办？一方面，试着重新正确认识自己、悦纳自己。寸有所长，尺有所短，避免总拿“短处”为难自己。另一方面，试着进行自信心训练，将目标定得小一点、切合实际一点，寻找适合自己的评价参照点，多与自己进行纵向比较，从而积累愉悦的成功体验。

（二）害羞

害羞在大学生中较为常见。例如，不敢在大众场合讲话，怕与陌生人打交道，与异性同学交流说话会感到紧张等。害羞之心人皆有之，过分的害羞且成了一种习惯则有害，它会导致压抑、孤独、焦虑等不良心理，妨碍人际交往。

大学生应避免过于看低自我，避免过于看重他人的评价。美国心理学家 J. 可奇和 W. 利布曼的一项研究表明，怕羞的女大学生自以为长得不美，但陌生男生凭她们的照片却都评价她们十分动人。要正确评价自己，看到自己的长处。另外，放松思想、锻炼胆量，能力都是练出来的。上课、开会时尽量坐到前排去；走路时抬头挺胸，把速度提高四分之一；主动大胆地和别人尤其是陌生人、异性、老师讲话；说话时，正视对方眼睛；高兴时，开怀大笑。

心理小贴士

如果害羞，我该怎么办？

当你感到害羞时，可以尝试着采用以下方法克服害羞心理。

·要知道，并不是只有你一个人感到害羞，很多人都和你一样，很可能现在和你谈话的人比你还害羞呢。

·即使你是天生害羞的人也没关系，要知道，没有什么是改变不了的。只要你努力，就有可能改掉害羞的习惯。

·尝试对人微笑，更多地倾听对方在说什么，而不去想自己该说什么。

·学会提问吧，一些小问题也许能让你很快找到大家都感兴趣的话题。

·在重要场合发言，事先做好充分的准备，如写好发言稿、面对镜子练习几次，这样可以在一定程度上降低焦虑感。

·深呼吸有利于降低心跳频率，想象自己处在一个最好的状态也能帮助你更好地克服害羞的心理。

（三）怯懦

怯懦主要表现为缺乏勇气和信心，在挫折、困难面前害怕、退缩。有些大学生不敢表明自己的态度，不敢坚持自己的观点，甚至不敢向老师提问题；有的怕冒风险、难担重任。然而，越回避矛盾、躲避失败，反而越容易遭受挫折。

“只能成功，不能失败”的非理性意念造成了一些大学生表现怯懦。在挑战与机遇中，请允许自己“可以失败”，多给自己鼓励和信心，在生活的词典中划掉“不敢”二字。

（四）懒惰

青年人是充满朝气活力、开拓进取的群体，但也并非总是如此。懒惰是意志活动无力的表现，是不少大学生为之感到苦恼却难以克服的难题。懒惰也常令人事后内疚、自责、后悔，但又无力进行改变。

克服惰性，试着为自己负责，发现真正的兴趣所在，做个行动派，力争当日事当日毕。

（五）狭隘

受功利主义影响，大学生心胸狭隘的现象有增无减。凡事斤斤计较、耿耿于怀、好嫉妒、好挑剔、容不得人，都是心胸狭隘的表现。既伤害他人感情，也给自己带来烦闷和苦恼。

克服狭隘，试着以己度人，互换视角看问题，丰富理解世界的维度。与此同时，尽量充实自己的内在世界、开阔视野。

（六）拖拉

拖延症是如今的流行病，有一首打油诗形象地描述了这种状态——春天不是读书天，夏日炎炎正好眠，秋多蚊虫冬又冷，一心收拾待明年。拖拉的原因有很多，如过于完美主义、畏难、目标不明等。拖拉不仅误事，还会徒增心理压力，引发焦虑。

改变拖拉，需要试着寻找达成目标的内在动力，并合理地管理时间。最要紧的是立即动手，事情往往在开始行动之后便逐渐水到渠成了，由此带来的欣喜、满足、成就感会成为有利的内在奖励。

（七）抑郁

抑郁是人们常见的情绪困扰，表现为情绪低落、郁郁寡欢、闷闷不乐、思维迟缓、兴趣丧失、缺乏活力、反应迟钝，体验不到快乐等。对于多数人而言，抑郁只是偶尔出现，很快会消失。长期处于抑郁状态甚至会发展为抑郁症，有碍健康。

应对短期抑郁，可以通过扩展人际、调整认知来减缓。如果长期严重抑郁，则须求助专业心理机构。

（八）焦虑

焦虑是个体主观上预计将有某种不良的后果产生或模糊威胁出现，从而感受到的不安感，常表现出烦躁不安、思维行动不灵活、身体不适等，并伴有忧虑、烦恼、害怕、紧张等情绪。

快节奏的社会生活中，每个人都可能遇到焦虑状态。适度焦虑对保持生命活力是有利的，过度焦虑则有害，须求助专业心理机构。大学生焦虑主要集中在考试、人际关系方面。大学生可通过增强自信、磨炼意志、积极行动等减缓焦虑心理。

（九）虚荣

虚荣心往往与自卑相联系，没有自卑，就不必用虚荣心来表现自尊心。虚荣者往往情感脆弱、敏感多疑、防御心重，过分介意别人的评论与批评，常会千方百计地抬高自己的形象，捍卫的往往是虚假的、脆弱的、不健康的自我，以致无暇真正丰富自我。

应对虚荣心，需要努力发现、认识、接纳真正的自己，建立良好的亲密关系，寻求和付出无条件的爱，充实安全感。

（十）以自我为中心

顾名思义，以自我为中心就是过度倾向于将关注点投向自我，并将这种倾向与个人主义、自私自利思想结合，就会表现出过分的自我中心。以自我为中心的人，想问题、做事情，只从“我”出发，颐指气使、盛气凌人、不容异己。

避免以自我为中心，需要走出自己的小天地，恰当地评价自己并尊重他人。将心比心，真诚地爱人爱己，理解“我爱人人，人人爱我”。

第三节 大学生人格完善与调适

一、塑造健全的人格

（一）认识自我，优化人格整合

生活中许多事例告诉我们，有效的人格塑造需要充分了解自己的人格状况，明确人格塑造的目标、内容、途径和方法。认识自我是自我改善的起点。

人格整合是随着个体心理的成熟，人格的各个方面逐渐由最初的互不相关，发展到和谐一致状态的过程。优化人格整合，需要择优汰劣。

择优即选择某些优良的人格特征作为改善目标，如自信、勇敢、勤奋、坚毅、善良、正直等。汰劣即针对人格弱点加以改善，如自卑、胆怯、抑郁、冷漠、懒惰、任性、自我中心等。外向型性格，应节制过度社交，注意完善细节，避免草率行动，注意丰富内心世界；内向型性格，应积极参加社交，增强决断力，发挥内在独特性，将想象力转化为创造行动。

（二）丰富知识

“读史使人明智，读诗使人灵秀，数学使人周密，科学使人深刻，伦理学使人庄重，逻辑修辞之学使人善辩，凡有所学，皆成性格。”人的知识越广袤，也越有机会完善自我、增长智慧。

受应试教育影响，一些理工科学生缺乏人文知识，文科生缺乏科学精神，这都不利于大学生的全面发展。大学生不应局限于自己的专业学习，还应该扩充人文、社会、科学的知识面，从兴趣出发丰富知识、充实生活。

（三）积极实践

无论知识积累、能力形成，还是意志力磨炼，都离不开实践。一个人的勤奋、坚韧、乐观、细致等人格特征都是在行动与实践中锻炼而来。

人的言行是其人格的外化表现；反之，日常言行积淀为习惯就是人格。英国诗人德莱顿说：“首先，我们培养习惯，然后，习惯塑造我们。”行为主义创始人华生也认为，人格就是习惯的产物。改变自我，不如从习惯入手、从实践开始。

（四）发展人际关系

人格发展的过程也是个体实现社会化的过程。健全的人格在人际交往中体现得更为清晰。健全人格源自良好的亲密关系，又促成良好的人际互动。尊重他人习惯、真诚赞美、避免非建设性评价、求同存异、自尊、独立，都是建立良好人际关系的基础。

（五）锻炼身体

人格发展需要健康体质、心理与智力等因素协同作用、相互促进。研究表明，锻炼身体可以加强脑内单胺类神经突触的传递。大脑分泌的去甲肾上腺素、多巴胺和血清基可以影响机体的觉醒和注意力，分泌的具有类吗啡作用的内啡肽可降低抑郁、焦虑、困惑，以及其他消极情绪。无论是长期规律的体育锻炼，还是30分钟的单次运动，都可以显著改善不良情绪，促进心理健康，但短暂的单次运动无法长期控制不良情绪。

（六）防止“过犹不及”

凡事有“度”，人格发展亦然。大学生应自信而不自负，自谦而不自卑，自爱而不自恋，自助而不自扰，勇敢而不鲁莽，果断而不冒失，稳重而不犹豫，谨慎而不怯懦，豪放而不粗俗，好强而不逞强，活泼而不轻浮，机敏而不多疑，忠厚而不愚昧，谦让而不软弱，干练而不世故，自珍而不自骄，刚柔并济，发展韧性、灵活的健康人格。

二、心理学家的观点

弗洛伊德认为，20 岁左右的青年人最重要的发展任务是力图从父母那里摆脱出来，与父母分开，建立自己的生活，发展异性关系。但独立并非易事，和父母分离在感情上是痛苦的。如果在这一时期或以前各时期的发展任务遭受挫折，就会给个体带来种种问题，甚至发展为心理疾患。

荣格认为，青年期是人生发展的第二阶段。在这个阶段，每个人都有一定的理想和希望，但这种理想和希望可能很难得到实现，有两个原因：一是对面临的任务和问题估价过高或过低，过分乐观或者过分悲观，使希望不能被实现；二是理想和实际的条件不符，如一个人希望成为长跑运动员，但腿却有问题。青年期的理想和希望如果得不到实现，便会导致个体各种心理问题的发生。

埃里克森则认为，20～24 岁的人处于“亲密对孤独”的阶段。在这一阶段，人的主要发展任务是亲密关系，但只有建立了牢固的自我同一性的人才敢热烈追求和他人建立亲密关系。一个没有建立自我同一性的人，会担心因同他人建立亲密关系而丧失自我，这种人离群索居，不跟他人建立亲密关系，从而导致人格发展异常。

人格健全的过程就是心理健康和心理成熟的过程。塑造健全人格是一项系统工程，贵在坚持。

案例讨论

拉伊俄斯是忒拜国的王子，却由于父亲被政敌杀害而自幼失怙，被夺走了一切权力。后来投奔了珀罗普斯，为其子克律西波斯做家庭教师。可是拉伊俄斯竟然爱上了美少年克律西波斯，将其诱拐并致其死亡。就这样，拉伊俄斯背叛了自己的恩人，痛苦愤恨的珀罗普斯诅咒拉伊俄斯将会“被自己的儿子杀死”。

拉伊俄斯后来回到忒拜国，成为国王并结了婚。但他始终害怕珀罗普斯的诅咒“被自己的儿子杀死”会应验，对这个神谕感到万分恐惧。他为了避开诅咒，一直回避和妻子的夫妻生活，以免子嗣降生。

终于有一天，拉伊俄斯宴会酒醉与妻子一夜欢好令其怀孕，从而有了后来的儿子的降生。拉伊俄斯百般犹豫，最终还是决定让牧羊人把婴儿抛到荒山中。拉伊俄斯显然是要将这个根本没有取名的儿子杀死，只不过并没有亲自动手，而是遗弃他使其自然死亡。

牧羊人却不忍心遗弃这个婴儿，决定救下他，并为之取名俄狄浦斯，意为“肿胀的脚”，源于婴儿受伤的双脚。牧羊人把婴儿辗转送给了邻国没有子嗣的国王和王后当亲生儿子，使俄狄浦斯在王宫中作为王位继承人被抚养成人。

一天，年轻的俄狄浦斯得到了德尔菲神殿的神谕——他会弑父娶母！对于身世毫不知情的俄狄浦斯为了避免神谕成真，立即离开了国家并发誓永不再回来。

此时的忒拜国正陷入恐慌。为了惩罚拉伊俄斯曾经忘恩负义犯下的罪行，奥林匹斯女王赫拉送来了狮身人面的女妖斯芬克斯，要求过路人回答“早晨用四只脚走路，中午用两只脚走路，晚上用三只脚走路的动物是什么”的谜语，答不上来便被吞食。

拉伊俄斯希望去神庙求得击退斯芬克斯的神谕，途中恰与俄狄浦斯迎面相逢。相逢却不相识的两人发生了争执，拉伊俄斯粗暴地命令俄狄浦斯让路，被激怒的俄狄浦斯与之争斗，并将其杀死。随后，俄狄浦斯进入忒拜国，破解了斯芬克斯的谜语。

谜语的答案就是人，早上即幼年(爬行)，中午即青年(走路)，傍晚即老年(用拐杖)。于是，女妖自尽。俄狄浦斯拯救了忒拜国，受到人民的推崇被选为国王，并按照习俗与失去了丈夫的王后成婚，后来生下了两个儿子、两个女儿。最终应验了“弑父娶母”的神谕。

由于俄狄浦斯在不知不觉间犯下了大罪，瘟疫和饥荒不停地降临忒拜国，臣民痛苦不堪。在先知忒瑞西阿斯的揭示下，俄狄浦斯终于明白了瘟疫的缘由，更弄清了自己身世的始末。听说真相的王后羞愧地上吊自杀，而同样悲愤不已的俄狄浦斯无法面对现实的残酷，刺瞎了自己的双眼，向臣民忏悔：自己是杀父并娶母为妻的凶手，是神祇诅咒的恶徒，是大地的妖孽。

但臣民并不嫌弃这位曾备受爱戴和尊敬的国王，连王后的弟弟克瑞翁也对他表示同情。心灵破碎的俄狄浦斯深受感动，把王位和儿女都交给了克瑞翁，只请求为自己不幸的母亲建造一座坟墓。至于自己，他愿意被放逐，以洗刷罪孽。

最后，俄狄浦斯又一次把女儿叫来，抚摸他们的头，同他们诀别。再次感谢克瑞翁对自己的深情厚谊，并祈祷他和臣民们永远受到神祇保护。此后，俄狄浦斯漂泊四方，最终死在众女神的圣地。

讨论：

1. 弗洛伊德的精神分析理论以俄狄浦斯故事表示“恋母情结”，代表儿童性欲、性心理和人格发展的关键时刻，是一种儿童早期的心理发展需要，是在儿童初步认识父母及肯定他们关系的基础上，形成自我意识和自我家庭地位意识的时期。很多人对弗洛伊德的这个看法持反对意见。对此，你是怎么看的呢？

2.“恋母情结”中的父母不是生理意义上的父母，而是心理意象。父母形象经过加工后保存在意识领域里，它们集多种优点于一身，具有超现实的完美性、崇高性，是现实个体的理想化。随着年龄增长，孩子会对这些形象加以修改，使其符合不同时期的心理需求和现实需要。有些人否认自己曾有过“恋母情结”，这也不足为奇。大多数人只是一种隐性的对父母亲的依赖，随着学习或成长的需要，他们会逐渐远离父母走上独立的道路，形成自己的生活圈子和健康的性取向。对照自己的心理发展，你有怎样的觉察？

3. 文学艺术中，围绕“恋母情结”的作品颇为丰富，表达人们在清醒认识自我成长过程中，对心理逐步由幼稚走向成熟的自觉思考。例如，很多同学都喜欢的宫崎骏的动画电影《哈尔的移动城堡》、著名的电影《黑天鹅》等，都是与之相关的作品。你有没有读到过相关主题的作品呢？试用弗洛伊德的理论分析一下。

心理测试

测试人格

有一个人格测试，是美国菲尔博士在著名主持人奥普拉的节目里进行的，国际上称为“菲尔人格测试”，时下很多公司的人事部门会用它来测查员工的性格。

1. 你何时感觉最好？

A. 早晨　B. 下午及傍晚　C. 夜里

2. 你走路是：

A. 大步快走　B. 小步快走　C. 不快，仰着头面对着世界

D. 不快，低着头　E. 很慢

3. 和人说话时，你：

A. 手臂交叠站着　B. 双手紧握着　C. 一只手或两手放在臀部

D. 碰着或推着与你说话的人

E. 玩着耳朵、摸着下巴或用手整理头发

4. 坐着休息时，你：

A. 两膝盖并拢　B. 两腿交叉　C. 两腿伸直

D. 一腿蜷在身下

5. 碰到令你发笑的事情时，你的反应是：

A. 欣赏地大笑　B. 笑着，但声音不大

C. 轻声地笑　D. 羞怯地笑

6. 当你去一个聚会或者社交场合时，你：

A. 很大声地入场以引起注意B. 安静地入场，找你认识的人

C. 非常安静地入场，尽量保持不被人注意

7. 当你非常专心地工作时，有人打断你，你会：

A. 欢迎他　B. 感到恼怒　C. 在上述两极端之间

8. 下列颜色中，你最喜欢哪一种颜色？

A. 红或橘黄色　B. 黑色　C. 黄色或浅蓝色

D. 绿色　E. 深蓝色或紫色　F. 白色

G. 棕色或灰色

9. 临入睡的前几分钟，你在床上的姿势是：

A. 仰躺，伸直　B. 俯卧，伸直　C. 侧躺，微蜷

D. 头睡在一条手臂上　E. 被子盖过头

心理测试

10. 你经常梦到自己：

A. 下落　　B. 打架或挣扎　　C. 找东西或人

D. 飞或漂浮　　E. 你平常不做梦　　F. 你的梦都是愉快的

【评分规则】

1. A为2分，B为4分，C为6分。
2. A为6分，B为4分，C为7分，D为2分，E为1分。
3. A为4分，B为2分，C为5分，D为7分，E为6分。
4. A为4分，B为6分，C为2分，D为1分。
5. A为6分，B为4分，C为3分，D为5分。
6. A为6分，B为4分，C为2分。
7. A为6分，B为2分，C为4分。
8. A为6分，B为7分，C为5分，D为4分，E为3分，F为2分，G为1分。
9. A为7分，B为6分，C为4分，D为2分，E为1分。
10. A为4分，B为2分，C为3分，D为5分，E为6分，F为1分。

【结果解释】

≤20分：内向的悲观者，大多数公司不喜欢这种类型。

21～30分：缺乏信心的挑剔者，适合编辑、会计等数字和稽核工作。

31～40分：以牙还牙的自我保护者，在就业方面有最广泛的适应性。

41～50分：平衡式的中庸人物，适合公司里的人力资源工作。

51～60分：有吸引力的冒险家，适合市场开发与销售工作，能独当一面。

＞60分：傲慢的孤独者，通常很有才华，但与人沟通的能力不太好，适合研发指导或者艺术创作之类的工作。

思考题

1. 精神分析学派强调成长经历对人格形成的影响。弗洛伊德、荣格、阿德勒等人的早年生活经历是什么样子？心理学家的早年生活经历又怎样影响了其理论学说，影响了他们的人格呢？如果这让你有点好奇，不妨自己找找答案。

2. 你是否明白了斯金纳箱的操作原理？这理论似乎有些简单机械，不过却为我们找到学习乐趣指点了方向。试试他的方法，或许可以帮你逐渐改变对某个学科厌学的态度，或者改变对某项活动不喜欢的态度。

3. 试着为唐僧师徒四人划分一下气质类型。

拓展阅读

20 世纪 40 年代，美国战略情报局(中央情报局的前身)对海外特工的要求如表 4-4 所示。

表 4-4 美国战略情报局对海外特工的需求

要　求	内　容
一般要求	任务动机：战斗士气，对所从事工作感兴趣
	活力和自主性：积极性水平高，热情，努力，主动
	有效智力：最有效地选择策略、达成目标，快速处理事务、关系、观念的思维能力，足智多谋，独创，判断力强
	情绪稳定：能控制烦躁情绪，强压之下沉着冷静，对混乱有忍受力，没有神经质倾向
	社会关系：能和他人很好相处，愿望良好，团队行动机智，没有社会偏见，没有让人讨厌的特质
	领导才能：能激发合作的能力、组织管理能力，勇于承担
	安全性：保守秘密的能力，机智谨慎、有欺骗和让人误入歧途的能力
特殊要求	体能：敏捷、大胆、耐心、毅力
	观察和报告：观察和准确记住重要事件及相互关系、评价信息和简洁报告的能力
	宣传：洞察人心理弱点的能力，能够设计一种或几种颠覆技术，说写绘画有说服力

你看过电影《007》系列和《反恐精英 24 小时》吗？试比较一下，你能在詹姆斯·邦德和杰克身上发现多少与表 4-4 匹配的特质和能力？

第五章　大学生情绪管理

——认识情绪　管理情绪

案例导读

有一个男孩脾气很坏，于是他的父亲就给了他一袋钉子，并让他想发脾气的时候，就用一根钉子钉在后院的围篱上。

第一天，这个男孩钉下了40根钉子。慢慢地，男孩可以控制他的情绪，不再乱发脾气，所以每天钉下的钉子跟着减少了，他发现控制自己的脾气比钉下那些钉子更容易一些。有一天，父亲告诉他，现在开始，每当他能控制自己的情绪的时候，就拔出一根钉子。一天一天过去了，有一天，男孩告诉他的父亲，已经把所有的钉子都拔出来了。于是，父亲牵着他的手来到后院，告诉他说："孩子，你做得很好，但是看看那些围篱上的坑坑洞洞，这些围篱永远恢复不到以前的样子了，当你生气时所说的话，就像这些钉子一样，会留下很难弥补的疤痕，有些是难以磨灭的呀！"

至此，同学们是不是也同男孩一样明白了管理情绪的重要性？本章，我们先讨论什么是情绪，然后了解大学生情绪发展的一般特点，最后探讨常见的情绪困扰与调适。

第一节　情绪概述

一、情绪的定义

我们把人对客观事物的态度、体验及相应的行为反应称为情绪。情绪因需要的满足与否而具有肯定或否定的性质，成为人的需要是否获得满足的一个指标，也成为衡量一个人在他所处的社会关系中，个人需要与社会需要的矛盾与统一的关系的指标。人们通常用愤怒、悲伤、恐惧、快乐、爱、惊讶、厌恶、羞耻等反应来说明情绪。我们常说的喜、怒、哀、惧、爱、恶、欲等，也可以称作情绪。

情绪通常是由一定的事物引起的，但不是说任何事物都能使人产生情绪。情绪的产生和产生什么样的情绪，总是与每个人的心理需要相联系的。一般来说，当我们的愿望、要求和需要得到满足的时候，就会产生积极的、肯定的情绪，如高兴、快乐、兴高采烈等；而当我们的愿望、要求和需要得不到满足的时候，就会产生消极的、否定的情绪，如烦恼、忧愁、失望、痛苦、急躁、愤怒等。

众多的情绪研究者们大都从三个层面来考察和定义情绪：在认知层面上的主观体验，在生理层面上的生理唤醒，在表达层面上的外部行为。当情绪产生时，这三个层面共同活动，构成一个完整的情绪体验过程。

（一）主观体验

情绪的主观体验是人的一种自我觉察，即大脑的一种感受状态。人有许多主观感受，如喜、怒、哀、乐、爱、惧、恨等。人们对不同事物的态度会产生不同的感受。人对自己、对他人、对事物都会产生一定的态度，如对朋友遭遇的同情，对敌人凶暴的仇恨，对事业成功的欢乐，对考试失败的悲伤，这些主观体验只有个人才能真正感受到或意识到。

（二）生理唤醒

情绪产生时，常常会伴随一定的生理唤醒，如激动时血压升高，愤怒时浑身发抖，紧张时心跳加快，害羞时满脸通红。脉搏加快、肌肉紧张、血压升高及血流加快等生理指数是一种内部的生理反应过程，常常是伴随不同情绪产生的。

（三）外部行为

在情绪产生时，人们还会出现一些外部反应过程，这一过程也是情绪的表达过程，如人悲伤时会痛哭流涕，激动时会手舞足蹈，高兴时会开怀大笑。伴随情绪出现的这些相应的身体姿态和面部表情就是情绪的外部行为，表 5-1 列举了伴随情绪出现的面部表情。情绪的外部行为经常成为人们判断和推测情绪的外部指标，但由于人类心理的复杂性，有时人们的外部行为会出现与主观体验不一致的现象。例如，在一大群人面前演讲时，明明心里非常紧张，还要做出镇定自若的样子。

表 5-1 伴随情绪出现的面部表情

情 绪	面部表情
兴奋	眉眼朝下、眼睛追踪着看、倾听
愉快	笑、嘴唇向外向上扩展、眼睛周围形成环形皱纹
惊奇	眼眉朝上、眨眼
悲痛	哭、眼眉拱起、嘴朝下、有泪并有韵律地啜泣
恐惧	眼发愣、脸色苍白、脸出汗发抖、毛发竖立
羞愧、羞辱	眼朝下、头低垂

续表

情　　绪	面 部 表 情
轻蔑、厌恶	冷笑、嘴唇朝上
愤怒	皱眉、眼睛变狭窄、咬紧牙关、面部发红

主观体验、生理唤醒和外部行为作为情绪的三个组成部分，在评定情绪时缺一不可，只有三者同时活动、同时存在，才能构成一个完整的情绪体验过程。例如，当一个人佯装愤怒时，他只有愤怒的外在行为，却没有真正的内在主观体验和生理唤醒，因此也就称不上有真正的情绪过程。因此，情绪必须是上述三方面同时存在，并且有一一对应的关系，一旦出现不对应，便无法确定真正的情绪是什么。这也正是情绪研究的复杂性，以及对情绪下定义的困难所在。

心理训练游戏

你的心情现在好吗？

请用10个词语表达自己近半年来的心情：________________________________

____

参考词汇：紧张、自信、急躁、苦闷、压抑、悔恨、舒畅、憧憬、愉快、乐观、麻木、懒散、开朗、高兴、害怕、绝望、苦恼、悲伤、满意、激动、快乐、心碎、厌倦、忧郁、不安、轻松、兴奋、平静、担心、窒息、不悦、内疚、羞愧、失望、无助、愤怒、难过、困惑、尴尬、沮丧、怨恨、迷茫、专注、空虚、无聊。

二、情绪的种类

情绪本身是非常复杂的，因此要对情绪进行准确的分类就显得尤为困难。许多研究者对此进行了长期的探索，其中以下三种分类方法较为常见。

（一）基本情绪和复合情绪

人类具有四种基本的情绪：快乐、愤怒、恐惧和悲哀。

快乐是一种追求并达到目的时所产生的满足体验。它是具有正性享乐色调的情绪，具有较高的享乐维和确信维，使人产生超越感、自由感和接纳感。

愤怒是由于受到干扰而使人不能达到目标时所产生的体验。当人们意识到某些不合理的或充满恶意的因素存在时，愤怒会骤然发生。

恐惧是企图摆脱、逃避某种危险情景时所产生的体验，引起恐惧的重要原因是缺乏处理可怕情景的能力与手段。

悲哀是在失去心爱的对象或愿望破灭、理想不能实现时所产生的体验，悲哀情绪体验的程度取决于对象、愿望、理想的重要性与价值。

在以上四种基本情绪之外，由两种或两种以上的情绪混合产生了复合情绪，如爱恨交加、痛并快乐、喜忧参半等。

(二)积极情绪和消极情绪

根据情绪对我们所造成的影响与结果的不同，情绪可分为积极情绪和消极情绪两种。从后果上看，凡是对人的行为起到促进和增力作用的情绪就是积极情绪，而对人的行为具有削弱和减力作用的情绪就是消极情绪。一般情况下，兴奋、愉快、开心、欢乐、激动等情绪属于积极情绪，而紧张、慌乱、伤感、痛苦、生气、心悸等情绪属于消极情绪。但应注意的是，不能一概而论，我们不能简单地认为喜的情绪就是积极的情绪，也不能简单地认为怒、哀、惧的情绪就是消极的情绪。可见，不同的人或在不同的情况下，同一种情绪既可能是积极情绪，又可能是消极情绪，应根据具体问题具体分析。判断哪些是积极情绪，哪些是消极情绪，主要是依据情绪对人产生的是促进、增力作用，还是削弱、减力作用。

(三)心境、激情和应激

依据情绪发生的强度、速度、紧张度、持续性等指标，可将情绪分为心境、激情和应激。

1. 心境

心境是一种具有感染性的、比较平稳而持久的情绪状态。当人处于某种心境时，会以同样的情绪体验看待周围事物，如人伤感时，会见花落泪，对月伤怀。心境体现了“忧者见之则忧，喜者见之则喜”的弥散性特点。平稳的心境可持续几个小时、几周或几个月，甚至一年以上。

心境有积极和消极之分。积极的心境使人振奋乐观，有利于发挥情感对人的实践活动和身心健康的积极作用；消极的心境则使人颓丧悲观，易导致情感的消极作用。

2. 激情

激情是一种爆发快、强烈而短暂的情绪体验。例如在突如其来的外在刺激作用下，人会产生勃然大怒、暴跳如雷、欣喜若狂等情绪反应。在这样的激情状态下，人的外部行为表现比较明显，生理的唤醒程度也较高，很容易失去理智，甚至导致出现不顾一切的鲁莽行为。因此，在激情状态下，要注意调控自己的情绪，避免冲动性行为。

激情也有积极和消极之分。激情的积极表现可以使人的情感完全卷入当前的活动，产生相应的情感效应，并能成为动员人的潜能投入行为的巨大动力；激情的消极表现则具有很大的破坏性和危害性，不少人正是在激情中，因一时冲动失去理智而导致“一失足成千古恨”的结局。

3. 应激

应激是指在意外的紧急情况下所产生的适应性反应。当人面临危险或突发事件时，人的身心会处于高度紧张状态，引发一系列生理反应，如肌肉紧张、心率加快、呼吸变快、血压升高、血糖增高等。例如，突然遇到火灾、碰到地震、遭到歹徒袭击、参加重大比赛、进行至关重要的考试时，人就可能产生上述的生理反应，从而积聚力量以进行反抗。但应激的状态不能维持过久，因为这样很消耗人的体力和心理能量。若长时间处于应激状态，可能导致适应性疾病的发生。

个体在应激状态下的反应也有积极和消极两种情况。积极反应表现为急中生智、力量倍增，使体力和智力都得到充分调动，以获得“超水平发挥”；消极反应则表现为惊慌失措、四肢瘫痪、意识狭窄、动作反复出错。

心理小贴士

情绪感染实验

研究人员请一些志愿者在30秒内观看了一些有关欢乐或愤怒表情的图片，看完之后，立即让他们看表情中立的图片。结果显示，志愿者明显表现出刚才所看过图片上的情绪，也就是说，图片中的表情可以刺激志愿者大脑中相同的神经元，就好像志愿者也体会到了相同的情绪一样。

心理学家经过研究发现，包括喜、怒、哀、乐在内的所有情绪都可以在极短的时间内，从一个人身上“感染”给另一个人身上。这种感染的速度之快，甚至超过一眨眼的功夫，当事人甚至未必看得到。

在日常生活中，人们在每次接触时彼此的情绪都会互相感染，甚至在婴儿时期都会这样。婴儿不懂得语言表达，但是当母亲情绪好时，婴儿就会很安心，很快在愉悦中睡去；当母亲心情不好时，婴儿也会受到影响，情绪也恶劣起来，越让他睡越睡不着。在成年人的世界里，情绪感染更是无处不在。在家庭和工作中，一个怒气冲冲、闷闷不乐的人会使其他的人也情绪反常，“一人向隅，举座不欢”。所以，人应该尽量保持好的情绪，才能创造一个积极、乐观的大环境，好的环境才能让更多的人保持好心情。

三、情绪的作用与功能

情绪的作用主要体现在以下几个方面。

（一）情绪具有激励作用

情绪与动机的关系十分密切，情绪能够以一种与生理性动机或社会性动机相同的方式激发和引导行为。有时我们会努力去做某件事，只因为这件事能够给我们带来愉快与喜悦。根据情绪的动力性特征划分，可分为积极增力的情绪和消极减力的情绪。快乐、热爱、自信等积极增力的情绪会提高人们的活动能力；而恐惧、痛苦、自卑等消极减力的情绪则会降低人们活动的积极性。有些情绪同时兼具增力与减力两种动力性质，如悲痛可以使人消沉，也可以使人化悲痛为力量。

（二）情绪被视为动机的指标

情绪也可能与动机引发的行为同时出现，情绪的表达能够直接反映个体内在动机的强度与方向。所以，情绪也被视为动机潜力分析的指标，即对动机的认识可以通过对情绪的辨别与分析来实现。动机潜力是在具有挑战性环境下所表现出的行为变化能力。例如，当个体面对一个危险的情境时，动机潜力会发生作用，促使个体做出应激的行为。对动机潜力的分析可以由对情绪的分析获得。当面对应激场面时，个体的情绪会发生生理的、体验的和行为的三方面的变化，这些变化会告诉我们个体在应激场合动机潜力的方向和强度。当面临危险时，有的人头脑清晰，能够沉着冷静地离开；而有些人则惊慌失措，浑身发抖，不能有效地逃离现场。这些情绪指标可以反映出人们动机潜能的个体差异。

（三）情绪的调控功能

情绪对于人们的认知过程既具有积极作用，也具有消极作用。大量研究表明：适当的情绪对人的认知活动具有积极的促进功能，而不当的情绪对人的认知活动具有消极的瓦解功能。

1. 促进功能

良好的情绪会提高大脑活动的效率，提高认知操作的速度与质量。耶尔克斯—道森定律说明了情绪与认知操作效率的关系，不同情绪水平与不同难度的操作任务有相互关系。不同难度的任务，需要不同的情绪唤醒的最佳水平。在困难复杂的工作中，低水平的情绪有助于保持最佳的操作效果；在中等难度的工作中，中等情绪水平是最佳操作效果的条件；在简单工作中，高情绪唤醒水平是保证工作效率的条件。总之，活动任务越复杂，情绪的最佳唤醒水平也越低。了解情绪与操作效率之间的关系，就能更好地把握情绪状态，使情绪成为我们完成操作活动的促进力量。

2. 瓦解功能

情绪对认知的消极影响主要体现在不良情绪对认知活动功能的瓦解上。一些消极情绪，如恐惧、悲哀、愤怒等，会干扰或抑制认知功能。恐惧情绪越强，对认知的破坏就越大。考试焦虑就是一种典型例子，考试压力越大，考生考砸的可能性越大。一般来说，中等程度的紧张是考试的最佳情绪状态，过于松弛或极度紧张都会瓦解学生的认知功能，不利于考生正常水平的发挥。当一个人悲哀时，会影响工作或学习状态，导致注意力不集中、思维流畅性降低等。

由此可见，情绪的调控功能是非常重要的。情绪的好坏与唤醒水平会影响人们的认知操作效能。

（四）情绪的健康功能

人对社会的适应是通过调节情绪来进行的，情绪调控的好坏直接影响身心健康。经常有人叹息“人生苦短”，在一般人的情绪生活中，常是苦多于乐。在喜、怒、哀、乐、爱、惧、恨中，正面情绪占3/7，反面情绪占4/7。

情绪对健康的影响作用是众所周知的。积极的情绪有助于身心健康，消极的情绪会引起人的各种疾病。我国古代医书《内经》中就有“怒伤肝，哀伤心，思伤脾，忧伤肺，恐伤肾”的记载。有许多心因性疾病与人的情绪失调有关，如溃疡、偏头痛、高血压、哮喘、月经失调等。有些癌症患者也与长期心情压抑有关。一项长达30年的关于情绪与健康关系的追踪研究发现，年轻时性情压抑、焦虑和愤怒的人患结核病、心脏病和癌症的比例是性情沉稳的人的4倍。所以，积极而正常的情绪体验是保持心理平衡与身体健康的条件。

（五）情绪的信号功能

情绪是人们社会交往中的一种心理表现形式。情绪的外部表现是表情，表情具有信号传递作用，属于一种非言语交际，人们可以凭借一定的表情来传递情感信息和思想愿望。心理学家研究了英语使用者的交往现象后发现，在日常生活中，55%的信息是靠非言语表情传递的，38%的信息是靠言语表情传递的，只有7%的信息才是靠言语传递的。

第二节 大学生情绪发展的一般特点

一、大学生的情绪特点

对于大学生来说，再没有比情绪状态更容易让人产生波动的了。一名大学生这样形容自己的情绪："当我情绪高涨时，我就像一座喷发的火山，心花怒放，充满着豪情壮志，好像有用不完的力量和精力，我愿意将我所有的热情和智慧，与我认识的所有人分享；而当我情绪低落时，我又好像是一座冰山，对什么都失去了兴趣，我会感到命运乃至周围所有的人都在和我作对，我是那样的沮丧与无奈，甚至想到过死……"

大学生正处于青春期的中后期，具有青少年和青年人共有的情绪特点，如热情、活泼、思维敏捷、接受新事物快、自我意识强烈等。同时，由于大学生这一群体独特的社会地位、知识水平、心理成熟度和生理发育状况，他们的情绪、情感又具有自己鲜明的特点。调查发现，大学生具有开放、活泼、富有激情，以及多数大学生的情绪状态相对比较成熟、稳定等方面的情绪特点。总体表现为矛盾的情绪反应和强烈的情绪体验。

（一）稳定性与波动性并存

大学生的情绪日趋稳定，对于事、物、行为的情绪反应能持续较长时间；对他人的情绪依赖和联结具有一定倾向性和专一性，互相之间以此确立身份并获得心理认同的情绪共识。但大学生的情绪仍不成熟，变化大且频繁，忽冷忽热，忽高忽低。考试成绩好坏、人际关系亲疏、恋爱成败都会使大学生的情绪处于摇摆之中，甚至从一个极端走向另一个极端。同时，由于大学生的心理、生理和社会的需求处于不平衡的发展状态，有时也会产生一些莫名其妙的情绪波动、交替。

（二）外显性与内隐性并存

处于青春期的大学生遇事反应强烈，对外界的刺激反应敏感、迅速，情绪写在脸上、言在嘴上、表现在行为中，喜、怒、哀、乐、爱、恨、情、仇的表现都很具体。但有时大学生情绪的外部表现会与内在体验不一致，甚至恰恰相反，这就是大学生情绪的文饰现象。

（三）冲动性与理智性并存

大学生的情绪具有强烈性、爆发性和易激动性的特点，即冲动性。大学生可能因为一个不经意的玩笑或一件小事而大打出手，造成伤害，如大学生之间发生的打架斗殴事件大多如此。另外，由于大学生自我意识的发展与成熟，大学生的理智感也随之增强，具有一定的自我控制情绪的能力，能够对强烈的情绪反应进行调适。

（四）强烈的情绪体验，高级情感占主导地位

大学生思维敏捷、感情细腻、需求强烈，内心的情绪体验丰富，可以说酸、甜、苦、辣、嬉、笑、怒、骂无不体验。随着大学生社会化进程的提高，其社会需求和精神需要日趋强烈，情感尤其是高级情感在大学生心中逐步占据主导地位。

（五）阶段性和层次性并存

大学生情绪的发展呈现明显的阶段性和层次性的特点。一方面，随着年龄的增长、知识的积累和阅历的增加，不同年级的大学生各有特点；另一方面，同一年级的大学生由于成绩、能力等方面的差异，也表现出不同的情绪特点，两者交织共存。

（六）生源和家庭背景差异的影响

来自农村的学生朴实、好学，但容易与大城市的生活环境、都市文化形成一定的心理反差，不少农村学生是抱着上大学“跳龙门”、在大城市找工作的想法来上学的，有些农村学生还面临不同程度的经济负担，这些都会造成自卑、焦虑、忧郁、心理压力过大等情绪问题。城市学生绝大部分为独生子女，情绪特点上更加开朗、乐观，自我适应性较强，但同时，由于在家庭中备受关注，容易造成一些学生责任意识淡漠，学习缺乏动力，心态浮躁。

二、情绪对大学生身心健康的影响

（一）良好的情绪对大学生身心健康的促进

大学生良好的情绪是指愉快情绪多于不愉快情绪，情绪反应适时、适度，善于自我调节和控制，情绪的稳定性较好。

现代心理学和医学的研究成果表明，情绪对人的身心健康具有直接的影响，可以说是情绪主宰健康。大学生若能经常保持心情愉快、舒畅、开朗乐观，则人体免疫功能活跃旺盛，可减少疾病感染的机会，有益健康。苏联生理学家巴甫洛夫曾说：“愉快可以使你对生命的每一跳动，对于生活的每一印象易于感受，不管躯体和精神的愉快都是如此，可以使身体发展、健康。”中国俗语说，“人逢喜事精神爽”，“笑一笑、十年少”，就是指愉快、乐观的情绪可以延缓衰老、增进健康。良好的情绪不仅可以促进生理健康，更与大学生的心理发展密切相关，情绪发展良好的大学生往往对生活充满热爱，对自己充满自信，好奇心和求知欲浓厚，思维活跃，富于创造性，爱好广泛，行为积极主动，乐于与人交往，并能与人建立相互信任、相互理解的友好关系，有利于大学生提高学习和工作的效率，激发潜能，实现全面发展。

（二）劣性情绪对大学生身心健康的危害

所谓劣性情绪，是指持续的消极情绪和过度的情绪反应，如因不幸事件引起悲伤、忧郁持续数周、数月甚至数年不能消除，或情绪反应过于激烈，都会对身心造成危害。有时

即使是愉快的情绪，因反应不适度，也可能成为劣性情绪，如范进中举后狂喜致疯就是众所周知的例子。

劣性情绪对人的身心健康危害极大，在压抑、紧张、焦虑和恐惧等消极情绪的长期作用下，人体免疫功能下降，容易患各种传染性疾病，同时内脏器官尤其是消化系统和心血管系统受到影响，易导致高血压、冠心病、消化道溃疡等疾患。大学生中常见的偏头痛、心律失常、胃溃疡等疾病也多与紧张、压抑、焦虑等劣性情绪有关。

强烈的情绪反应和持久的消极情绪还会影响神经系统的功能，破坏大脑皮层的兴奋与抑制的平衡，使人的认识范围变窄，分析判断力减弱，失去自制力，严重的甚至会引起精神错乱、行为失常和神经症等。调查表明，大学生中常见的心理障碍和疾病大多与持久的消极情绪有关。例如，神经衰弱的病因就和长期处于紧张、焦虑的情绪状态有直接联系。有些大学生还因无法调适、消除不良情绪，长期陷于苦闷、压抑、抑郁等状态中，感到悲观、痛苦，不仅严重影响学习和生活，甚至会使人走上自杀的道路，酿成悲剧。

因此，劣性情绪是我们的敌人，它不仅会引起生理疾病，而且易导致各种心理疾病，危害极大。

影响情绪内在的冰山模型如图 5-1 所示。

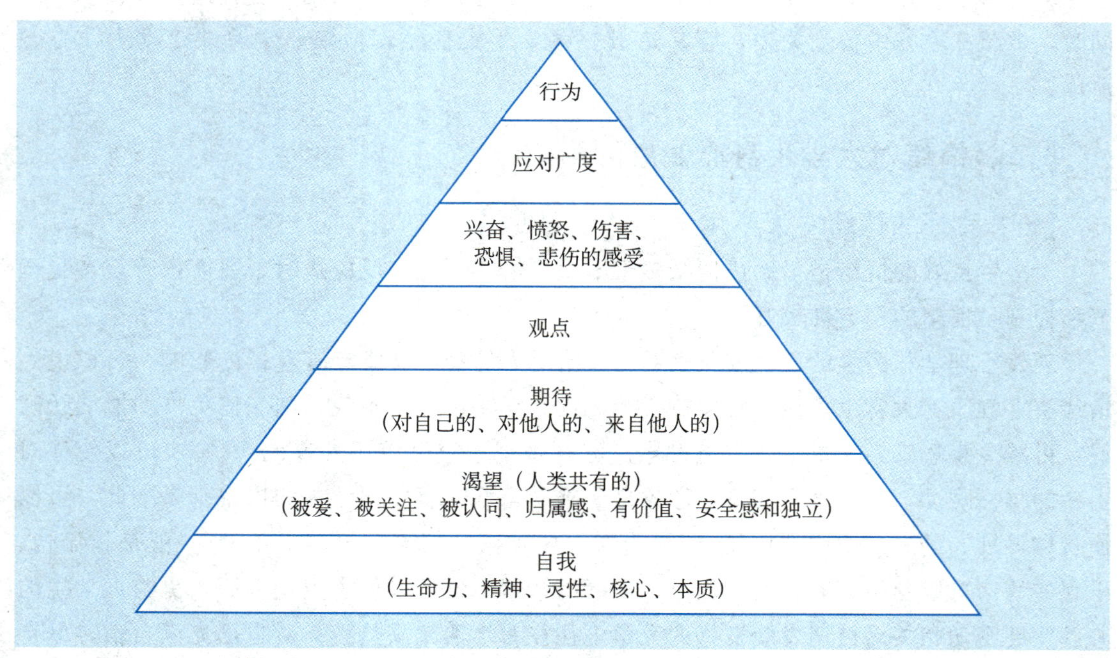

图 5-1　影响情绪内在的冰山模型

心理训练游戏

发现快乐

1. 回想最近两周令自己开心的事件，在笔记本上列出自己的“快乐清单”或回忆、归纳让自己快乐的“秘密武器”。

2. 小组成员互相交流各自的“快乐清单”或“秘密武器”。

3. 以小组为单位，分享小组的“快乐清单”或“秘密武器”。给分享最多的3个小组评奖。

小结：生活中不缺少快乐，只是缺少发现。

第三节 大学生常见的情绪困扰与调适

一、健康的情绪

情绪在人的成长和发展中起着重要作用。健康的情绪会使人积极乐观、心胸开阔，而不良情绪则会使人萎靡不振，或失去理智、冲动妄为。

（一）什么是健康的情绪

健康的情绪，即良好的情绪状态和良好的心理状态。健康的情绪首先表现为情绪上的成熟，是指一个人的情绪的发展、反应水平和自我控制的能力与其年龄和社会对此的要求相适应，并为社会所接受。

美国心理学家马斯洛曾经提出了健康情绪的六个特征：

（1）平和、稳定、愉悦和接纳自己；

（2）有清醒的理智；

（3）适度的欲望；

（4）对人类有深刻、诚挚的感情；

（5）富于哲理、善意的幽默感；

（6）丰富、深刻的自我情感体验。

（二）大学生情绪健康的特点

一个情绪健康的大学生应具有以下特点：

（1）开朗、豁达，遇事不斤斤计较；

（2）及时、准确、适当地表达自己的主观感受；

（3）情绪正常、稳定，能承受欢乐与痛苦的考验；

（4）充满爱心和同情心，乐于助人；

（5）正确地认识自己和他人，人际关系良好；

（6）对前途充满信心，富有朝气，勇于进取，坚韧不拔；

（7）善于寻找快乐，创造快乐；

（8）能面对现实、承认现实和接受现实，善于把个人需要与社会的需求协调起来。

二、大学生常见的不良情绪与调适

小张，女，18岁，大一学生。自从迈入大学校门后，觉得生活很无聊，做什么都没精神。感觉自己什么都不行，生活没有希望，感觉到很压抑。记忆力下降，精神无法集中，经常失眠，学习成绩下降，精神抑郁，觉得心和大脑不协调……

小张所表现的情绪是典型的抑郁情绪，是大学生中常见的情绪困扰，主要表现为情绪低落，思维迟缓，郁郁寡欢，闷闷不乐，兴趣丧失，缺乏活力，反应迟钝，干什么都打不起精神，不愿参加社交，故意回避熟人，对生活缺乏信心，体验不到生活的快乐，并伴有食欲减退、失眠等。如果不进行合理的调节，将会继续影响个人的学习、生活、情感，甚至成长发展。

大学生的情绪体验丰富而且多变，在一个喜欢不断尝试新事物、迎接新挑战的年龄，痛苦、失望、焦虑及愤怒都在所难免，当他们千方百计地要摆脱负面情绪不愉快的体验时，却又常常陷入“痛苦→想摆脱→强化痛苦→更加痛苦”的怪圈中。

负面情绪积累到一定的程度，将成为一股巨大的身心能量，这种能量如果没有正常的渠道加以疏导，它将以各种不同的形式外化。最常见的一种外化形式是躯体化，即心理能量转化成为身体能量，表现为各种躯体症状，如手脚发麻、头痛恶心、胃痛腹泻，久而久之，可能引发更严重的身体疾病，如癌症等；另一种外化则表现为特征性的行为方式，如固执、退化、自我惩罚、攻击等。

（一）大学生情绪困扰的原因

导致大学生不良情绪产生的原因错综复杂，其中既有外部社会、学校、家庭诸方面因素的影响，也有内部生物遗传及生理心理特点的影响。

1. 个体原因

个体原因包括个体的生理因素和心理因素。生理因素中，除了神经类型等因素外，人体内部的生物节奏也会影响情绪。

（1）生理方面。有研究表明，人的体力、情绪和智力呈现一种周期性的盛衰规律，其周期分别为 23 天、28 天和 33 天。当三者均处在高峰期时，人就处于身心最佳状态，精力充沛、生机勃勃、愉快豁达、头脑清醒、思维敏捷；而当三者均处于低谷期时，人的各种机能效率都降低，情绪不佳，而体力和智力的不佳亦会强化已有的低情绪状态；当三者处于临界状态时，则是一个极不稳定的过渡期，机体协调性差，易出差错，情绪易波动。同时，躯体疾病会引起不良情绪，而心理疾病常伴有不良情绪。

（2）心理方面。影响情绪的心理因素很复杂，知识经验、认知方式、情感成熟水平、意志品质和个性特点等都可能导致情绪不良。有关研究表明，有以下心理特征的人较易陷入情绪困扰。

·情绪特征：不稳定、好冲动、易暴易怒或者消沉、冷漠、抑郁寡欢。

·意志特征：固执、刻板、任性、胆怯、优柔寡断、缺乏自制力、遇到困难过分紧张不安、经受不住挫折、不易摆脱内心矛盾。

·自我意识特征：过分自尊或缺乏自信、自贱自卑。

·社交特征：孤僻、退缩、自我封闭、敏感、多疑、心胸狭窄、好嫉妒等。

2. 环境因素

环境因素包括家庭、学校和社会三方面。

(1) 家庭环境包括家庭结构、家庭气氛、父母关系、父母情绪特征，以及教养方式等因素。

(2) 学校环境包括教育方法、学习压力、人际关系、教师身心健康状况等因素。

(3) 社会环境包括社会文化背景、社会风气，以及社会的经济、政治、文化等因素。

(二) 大学生中常见的几种不良情绪

1. 抑郁

抑郁是由情绪低落、冷漠、悲观、失望等构成的一种复合性负面情绪。大学生几乎都有过抑郁的体验，大多数是一种心境状态，它相对微弱，具有弥散性和情景性，时过境迁，抑郁也就不治而愈了。

抑郁的人常处于消沉、沮丧、失望及无助的状态之中，而且表现得强烈而持久，给人的生活带来极大的负面影响。按照精神分析理论，抑郁是由“丢失”引起的；认知理论认为抑郁是错误推理的结果，抑郁者常用错误的推理进行自我贬低和自我责备；而行为主义认为抑郁是由于积极强化的减少和缺乏引起的。塞利格曼认为抑郁是习得性失助的结果，当人们面临一个情境，而他相信情境是不可控制的，就会感到无助，进而产生抑郁。正是由于抑郁是诸多不良情绪的累积，它也是一种容易反复发作的心理疾病。

2. 焦虑

焦虑是自己明知道没有道理却无法控制、摆脱的负面情绪，是一种十分复杂的情绪体验。心理学家伊扎德认为：“焦虑至少是恐惧、苦恼、羞愧(羞怯、内疚)和兴趣的混合物。”焦虑多半是由于不能实现的目标或不能避免某些威胁引起的。

大学阶段是人生的重要转折点，在这一时期，人生目标逐渐确立，但尚未定型，尤其是在自主择业、跳槽频繁的时代，大学生多了许多不确定感和对未来难以预期的焦虑。该继续深造还是就业？考研还是考证？这些疑问困扰着每一位大学生，对人生规划的焦虑和关于人生价值的焦虑在大学阶段体现得特别明显。对前途的思考、对现实的不满，以及对自己无力改变的恐惧混合在一起是大学时代的一种独特的滋味。

大学生中常见两种焦虑情绪：考试焦虑和成就焦虑。考试焦虑表现在考试期间(考前、考中、考后)感觉紧张、不安、担心、害怕，怀疑自己的能力，害怕考试失败，并伴有发抖、出汗、心跳加快、头痛、失眠、尿频等躯体症状。考试焦虑在大学校园里是一种常见的心理问题，尤其是在一些关系重大的考试中，如四、六级考试，升学考试，公务员考试等，总有一些学生因为考试焦虑而发挥失常。成就焦虑是一种因希望超过别人而担心被别人超过所引起的持续的紧张不安，带有恐惧性的情绪体验。这种情况往往出现在学习成绩特别好的同学身上，他们担心被别人超过，从第一名落到第二名就无法承受这种失败。并不是说想比别人做得好是错误的，问题的关键在于学习的目的是学习本身，而非为了名次和成绩。

焦虑可能导致个人睡眠问题的出现，如噩梦频繁、易惊醒、失眠等，同时也可以引起缺乏耐心和易愤怒，疲乏或浑身无力，难以集中精力和进行正常思维，进而影响个人正常的生活和学习，让人陷入不良情绪的泥潭。

3. 愤怒

愤怒是大学生常有的一种情绪体验，路见不平、受到不公正待遇或者是看不惯别人笨手笨脚的样子都有可能使他们怒发冲冠。愤怒是情绪的积累和爆发，在愤怒时，人的理智和判断力都会变低，愤怒情绪发泄的结果往往是消极的。

愤怒的负面影响是显而易见的：

· 愤怒会消耗能量，甚至比工作更劳心费神。经常性的恼火很容易破坏人们的心情，影响人们的睡眠。

· 愤怒会麻痹思想。愤怒破坏人们的注意力，使人无法专注地完成某项工作。所有的思绪都围绕愤怒的对象，不断分析、解释那句议论的深层含义……受愤怒困扰的人工作很难取得进展，其创造力也会大打折扣。

· 愤怒会疏远亲情。愤怒导致消极的想法，让人觉得一切都比原来的样子更黑暗、更糟糕。恼火时，人的声音、眼光都会变得不友好，带有抵触情绪。人越是愤怒，就越容易给别人造成表情阴郁、情绪低沉，“难打交道”的印象。

· 愤怒会削弱对他人的影响力。愤怒的人无法摆脱个人情感的支配，不能正确看待别人，也不能设身处地为别人着想。

· 愤怒会剥夺快乐。在一个快乐的场合，只要有一张生气的脸，大家都会觉得“倒胃口”。

· 愤怒会挑起争端，使人失去理智。愤怒的人不仅敏感而且容易激动，由于盲目的愤怒，会攻击那些本不该去招惹的人，有时因为一些愚蠢的怒火会把邻居、同事变成敌人。

· 愤怒会导致丑陋，招致疾病。愤怒使人表情阴郁、没有光彩，而且愤怒还会折磨神经，败坏心情，甚至带来心灵创伤。

三、大学生情绪调节能力的培养

（一）正确认识和感知自己的情绪

1. 情绪解读力

情绪是人类天性的重要部分，没有情绪，都会成为精神病患者。如果能认清情绪，加以管理，并且以建设性的方式去对待情绪，我们个人的力量不但不会减少，反而还会增强。我们提倡大学生加强自己的情绪解读力，情绪解读力是了解自己的情绪以及如何建设性地运用各种情绪的能力。

情绪解读力包括三种能力：了解自己情绪的能力、聆听并认同他人情绪的能力，以及丰富地表达情绪的能力。提高情绪解读力不仅能增进个人力量，也能改善周围人的生活环境。具体而言，这种能力包括以下内容。

（1）知道自己的感觉。很多人无法对爱、耻辱或骄傲下定义，也不知道这些不明确的感觉产生的原因，这些人也常常不能说出自己的情绪有多强烈，即使是要他们在“稍微”“强”和“极强”中做选择。如果不能觉察自己的情绪强度，就无法了解这些感觉对自己或他人有多大的影响。

(2) 体会他人的感觉。我们如果能体会他人的感觉，他人的情绪就会在我们心中产生共鸣。我们会直觉地觉察到那些情绪是什么，有多强，以及产生的原因。

(3) 学习管理情绪。知道自己和他人的情绪还不足以构成情绪解读力，还必须知道该何时表露情绪，该何时压抑情绪；我们也需要了解表达或不表达情绪的时间及方式，以及对他人所产生的影响。我们要学习表现正面的情绪，譬如希望、爱和喜悦，也需要知道如何让愤怒、恐惧或罪恶感等负面的情绪以无害、建设性的方式，忍耐到适当的时候再发泄出来。

(4) 弥补情绪的伤害。我们都会因犯情绪上的错误而伤害到他人，所以我们必须学着去认清哪里做错了，然后加以弥补，这么做就是在负起责任，求取原谅，并做出补偿。如果我们的行为伤害到他人，这种行为就必须改变。弥补情绪的伤害并不容易施行，但是如果不施行，我们不自觉的错误将会不断破坏我们与他人的关系。

2. 如何培养情绪解读力

(1) 开启心门。因为心是我们情绪的象征所在，我们在高兴、恋爱或喜悦的时候，心里就会觉得很舒服；我们在悲伤、生气或心碎的时候，就会觉得难过。所以要从解放感觉开始，正确而适度地展示自己的情绪。

(2) 检查情绪境况。一旦开启心门的基础工作做好了，就可以了解自己生活中的情绪形势，察觉自己的情绪起伏，注意到他人的情绪，以及了解他们的感觉如何受到自己行为的影响。简言之，我们会能够更有智慧地去处理自己和周围人的关系。

(3) 负起责任。要真正且长久地改变因为情绪表达不当而受损的关系，必须负起责任。仅仅开启心门，绘制周围人的心灵境况还不够，当与他人的关系趋于恶化时，不深入一步很难解决问题。每个人都必须找出问题，承认所犯过的过失和错误，做出补偿，并真正做出改变。人在与他人的关系中都会犯大大小小的错误，当犯了错，就必须为自己的所作所为道歉并负起责任，当然也必须去加以弥补，改正行为，以避免重蹈覆辙。

这些步骤知易行难，很少有人有足够的情绪、技巧去诚恳地道歉，而不会觉得没面子。大部分人都很不愿意承认自己犯错，就算能对自己承认，也很难向他人承认。有些人对道歉不以为然，他们一再地向人道歉，却从不设法改变自己的行为，使道歉变得毫无意义。为自己的行为负起责任，并改正自己的行为是情绪解读力训练的最后一个阶段。

(二) 情绪的调适

1. 情绪调适的可能性

情绪不易调适，但并不是不可调适。我们可以从以下影响情绪变化的因素中来把握情绪调适的可能性。

(1) 从影响情绪的主观因素和客观因素来看。情绪是由客观刺激引起的主观体验，可见客观的事物与主观的信念同时影响人们情绪的变化，因此，要改变一种情绪，便可以从两个方面入手，要么改变客观事物的性质，要么改变内心主观认知的倾向。

客观事物的性质，有的是能被人们改变的，如将失败转变为成功，情绪就会由悲转喜；把危险解除，恐惧就会消失；将重要的任务圆满完成，紧张就会变为轻松；找到知心朋友，孤独就被温暖代替。而有的客观事物是不能被人们改变的，如晴朗或下雨的天气等。

主观认知和理念则是可以改变的，如把失望当作为成功所交的学费，沮丧就会转为振奋；把沉重的任务、艰难的工作看作是锻炼自己的机会，压抑就会变为兴奋；不因想象的灾难和不幸吓唬自己，恐惧就会大大减轻；领悟了世间有些路必须一个人去走，就可能学会在一定程度上享受孤独。

(2) 从影响情绪的先天因素和后天因素来看。每个人的确存在由先天因素所决定的比较稳定的情绪反应倾向，同时也有在后天环境中通过学习获得的、可以加以改造的情绪反应倾向。

影响情绪的先天因素主要有两种：一种是人的气质类型，它决定着人们的情绪反应倾向，这是不易改变的，但可以通过了解自己的情绪倾向，接纳自己的现状，并设法扬长避短；另一种是与情绪有关的一些生理需要和感官刺激。

影响情绪的后天因素则完全可以被人加以利用或改变。后天因素包括人们受到的教育、社会家庭的影响、个人的生活经历等，这些都可能导致人们情绪倾向的明显改变。

(3) 从情绪发生时的内在生理变化和外在表现来看。内在的生理变化有一部分在一定程度上可以通过人为的手段加以改变，有的则无法改变；而外在的表现大部分是可以被人们改变的。

心理训练游戏

通过回忆各种情绪，探究自己的情绪特点，提高自我情绪的觉察能力。

1. 闭上眼睛，回想一下昨天发生了什么事情(人、事或物)，3～5 件即可，也可以更多。按照回想的顺序将事情简单写下来。

2. 写下当时伴随事情的情绪及状态，如表情动作、生理活动(心跳、血压、呼吸等)、内心感受(愤怒、被人愚弄的感觉等)、行为反应(骂人、摔东西、心平气和、痛哭、咬紧牙关、冷静等)，以及事后的感受和体会。

3. 马上写下现在的情绪，并圈出一件最显著的事情及情绪。

4. 在小组中分享交流，分析这是一种什么样的情绪？为什么会产生这样的情绪？

5. 再闭上眼睛，回想一下最近一个星期发生了什么事情(人、事或物)，3～5 件即可，也可以更多。

6. 再次在小组中分享交流，分析为什么会产生这样的情绪及生理反应？

在整个过程中，要注意倾听内在的感触，自己的身体状态及心理感觉；要尝试着辨认各种情绪；进一步探问，情绪在告诉自己什么？是什么导致了情绪的产生？并以此情绪作为理解自己的钥匙。

2. 如何保持良好的情绪

(1) 养成快乐的习惯。快乐是一种心理习惯，是一种心理态度。快乐不是在解决某种外在问题后才产生的，因为一个问题解决了，另一个问题又会出现，生活本身就是由一系列的问题组成的。快乐也不只是在到达某种目的、获得某种满足后才会到来，因为快乐存在于生活实践的本身。

心理小贴士

两分钟快乐起来的秘密

1. 翻旧照片儿。
2. 咀嚼坚果。
3. 吸入使人舒缓的气味。
4. 晒晒太阳。
5. 在街区散步。
6. 整理房间。
7. 快速思考。
8. 笑一笑。
9. 改变自己的消费方式。
10. 给自己一张快乐的脸庞。
11. 休息休息。
12. 和友好的邻居闲聊。
13. 切蔬菜。
14. 做好事。

解决心理压力的秘诀

1. 一吐为快。
2. 开怀大笑。
3. 听听音乐。
4. 阅读快报。
5. 重新评价。
6. 大喊大叫。
7. 与人为善。
8. 不要挑剔。
9. 留有余地。
10. 学会躲避。
11. 免当超人。
12. 放慢节奏。
13. 做些让步。
14. 遇事沉着。
15. 逐一解决。
16. 熄灭怒火。

17. 做点好事。

18. 眺望远方。

19. 换个环境。

20. 外出旅游。

(2) 学会宽容悦纳。宽容不仅是一种美德，也是交往成功的重要保证和情绪健康的前提条件。宽容既表现为对他人的宽厚容忍、不斤斤计较，也表现为对自己的悦纳包涵，不过分苛求。一个不肯宽容别人的人，容易被别人怨恨，在人际关系中不受欢迎，也往往会使自己的身心受到伤害；一个不肯宽容自己的人，则常常会处于自责、悔恨之中。

(3) 适当的自我定位。从中学到大学是一个巨大的转折，环境的变化和竞争的加剧会使不少同学感到心理不适，失落感明显，因此，在大学生活中给自己一个适当的自我定位十分重要。大学生血气方刚、积极进取、竞争意识强，这是积极的一面。然而，由于自身的不成熟以及某些错误的认知方式，容易造成一些同学争强好胜、相互攀比、盲目竞争的现象，这很不利于心理健康。大学校园中人才济济，每个人都具有各自的优势，假如盲目地做事，处处都要与他人竞争、攀比，就有可能因为自己在某些方面处于劣势而产生自我挫败感，有的甚至会自我否定，陷入深深的自卑之中。同时，事事与人竞争、攀比还会造成自己过度紧张，心理上承受过大的压力，从而对身心健康产生不良影响。

(4) 善于与人交往。人是社会的人，交往是人生发展的内在需要。当一个人的交往需要没有得到满足时，就会情绪低落，甚至产生孤独、空虚、抑郁、自卑和恐惧等不良心理，严重的会在行动上表现出自我封闭、逃避现实、自暴自弃，或与外界冲突、对抗，甚至丧失生活的信心和勇气。善于交往的人，常常更容易成为健康、快乐和成功的人。

(5) 学会自我解脱。遇事要想得开，要心胸开阔。要认识到，生活中不会只有快乐，还会有痛苦；不仅有成功，也会有失败；不尽是圆满，也会有缺陷。只有这样，才会在顺境时，觉得格外幸运；在逆境时，也承认这是理所当然。从而使自己拥有一种良好的心境，而这种良好的心境往往能使人有更多的收获。

(6) 培养幽默感。幽默感是有助于人适应社会的工具。当一个人发现不协调现象时，不仅要能客观地面对现实，而且也要不使自己陷于激动的状态，最好的办法是以幽默的态度应对，往往可以使本来紧张的情绪变得比较轻松，使一个窘迫的场面在笑语中得到缓解。幽默是人们的一种心理行为，学会幽默可减轻心理上的挫折感，求得内心的安宁。幽默还是一种自我保护方法，对心理治疗特别有帮助。幽默感强的人，其体内新陈代谢旺盛，抗病能力强，可以延缓衰老。埃利斯认为，情绪困扰常由于自己过于严肃，以至于对生活失去了广阔的视野和幽默感。因此，幽默可使人以新的角度看待生活，对抗沮丧、失意等。

(7) 增加愉快生活的体验。每一个人的生活中包含各种喜、怒、哀、乐的生活体验，多回忆积极向上、愉快的生活体验，有助于克服不良情绪。人不是因为快乐才笑，而是因为笑了才快乐。同时，及时疏导不良情绪，使情绪获得适当的表现机会。在情绪不安与焦虑时，不妨找好朋友说说，或找心理医生去咨询，甚至可以一个人面对墙壁倾诉胸中的郁闷，把想说的话说出来，心情就会平静许多。

心理小贴士

情绪 ABC 理论

情绪 ABC 理论是由美国心理学家埃利斯提出来的。情绪 ABC 理论中，A(activating event)表示诱发性事件；B(belief)表示个体针对此诱发性事件产生的一些信念，即对这件事的一些看法、解释；C(consequence)表示自己产生的情绪和行为的结果。埃利斯认为诱发性事件 A 只是引发情绪和行为后果的间接原因，而由于经受这一事件的个体对它不正确的认知和评价所产生的错误信念 B 才是引起 C 的直接原因，错误信念也称为不合理信念。

埃利斯认为，正是由于我们常有的一些不合理的信念才使我们产生情绪困扰。如果这些不合理的信念存在，久而久之，甚至会引起情绪障碍。

不合理信念主要包括三个方面。

1. 过分概括化

过分概括化即通常所说的以偏概全，将事物的局部特点认为是该事物的全部特点。例如，自己遭遇一次失败，便会认为自己一无是处；同学交往中，某同学的一次“自私”的行为，就认定该同学不可交，自私自利。

2. 糟糕至极的结果

这种观念认为如果一件不好的事情发生，后果将非常可怕和糟糕。例如，“我没考过四级，一切都完了”这种想法是非理性的，这种信念使人戴着悲观的眼镜看世界，把事情往坏处想，而看不到积极的一面。当他遇到所谓的“百分之百糟糕”的事情时，就会陷入不良的情绪体验之中，从而一蹶不振。

3. 绝对化观念

绝对化观念即对什么事都怀有必须发生或一定不会发生的信念，表现在日常生活中就是经常使用“应该”“必须”“一定”“绝对”等用语。例如，闺蜜就“应该”没有秘密，无话不谈；“我对你好，你必须对我好”等。完美主义倾向的人认为自己的选择或者做的事情都“必须”是对的，不能有差错。一旦别人批评或指出他的错误，他就会非常气愤。这种绝对化的要求之所以不合理，是因为每一个客观事物都有其自身的发展规律，不可能依个人的意志为转移。具有绝对化观念的人，在生活和人际交往中，刻板僵化，很容易陷入不良情绪的困扰。

3. 情绪调适的具体方法

常见的情绪调适方法有放松训练、冥想训练、音乐疗法、宣泄法等。

(1) 放松训练。放松训练又称松弛反应训练，是一种通过肌体的主动放松来增强人对自我情绪控制能力的有效方法。它的基本原理是通过训练放松所产生的躯体反应，如减轻肌肉紧张、减慢呼吸节律和使心律减慢等，达到缓解焦虑情绪的目的。

(2) 冥想训练。冥想是缓解压力的一种有效方法，冥想具有训练注意力、控制思维过程、提高处理情绪的能力和放松身体的作用。只要坚持练习、运用得当，冥想是应对压力、忧郁、烦恼，以及其他不良心理和情绪问题的最有效的方法之一。

(3) 音乐疗法。研究表明，音乐对人的情绪有着极大的调节作用，不同的曲调和不同的节奏能使人产生不同的情绪体验。古希腊人认为，不同的曲调代表不同的情绪：A 调高扬，B 调哀怨，C 调和蔼，D 调热情奔放，E 调安静优雅，F 调淫荡，G 调浮躁。

通常，不同的个体因不同的个性特点、心情、时间和场合而对乐曲有所选择。例如，节奏感强的乐曲适合忧郁、好静、少动的人；旋律优美的乐曲适合兴奋、多动、焦虑不安的人。因此，在国外，音乐疗法已应用到了外科手术及精神病、抑郁症、焦虑症等病症的治疗中。例如，忧郁烦恼时，可以听《蓝色多瑙河》《卡门》《渔舟唱晚》等意境广阔、充满活力、轻松愉快的音乐；失眠时，可以听莫扎特的《摇篮曲》、门德尔松的《仲夏夜之梦》等优雅宁静的乐曲；情绪浮躁时，可以听《小夜曲》等。

(4) 宣泄法。情绪得不到适当的宣泄，日积月累就会造成身心紧张甚至致病，可以采用自我宣泄和他助宣泄的方法来疏导过量的激情和调节情绪。

自我宣泄的方法有眼泪缓解法、运动缓解法、转移注意法等。

在悲痛欲绝时大哭一场，可使情绪平静。美国专家威费雷认为，眼泪能把有机体在应激反应过程中产生的某种毒素排出去。从这个角度来讲，遇到该哭的事情忍住不哭就意味着慢性中毒。很多人欣赏“男儿有泪不轻弹”，把眼泪当作软弱的表现，从心理健康的角度考虑，就会发现这种观念是不可取的。很多人都体会到该哭的时候能哭出来，哭过以后心情就好多了。

在盛怒愤慨时进行剧烈的体育运动，有助于释放激动情绪产生的能量。许多大学生有过在运动场上拼命奔跑以缓解心中郁闷情绪的经验。

情绪不佳时，转移自己的注意力是一种控制情绪的好办法，例如做些自己感兴趣的事——外出散步、看电影、读书、打牌、找朋友玩、换换环境等。

他助宣泄的方式则有倾诉和模拟宣泄等。倾诉既可向师长、同事、同学、亲人等诉说心中的烦恼和忧虑，也可采用写日记、写信(含电子邮件)等方式，以宣泄自己的烦恼和不快，调节自己的情绪。模拟宣泄是目前新兴的一种调节情绪的方法。日本一些公司的充气工头像就是用来让员工发泄对上司的不满的，员工通过打骂模拟敌人而发泄烦恼，从而静心息怒。

宣泄的方式多种多样，若方式选择不当，不但不能促进心理健康，反而会带来新的情绪困扰。因此，要注意正确选择宣泄方式，应以不妨碍他人和社会利益为原则，同时宣泄时也要注意不伤害自己。

心理小贴士

情　商

情商(emotional quotient，EQ)即情绪商数，主要是指人在情绪、意志、耐受挫折等方面的品质。总体来讲，人与人之间的情商并无明显的先天差别，更多与后天的培养息息相关。情商是近年来心理学家们提出的与智商相对应的概念。从最简单的层次上下定义，提高情商是把不能控制的情绪变为可以控制的情绪，从而增强理解他人及与他人相处的能力。

戈尔曼和其他研究者认为，情商是由五种特征构成的：自我意识、控制情绪、自我激励、认知他人情绪和处理相互关系，如图 5-2 所示。最新的研究显示，一个人的成功，只有 20%归功于智商，80%则取决于情商。正如戈尔曼所说："情商是决定人生成功与否的关键。"

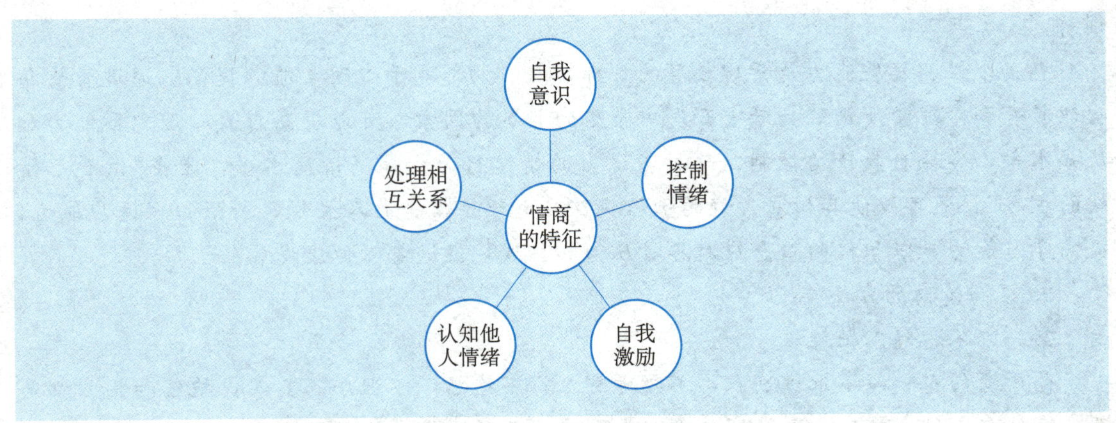

图 5-2 情商的特征

1. 判断情商高低的标志

美国《赫芬顿邮报》总结出判断情商高低的 8 个标志。

（1）喜欢交新朋友。喜欢结识新朋友，并积极地与他们交流，是情商高的标志。对陌生人感到好奇，并有兴趣从别人身上学到新知识。

（2）有自知之明。情商高的人能准确识别自己的优势和劣势，这种意识能培养出强烈的自信心。

（3）能驾驭情感波动。高情商的人能驾驭情感波动，并避免坏情绪的影响。

（4）能和大多数人相处好。无论年龄长幼、地位高低，能与大多数人充实而愉快地相处，是情商高的表现。

（5）肯于帮助别人。能够放下手头的事情，时不时停下来关注别人，向有困难的人伸出援助之手，而不是完全沉浸在自己的小世界里，这样的人情商较高。

（6）知道什么时候该拒绝。情商高的人懂得何时以及如何拒绝别人，并有强大的心理承受能力来有礼有节地拒绝。

（7）善于读懂别人的面部表情。面部表情是一种通用的情感语言，能领悟别人面部表情的人情商较高。

（8）失败后能重新崛起。情商高的人无论遇到何等逆境，都会坚持下去，迅速调整情绪，恢复活力，具有很强的心理韧性。

2. 情商的形成过程

情商形成于婴幼儿时期，成型于儿童和青少年阶段，它主要是在后天的人际互动中培养起来的。青春期是一个人的黄金时代，因为这是一个人走向成人的过渡时期。在这个时期，由于处于中学阶段，其学习和发展任务是非常重的。但是，由于面临生理上、心理上的急剧变化，还有学业上的巨大压力，会使中学生产生心理失衡和复杂的心理矛盾，甚至造成种种不良的后果。据一份22个城市的调查报告显示，我国中学生中有各种心理问题的达15%～20%，表现形式以亲子矛盾、伙伴关系紧张、厌学和学习困难、考试焦虑等现象居多。这些问题的发生大多与中学生的自我控制能力有关，多是源于其心中时常涌出的各种非理性情绪。提升情商水平最快捷、最有效的方法之一就是心理训练。

弘扬个性、发展能力是素质教育的目标，这一切都源于心理素质的提高。通过青少年心理教育和心理素质训练，着重开发中学生的非智力因素，可以提高自我心理觉察能力和认知水平，学会自我情绪控制，改善不适当的情绪行为，提高情商水平，学会“做自己情绪的主人”。还可以使其树立良好的价值观及具有理性信念的人生观，增强心理适应能力，提高学习能力，以积极的心态应对各种压力和挑战，促进身心健康发展。

3. 提高情商的方法

第一，不抱怨不批评。

高情商的人一般不批评别人，不指责别人，不抱怨，不埋怨。其实，抱怨和指责都是不良情绪，它们会传染。高情商的人只会做有意义的事情，而不做没有意义的事情。

第二，热情和激情。

高情商的人能对生活、工作或感情保持热情，有激情，知道调动自己的积极情绪，让好的情绪伴随每天的生活和工作，不让那些不良的情绪影响生活和工作。

第三，包容和宽容。

高情商的人宽容，心胸宽广。高情商的人不斤斤计较，有一颗包容和宽容的心。

第四，沟通与交流。

高情商的人善于沟通，善于交流，并且能以坦诚的心态来对待人和事，真诚又有礼貌。沟通与交流是一种技巧，需要学习，需要在实践中不断地总结和摸索。

第五，多赞美别人。

高情商的人善于赞美别人，这种赞美是发自内心的，是真诚的。看到别人优点的人，才会进步得更快；总是挑别人缺点的人，则会故步自封，不断退步。

第六，保持好心情。

高情商的人每天都能保持好的心情，每天早上送给自己一个微笑，并且鼓励自己，告诉自己是最棒的，是最好的，并且周围的朋友们都很喜欢自己。

第七，善于聆听。

高情商的人都善于聆听别人说话，仔细听别人说什么，多听多看，而不是自己滔滔不绝、口若悬河。聆听是尊重他人的表现，是良好沟通的前提，是人与人之间最好的沟通方式之一。

第八，有责任心。

高情商的人敢做敢承担，不推卸责任，遇到问题，分析问题，解决问题。高情商的人能够正视自己的缺点或不足，是敢于担当的人。

第九，每天进步一点点。

高情商的人每天进步一点点，说到做到，立刻就开始行动，行动力是成功的保证。

第十，记住别人的名字。

高情商的人善于记住别人的名字，记住了别人的名字，别人也会更加愿意亲近你，和你做朋友。

案例讨论

大一入学不久，几个同学在一起讨论一个活动的组织方案。当问到小雅的意见时，小雅说："其实你们想怎么做都行啊！"接着，小雅又开玩笑地加了一句："不行就弃权。"这时，其中一个同学恶狠狠地瞪大了眼睛对小雅吼道："弃权是吧，弃权就从这里出去！"

从没遇到过如此凶恶的眼神，从没受到过如此的侮辱，小雅感觉有点窒息，于是冲了出去，跑得飞快。当时，小雅的感觉中20%是羞辱，80%是恐惧，她想：如果我不拼命跑，她可能还会伤害我。

小雅回头看到后面追来的同学，更加慌不择路，狂跑一阵才把他们甩脱，当她冷静下来，才发现自己身在教学楼顶楼的平台。"我来这儿干什么？发生了什么问题？该怎么解决？"此时，她想起了妈妈送她入学时对她说的一句话："学会照顾自己，一个人在这里，要自己保护自己了。"小雅为自己感到愤怒和羞耻，"窝囊废！"她狠狠地骂了自己一句。她咬着牙冲回去，指着那个同学的鼻子吼道："你凭什么叫我离开？谁给你这个权利？"这时，有一种释放感甚至是一丝快意悄悄掠过小雅的心头。

讨论：

1. 小雅表现出来的是一种什么情绪？你认为小雅的情绪表现适当吗？
2. 如果同样的事情发生在你的身上，你会怎么做？
3. 你认为日常生活中应如何避免这样的事情？

心理测试

焦虑症自测问卷

以下20个自我状态可用来帮助了解自己的焦虑状况，每个陈述句的后面均附有"没有""少有""常有""一直有"四种选择，分别表示不同的符合程度。如果觉得某陈述句一点也不符合自己的实际情况，请在与"没有"相对应的空格内打"√"；如果觉得完全符合自己的实际情况，则在与"一直有"相对应的空格内打"√"；依此类推。

序号	自我状态	没有	少有	常有	一直有
1	我感到比往常更加神经过敏和焦虑				
2	我无缘无故感到担心				
3	我容易心烦意乱或感到恐慌				

心理测试

续表

序　号	自我状态	没　有	少　有	常　有	一　直　有
4	我感到自己的身体好像被分成几部分，支离破碎				
5	我感到事事都很顺利，不会有倒霉的事情发生				
6	我的四肢抖动和震颤				
7	我因头痛、颈痛和背痛而烦恼				
8	我感到无力，而且容易疲劳				
9	我感到很平静，能安静地坐下来				
10	我感到自己的心跳较快				
11	我有阵阵眩晕的感觉				
12	我有要晕倒的感觉				
13	我呼气和吸气都不费力				
14	我的手指和脚趾感到麻木和刺痛				
15	我因胃痛和消化不良而苦恼				
16	我必须时常排尿				
17	我的手总是温暖而干燥				
18	我觉得脸发红、发烧				
19	我容易入睡，晚上休息得很好				
20	我经常做噩梦				

【评分规则】

1～4、6～8、10～12、14～16、18、20题：“没有”“少有”“常有”“一直有”分别对应1分、2分、3分、4分；

其余各题：“没有”“少有”“常有”“一直有”分别对应4分、3分、2分、1分。

【结果解释】

总分达到50分或50分以上的，表示患有焦虑症，且分数越高，其焦虑症越严重。如果诊断患有焦虑症者，建议采取措施进行自我心理治疗或者求助心理医生。

思考题

1. 简述情绪的产生过程。
2. 情绪有哪些功能？
3. 能否对自己的情绪管理情况进行客观的评价？
4. 结合个人的感受谈谈情商。

拓展阅读

图书《情绪的解析》

本书科学地解析了产生情绪时体内的生理变化，以及在肢体语言、声音、面部表情等方面的表现。书中提供了小测试和练习，可以考察自己对情绪的了解，帮助认清自己和他人最细微的情绪表现，提高对情绪的敏感度。

请写出你的感受：____________________

____

____

____

电影《愤怒管理》

戴夫本来是一个很正常的生意人，至少看上去非常正常。他有着温文尔雅的外表和漂亮的女朋友琳达。但是不幸的是，在一次飞行旅行中，他失去了控制，被认为不能控制自己的情绪，并被遣送去进行“情绪管理”训练……

请写出你的感受：____________________

____

____

____

第六章　大学生挫折心理

——笑对挫折　增强意志

案例导读

小王是大一新生，入校时胸怀壮志，要在大学里面努力锻炼自己，为步入社会打好坚实的基础。于是，军训期间他便积极担任班级临时负责人，积极参加各项活动，平日为班级付出很多，关心班集体，关心同学，积极、热心地帮助同学们办事，他感觉在大学有了一个良好的开端。然而在班委竞选中，志在必得的他竟然落选了。屋漏偏逢连夜雨，在学生会和社团纳新中，小王均遭遇落选，因此，小王的心情非常压抑。

案例中小王遭遇的种种不如意，便是本章要讨论的主题——挫折。首先，简单地介绍挫折，然后讲解大学生的挫折反应及应对方式，最后阐述挫折承受力及其提高方法。

第一节　挫折概述

一、关于挫折

挫折是指个人从事有目的的活动时，由于遇到阻碍和干扰，个人需要得不到满足时表现出的一种消极情绪和状态。挫折包含以下三方面的内容。

（一）挫折情境

挫折情境是指阻碍个体动机的实现，使个体需要无法满足的情境，如考试不及格、对喜欢的人表白失败、和宿舍同学闹矛盾等。

（二）挫折认知

挫折认知是指个体对挫折情境的认知和评价。例如，有的同学认为和同学闹矛盾是常有的事儿，正确处理好就行了；而有的同学则觉得自己就是一个处理不好人际关系的人，以后也处理不好。

（三）挫折反应

挫折反应是指个体在挫折情境下，基于挫折认知和评价而产生的各种负面情绪反应或行为反应，如沮丧、抑郁、攻击、焦虑、逃避等。

挫折情境、挫折认知和挫折反应三者之间的关系可以用一句话来表述，即挫折情境引发个体挫折认知，最终产生挫折反应，其中挫折认知起着至关重要的调节作用。

一般来讲，挫折情境越严重，挫折反应越强烈；反之，挫折反应就轻微。但是，只有当挫折情境被个体感知到时，才会产生相应的挫折反应。如果出现挫折情境，而个体未意识到，或者即使意识到了但并不认为很严重，那么也不会产生挫折反应，或者只产生轻微的挫折反应。因此，挫折反应的程度主要取决于个体对挫折情境的认知。

例如，同样遭遇驾照考试不及格的挫折情境，有人认为这个事情太严重了，以后也过不了；而有人则觉得无所谓，一次不行就下次再努力。因此，前者会产生较大的负面情绪反应，而后者则比较轻微，主要还是因为对挫折的认知不同。

由此可见，个体认知和评价的过程存在较大的个体差异性，正如巴尔扎克说的："挫折和不幸是天才的晋身之阶，信徒的洗礼之水，能人的无价之宝，弱者的无底深渊。"挫折既可以培养人的坚强意志，引导人总结经验、汲取教训，使自己的追求得到完善和提高，但同时它又可能使人消沉、情绪低落，甚至诱发心理和生理疾病。

心理训练游戏

认识挫折

深呼吸，让我们闭上眼睛慢慢回忆一下，生活中我们遭遇过什么样的挫折情境？我们对挫折情境有什么样的认知呢？进而产生了怎样的情绪反应？填写挫折三要素分析表，如表 6-1 所示。

表 6-1　挫折三要素分析表

挫折情境 （例如，恋爱失败）	挫折认知 （例如，我不够优秀）	挫折感受 （例如，沮丧）

讨论：每 4～6 人为一个小组，讨论交流大学里"我"所经历的一次挫折。

请小组代表用两分钟的时间向大家介绍本组同学的挫折故事，并分析自己的挫折情景、挫折认知和挫折反应。

二、大学生挫折的本源

（一）新环境适应

新环境适应的挫折常发生在大一新生中。对于大一新生而言，大学的生活模式与高中阶段有着很大的不同，高中时，每天有做不完的试卷，早晚都有班主任的监督，每天的任务只有专心学习，生活中的许多事务都由父母代劳了。许多同学想象着象牙塔的大学生活是自由的，是无人管理的，所有时间和课程都任由自己安排。可是真正进入大学以后发现，生活环境发生了变化，学习模式发生了改变，生活的琐事也要全部由自己完成。大家不再一味地关注学习成绩，多才多艺、勇于表现自己的同学则更受到大家的欢迎，自己在高中阶段学习上的优越感也不复存在，所有的这些变化让许多新生感到迷茫、无措。

（二）人际关系

目前大学生们普遍认识到，良好的人际关系是成功的基石，因此大家都渴望拥有良好的人际关系，渴望得到别人认同。尤其是对许多远离家乡的大学生来讲，远离父母，面对陌生的环境，他们更渴望拥有友情和爱护，期望自己在新环境里建立融洽、亲密的人际关系。但是，随着大学生生理和心理日益成熟，自我意识迅速发展，大家在人际交往的过程中对个人空间和隐私等有了更高的需求。在这种需求下，使得大学生在人际交往中出现了对亲密的需求与私人空间距离感的冲突，容易给大学生们带来较大的心理落差。还有许多同学因家庭行为习惯、价值取向等方面的差异，在人际交往中的矛盾表现比较突出，个别同学由于性格特点或道德素养方面的问题，交不到知心朋友，因此把自己封闭、孤立起来，内心被孤独、焦虑情绪占据，产生了人际挫折。

（三）现实与高期望

大学的学习模式不同于高中的学习模式，有些学生不适应这种由被动学习到主动学习的改变，学习方法不得当，整天埋头死学，到头来学习成绩不理想，使他们感到学习的收获离自己的期望值相差甚远。也有部分同学进入大学后，把目标定得太高，在学生会、社团里要混得风生水起，学习上要样样拔尖，但是现实的一次次落败让其有心无力，心里萌发出一种莫名的焦虑和烦恼，这种高期望值的落空也会使大学生产生严重的挫败感。

（四）恋爱

大学生正处在情感不断丰富和成熟的特殊阶段，有着强烈的情感需求，对爱情的渴望尤为突出，期待理想、完美的恋爱对象。然而，大学生对感情的期待和现实的反差导致了挫折的产生。另外，有些大学生只能享受爱情的甜蜜，却承受不了失恋的痛苦，一旦失恋，自己不能及时调整失落的情绪，行为上容易走极端，因此自弃、沉沦、颓废，陷入无法自拔的地步。

（五）求职与就业

每个大学生都希望自己能找到一份称心如意的好工作，尤其是人生的第一份工作，大家都特别谨慎地对待，希望自己一定要入对行、入好行。因此在寻找工作的过程中，难免会产生焦虑。另外，每个人的内心需求不一样，选择自然也不一样，有的人专注发展性，因此为自己量身定做适合自己的职位和发展方向；有的人则更多地考虑现实问题，如更加关注工资、福利等；还有些同学不清楚自己的需求，习惯与同学比较，尤其是素日学校里考试成绩不错的同学，习惯了在与同学的比较中获取满足感，而实际工作中不具有可比性时，就不可避免地遭遇一系列挫折。

(六)自我认知

每个人的身体素质和能力水平不尽相同，有的自卑自己身材太胖，体形不好；有的嫌弃自己容貌不够美，悲观失望；有的觉得学习成绩不够优异，找不到自己的位置；有的纠结自己没有演讲、唱歌等特长，不敢表现自己……当下的大学生们对自我的关注度提高，希望自己得到别人的认可和赞许，但往往又因为过于在意别人的评价而内心受挫，产生一系列不良的挫折情绪和反应。

三、挫折的积极意义

人生中难免会有挫折，如升学的失败、物质的匮乏、亲人的离去、朋友的背叛等，让我们感到痛苦和绝望。然而挫折也是一把双刃剑，在给人带来巨大压力和情绪困扰的同时，适度的挫折可以帮我们驱走惰性，使人奋进，给我们带来成长，是人生的一笔宝贵的财富。珍惜挫折，反思前行，才会少走弯路。

(一)挫折能够增强人的聪明才智

“失败是成功之母”，这是我们小时候耳熟能详的一句话，爱迪生也曾说过：“失败也是我需要的，它和成功对我一样有价值。”当我们遭遇挫折之后，为了不被挫折击败，为了下次战胜挫折，我们总要反省自己，认真总结经验教训，探究导致失败的原因，进而寻找摆脱困境的方法。

(二)挫折能使人进取

学习走路的小宝宝，从爬到走经历了无数次的跌倒，但是每一位小宝宝都没有放弃，继续努力。从扶着东西站起来，摔倒，到再次扶着站起来，再次摔倒，一次又一次，终于有一天，他可以勇敢地独自站起来，迈出人生的第一步。挫折是迈向成功的催化剂，每一次挫折都会激发大学生去学习、领悟为人处世之道，不断提高对自我的认识，进行自我提升。

(三)挫折能增强人的耐受力

目前，“95 后”“00 后”的大学生从小备受父母的呵护，成长路上父母一路护航，很少遭遇挫折，因此对挫折的耐受力较低。来到大学，离开了父母的保护，不可避免地要经历一些挫折。大学生们在一次次的挫折中增强了自己的耐受力，磨去了棱角，将更加适应社会的发展。

心理小贴士

成功路上的“绊脚石”

赵君是一个大专毕业生，和每个男孩子的想法一样，也想自己创业做老板，但是当他怀揣着美好的梦想来到南方创业的时候，却被现实打击得头脑发晕。在生活的逼迫下，赵君在一家家政公司找到了一份工作，而令他最不能忍受的是，他的第一个家政服务对象竟然是一条狗。

狗的主人是一个很骄傲的女人，她在这条小狗身上花了很多的心思，要求赵君每天都要给小狗洗澡，小狗的食物营养搭配得要合理，等等。有一次，赵君在给小狗洗澡时水温调得有些高，女主人竟然指着他的鼻子说：“你想烫死它吗？我雇用你的目的就是要你为我照顾我的宠物，它就是你的饭碗，就是你的主人。”

当赵君带着羞辱离开了家政公司后，他用自己的所有家当在一家服装培训学校学起了服装设计，然后和同学合伙一起开了一家制衣店。由于是白手起家，赵君每一件事情都需要亲力亲为，用最好的布做衣服，不分昼夜地赶订单……终于，他成功地拥有了属于自己的小工厂，成为一个名副其实的小老板。就在赵君雄心勃勃地准备大干一场的时候，却受到了外国企业的冲击，他的小工厂摇摇欲坠，快要无法支撑了。

赵君知道要想继续下去就只能另辟蹊径。这时，他突然想到了在家政公司打工时，那个女主人对自己宠物狗的热爱，因为经历过，所以知道那里的商机到底有多少。

于是他用自己的工厂和设备来做宠物服装，虽然员工们有些异议，但是他却非常坚定自己的想法，终于，在经历了许多挫折和失败后，赵君的宠物服装店走上了正轨。现在的他已经是一个身价百万的小老板了，他说，下一步要筹建一个“宠物购物世界”，将来还要做与宠物有关的所有生意，真正地让宠物成为自己的“主人”。

第二节　大学生挫折反应及应对方式

一、关于挫折反应

当人遇到挫折时，就会引起心理上的感受和反应，给人的生理、心理与行为带来相应影响，不同的人对这种感受和反应的表现不同。

（一）挫折的生理反应

在挫折带来的强烈、持续的消极情绪作用下，人的神经、心血管、内分泌、消化等系统会出现反应，如心率加快、血压升高、呼吸加快、出汗等。如果紧张、焦虑情绪持续，会出现面色苍白、四肢发冷、心悸、气急、腹胀等症状，危害人的身心健康。

（二）挫折的情绪反应

当遭受挫折时，常会表现为情绪的反应：有人反应过度，对鸡毛蒜皮的小事也做出很强烈的情绪反应，如发脾气、大哭大闹、怒不可遏；有人却反应很淡，对于一般人感到痛苦、惧怕或悲伤的事情，他却无动于衷、冷漠无情，或者在某些事情上，连正当的愤怒也不敢表示，过分压抑自己的情绪。最常见的挫折情绪反应有愤怒、焦虑、沮丧、失望、压抑、抑郁等。

（三）挫折的行为反应

挫折的外显行为反应因人而异，有积极的行为反应和消极的行为反应之分。消极的行为反应中最常见的是攻击行为。

二、挫折应对方式

现在，请大家想象一下这样的场景：

你要去参加一个非常重要的约会，却因交通堵塞被困在公交车上。交通堵塞非常严重，被困车辆排起了长龙，你从车窗向外望去，一眼望不到头，下车步行肯定赶不上约会了。此时的你，会想些什么、做些什么呢？

是否会抱怨交通部门的不作为？

是否会不停地探头望，期望早点把事故处理完，交通早日通畅？

是否会无奈地闭上眼睛听音乐或者干脆睡觉？

是否会放弃坐车，自己下车去寻找另外的交通？

还是会观察其他人的衣着表情，来判断他们的职业，推测他们的心情来消磨这段无聊的时光？

……

当我们遭遇不愉快的事情的时候，为了使自己的情绪恢复平衡，减轻或解除由于挫折而带来的精神上的焦虑、痛苦、烦恼和不安，使自尊心免受伤害，人们会不自觉地采取一些自我保护的方法和策略，把自己与现实的关系做某些调整和改变，使自己比较容易接受，以缓解当前的矛盾与冲突。人在心理活动中的有意或者无意地解脱烦恼，减轻内心不安，以恢复心理平衡与稳定的自我调节和自我保护的方式，称为心理防御机制。一般可分为积极的心理防御和消极的心理防御机制。

（一）积极的心理防御机制

1. 认同

认同是指个体在现实生活中无法获得成功时，将自己比拟为某一成功者，将他所钦佩或崇拜的人的特点当作自己的特点，作为自己行为的一部分去表达，借以掩盖自己的缺点和短处，以减轻挫折所产生的痛苦；或者迎合能满足自己需要的人，按照他们的希望去支配自己的思想和行动来冲淡自己的挫折感，并以此求得内心的满足。例如，同学们常以一些历史名人、社会名士、老师为效仿对象，进行积极的自我激励与暗示。

认同分两种：一种是近似模仿。例如，在日常生活中，男孩不知不觉地模仿父亲，女孩则不知不觉地模仿母亲。另一种是利用别人的长处，满足自己的愿望和需求。例如，一个不漂亮的女孩喜欢和一个漂亮的女孩做朋友，她可以为别人夸奖她女友而感到自豪。认同有时也可能表现为认同一个组织，例如，一个自幼失学的人加入某学术研究团体成为该团体的荣誉会员，并且不断地向人夸耀他在该团体中的重要性。

2. 升华

升华是一种最积极的富有建设性和创造性的行为反应，是指将个体的一些压抑的本能行动，如饥饿、性欲或攻击的内驱力，转移到一些人们可接受的或社会所接纳的活动上来。例如，有打人冲动的人，借锻炼拳击或摔跤等方式来满足自己；喜欢骂人的人，以成为评论家来满足自己。升华即把痛苦化成一种具有建设性的动力，将低层次的需要和行为上升到高层次的需要和行为，把情感和精力投入有利于社会和他人的活动中，在重大挫折面前重塑自己的人生价值。

例如，一生命运多舛的西汉文史学家司马迁，因仗义执言，得罪当朝皇帝，被判处宫刑，在狱里，他撰写了《史记》。此外，还有屈原被放逐赋《离骚》，左丘失明写《左传》，孙膑跛脚修《兵法》，等等，他们都是生活的强者，将自己的忧虑之情升华，为后世开创一个壮观伟丽的文史境界。

3. 补偿

补偿是指个体因生理上某方面的缺陷、心理上不适应或者个体条件不足而使目标无法实现时，以新的目标代替原有目标，以其他方面的成功来补偿因失败而丧失的自尊与自信，进而减轻挫折感和不适，达到心理平衡。“失之东隅，收之桑榆”就是这样一个例子。例如，某大学生在班级竞选中落选，没有机会表现自己的能力，于是自创社团有了优异的表现；有的同学学习成绩一般但绘画才艺出众，赢得大家的好评，使自己内心得到满足。

4. 幽默

幽默是一种较高级的防御机制，当一个人遇到挫折时，常可用幽默来化解困境，维持自己的心理平衡。它与诙谐、说笑话有所不同，幽默允许一个人将注意力集中于困窘的境遇上，而诙谐、说笑话则是转移注意力或从情感上转移话题。例如，大哲学家苏格拉底有位脾气暴躁的夫人，有一次，他在跟学生讨论学术问题时听到叫骂声，只见他夫人提着水桶过来往他身上一浇，弄得他浑身湿透了，在场的人都非常尴尬，可是他却微微一笑说：“我早知道电闪雷鸣之后，一定会有倾盆大雨”。本来很尴尬的局面，经此幽默，就自然化解了。

（二）消极的心理防御机制

消极的心理防御机制是指当个体遭受挫折后所表现出来的强烈情绪色彩的非理性行为，如压抑、攻击、逃避、退化、否认、合理化、投射等。

1. 压抑

压抑是一种最基础的防御机制，是指个体把意识不能接受的观念、欲望、冲动、情感或行为在不知不觉中压抑到无意识中，使自己意识不到，不去回忆，主动遗忘。例如，许多同学在讲到某段不愉快经历时，经常提到：“我想不起来了，具体事情不记得了。”个体在面对不愉快的情绪时，不知不觉有目的地遗忘与时间久而自然忘却的情形不一样。例如，我们常说：“我真希望没这回事”“我不要再想它了”，或者在日常生活中，有时我们做梦、不小心说漏了嘴或偶然有失态的行为表现，这都是压抑的结果。

压抑有时也会导致失去记忆。例如，有一些曾遭受极度悲伤或目睹惊恐事件的人，会把那次经历忘得一干二净，无法再回想起来。例如，遭遇车祸死里逃生的人、失恋的人等在事件过后，有时会以失去记忆来免去面对的痛苦与悲伤。电影《春娇与志明》中，春娇与志明交往了三年，订婚的前夕，志明变心了，母亲知道春娇十分爱志明，担心她想不开，就好言安慰她，不料春娇却说：“志明是谁？你能不能告诉我到底发生了什么事情？我和他是什么关系？为什么我一点也想不起来？”

当然，不是每一次的压抑都会导致失去记忆，只有个人主观认定极端可怕的经历，才会导致失去记忆。适度的压抑有利于情绪的调整，但长期频繁的压抑，会使得在之后的生活中一丁点儿的小事情就可能触发曾经压抑的情感体验，进而遭遇更强的挫折与心理不适。

2. 攻击

攻击是指个体在遭受挫折后，在情绪与行动上会产生一种对有关人或物的攻击性的抵触反应，以消除来自挫折的痛苦。攻击有两种形式：一种是直接攻击，将愤怒的情绪直接导向造成其挫折的人或物，如同学之间的打架斗殴、损害公物等；另一种是转向攻击，不能将愤怒的情绪直接导向造成其挫折的人或物，而只能转向自己或第三者，即向“替罪羊”发泄受挫情感。转向攻击通常在两种情况下发生：一是对自己缺乏信心、悲观失望，于是受挫后产生自责，把攻击转向自己；二是由于觉察到不可能或者不应该对引起挫折的对象直接攻击，而把挫折的情绪发泄到其他人或物上，例如，某女生跟男友吵架后，把怒气发泄到宿舍舍友身上，等等。

3. 逃避

逃避是指个体受挫后，不敢面对自己所预感的挫折情景，而逃避到比较安全的环境中去的行为。例如，现实中人际关系不好，则沉溺于网络社交虚拟游戏中，满足自身的社交需求；大一新生常常因对新环境的不适应，而产生各种不喜欢所在学校和专业的状况，进而导致退学、复读等行为；一次上台表演失败了，从此再也不参加任何抛头露面的活动；一次恋爱失败了，就再也不敢谈恋爱了。

4. 退化

退化是指个体受到挫折时，表现出与自己年龄、身份极不相称的行为或者盲目轻信他人等。表现出这种行为方式的大学生对自己缺乏信心，看不到自己的力量，像孩子一样依赖他人。例如，新生报到当天，我们可以看到部分大学生从办理报到手续到床铺、生活用品整理都要父母代劳；父母告别要离开学校时，拽着父母胳膊，哭诉着央求别离开，就像一个小孩；军训期间因为太累而跟父母哭鼻子、撒娇等，这些都是典型的退化。退化也常发生于我们的日常生活中，平常受到惊吓时，有时我们会大叫一声“妈呀”；夫妻吵架，妻子跑回娘家向母亲哭诉，都是退化行为。

当人长大成人后，本来应该运用成人的方法和态度来处理事情，但在某些情况下，由于某些原因，产生较幼稚的行为反应并非不可。如果经常发生退化行为，使用原始而幼稚的方法来应对困难，或者利用自己的退化行为来争取别人的同情与照顾，以避免面对现实的问题与痛苦，其退化行为就不仅是一种现象，而是一种心理症状了。

5. 否认

否认是一种比较原始而简单的防御机制，借着扭曲个体在创伤情境下的想法、情感及感觉来逃避心理上的痛苦，或“否认”不愉快的事件，当作它根本没有发生，来获取心理上暂时的安慰。“不可能，这种事不会发生在我身上”，“我怎么会有心理问题呢，这是绝对不可能的事情”，当我们不接受眼前的行为结果时，本能的反应是表现相反的行为来平缓自己内心的焦虑。这种现象在日常生活中处处可见，例如，小孩子摔坏东西后，捂上双眼，就像沙漠中的鸵鸟一样，把头埋于沙堆中，权当事情没发生；许多人在面对绝症或亲人的死亡时，常会本能地说“这不是真的”，用“否认”来逃避巨大的伤痛；个别同学高考成绩出来了，发现自己的成绩与预估差别很大，坐在电脑前可能直接呆在那里了，不相信自己的眼睛，怀疑是不是查错考号了，反复核对几遍后，之后的反应还是不可能，甚至怀疑是不是老师阅错了试卷，等等。

6. 合理化

当我们的目标未能实现或行为不能符合社会规范时，会尽量搜集一些合乎自己内心需要的理由，给自己的行为一个合理的解释，以掩饰自己的过失，以及减免焦虑的痛苦和维护自尊免受伤害，这种方法称为合理化。在人生的不同遭遇中，除了面对错误外，当我们遇到无法接受的挫折时，短暂地采用这种方法以减少内心的痛苦、避免心灵的崩溃是无可厚非的，不过，个人如果经常使用这种方法，借各种托词以维护自尊，则不免有文过饰非、欺骗别人也欺骗自己之嫌，终非解决问题之道。

一般来讲，合理化可分为三种方式。

(1) 酸葡萄心理，是指当自己所追求的东西因自己能力不够而无法取得时，就加以贬抑和打击，就像伊索寓言里的那一只狐狸，看到葡萄架上长满了成熟葡萄，想吃，但因架子太高，跳了数次都摘不到而无法吃到葡萄，硬说葡萄是酸的，不想吃了。在日常生活中，这样的例子也很多，例如，某学生高考失利而考取了一所一般大学，就说：“宁当鸡头不当凤尾，没考上名牌大学更好，那里竞争激烈，说不定学习要拼命才能跟得上，而在一般大学学习，说不定我轻轻松松地读书就可名列前茅。”某同学恋爱分手了，自己虽然内心痛苦至极，却带着一副无所谓的表情说：“旧的不去新的不来，我还不稀罕他呢。”

(2) 甜柠檬心理，是指企图说服自己和别人，自己所做成或拥有的已是最佳的抉择。面对生活中发生的一些不如意的事，我们会努力去强调事情美好的一面，以减少内心的失望和痛苦。例如，找了个相貌平平的女朋友，说主要看气质；选了个不善言辞的男朋友，说他忠厚老实。有时，适当地运用这种“塞翁失马，焉知非福”“知足常乐”的心态，能帮助我们接受现实，但如过分使用这种方法，会妨碍我们去追求生活的进步。

(3)推诿，是指个体将自己的缺点或失败，推诿于其他理由，找人承担其过错，使个人免于遭受内疚、痛苦、焦虑等情绪。例如，考试没考好，不承认是自己准备不足，而说考试时身体不好或说考题超出范围；打人说是自卫；喜欢应酬、饮酒作乐，说是为了生意或工作在联络感情；球赛输了，说场地不好、裁判不公。有一句俚语：“不会划船说溪窄”，很传神地表现了推诿作用。

7. 投射

投射是指个体在遭遇挫折后，为了保护自尊，减轻焦虑和痛苦，将自己内心那些不能为社会规范或自我良心所接受的感觉、欲望、冲动、态度、意念等投射到别人身上或外部世界去，断言别人是这样的，以某种借口、态度、念头来保持心境安定。“以小人之心，度君子之腹”说的就是投射现象。

心理训练游戏

成长三部曲

小鸡的成长需要完成三步：鸡蛋（全蹲）→小鸡（半蹲）→大鸡（站立）。

组员们最开始都是鸡蛋，然后找同为鸡蛋的组员用石头剪刀布的形式决胜负，赢了的便成长为小鸡。小鸡找与自己一样的小鸡决胜负，赢了的成长为大鸡，输了的小鸡又变回鸡蛋，重新找另外的鸡蛋决胜负。大鸡之间也以同样方式决胜负，赢了的可以回到自己的位置上，输了的又变回小鸡。最后的状态是三种状态各一位，其他全部进化完毕。

讨论与分享：

(1) 在活动过程中，你有哪些情绪和感受？

(2) 当你输了退回到上一步时，你是怎么想的？

(3) 频繁输掉多次，被打回原形时，感受如何？

(4) 跟组员分享一下活动中自己用到的心理防御机制。

第三节 挫折承受力及其提高方法

挫折承受力是指抵抗挫折而没有不良反应的能力，即个体适应挫折、抵御和对付挫折的能力。挫折承受力有明显的个体差异，有的人遇到一点挫折便感到悲观、失望、颓废，有的人即使遇到很大的挫折仍意志坚定、越挫越勇。

一、挫折承受力的影响因素

（一）生理条件

生理上的疾病或缺陷会使人更加脆弱，四肢健全的人在面对周围人议论残疾人时可以毫不在意，但是身患残疾的人可能就会比较敏感，听着非常不舒服。

（二）过往挫折经历

从小到大都被父母家人保护得非常好，从未经历过任何挫折的人，一旦遇到挫折，其承受力往往会比曾经经历过挫折的人要低。当然，如果个体过往经受的挫折太多、太严重，难以恢复，也会导致挫折承受力比较低。

（三）挫折频度

个体在一段时间内频繁遭遇挫折，其挫折承受力就会降低。例如，活泼开朗、大大咧咧的小丽最近刚与男友分手，心情郁闷的她英语考试又挂科了，手机也因不小心掉地上摔坏了，烦躁的她因宿舍舍友不经意的一句玩笑话就火冒三丈，与舍友吵了一架。平日极小的挫折情景，在小丽频繁遭遇挫折时则引起了她极大的情绪反应。

（四）社会支持度

社会支持主要是指个体在社会上获得情感支持的来源，通常包括家人、亲戚、朋友、老师等。若一个人家庭幸福、朋友众多，当遭受挫折的时候，可以有对象倾诉，同时也有人可以帮忙想办法，痛苦程度便会减轻，挫折承受力自然也就比较高；反之，一个人家庭不融洽，自己也没有朋友，遭遇事情时孤立无援，则挫折承受力就会比较弱。

心理小贴士

美国前总统林肯的成长经历

22 岁时，和别人合伙做生意，结果生意失败，他的家产被拍卖一空。

23 岁时，进入政坛，角逐议员，结果以几票之差落选。

24 岁时，继续做生意，结果因为合作伙伴的原因，导致生意亏损，再次失败。

26 岁时，他的未婚妻去世，因为两个人的感情很深厚，那时的他悲痛欲绝。

34 岁时，参加国会选举，结果被当年的后起之秀打落马下。

37 岁时，再次参加国会选举，仍然是落选。

47 岁时，已经成功闯入政坛的他角逐副总统落选，这是他最痛苦的一次落选。

49 岁时，三次竞选联邦众议员落选。

52 岁时，在一次又一次的失败之后，终于成功当选美国第 16 任总统。

二、提高挫折承受力的方法与建议

挫折是每个人生命必经的历练，正如化茧成蝶一样，正是因为有了生命中的历练，它们才会得以蜕变，成就自身的美丽。挫折是大学生成长道路上的必修课，如何利用好这堂课，充分将这堂课变成自身成长的资源，这才是至关重要的。

（一）正确认知，乐观面对

心理研究结果表明，一个人越能够获得与挫折事件相关的信息，就越能够有效处理它；越是积极面对挫折情境，就越能够有效地应对这种情境。可见，个体对挫折的反应和承受力不仅取决于挫折情境，更重要的是取决于个体对挫折的认知。

面对挫折，我们要努力正视和接纳。乘坐电梯排队时，轮到自己刚好电梯已满，悲观的人想到的是："真倒霉，怎么轮到我就上不去了"；然而，乐观的人则欣然面对这一结果，笑一笑告诉自己："没关系，下一趟我是第一个进去的人"。思想转变了，心态也会跟着转变。面对狂风暴雨，你可以从容地弯下身子保护自己，也可以抗拒它导致狼狈不堪。娇嫩的树枝在暴雪重压之下不愿低头，最终会因为承受不了而被压断。然而，生活中我们很难看到柏树、松树等被大雪或冰雹压倒，因为它们知道怎样弯下枝条，去适应那些不可避免的恶劣情况。生活中，我们要笑着接纳挫折，而不是去反抗生命中的诸多不顺。

心理小贴士

生活中，请努力去看生命中美好且值得关注的一面，没有永远过不去的坎，请铭记：

你改变不了环境，但你可以改变自己；

你改变不了事实，但你可以改变态度；

你改变不了过去，但你可以改变现在；

你不能控制他人，但你可以掌握自己；

你不能预知明天，但你可以把握今天；

你不能样样顺利，但你可以事事尽心；

你不能左右天气，但你可以改变心情；

你不能选择容貌，但你可以展现笑容；

你不能延伸生命的长度，但你可以决定生命的宽度。

（二）善于运用积极、成熟的心理防御机制

心理防御机制是一种自发的心理调节机能，它能够在一定程度上帮助人们提高和保持自尊，使人适应挫折、减轻精神痛苦、促进自身发展。但是如果使用过度或者使用不当，不仅减轻不了挫折反应，反而会使人逃避现实，降低对生活的适应能力，从而经受更多的挫折，甚至产生心理疾病。因此，合理运用心理防御机制可以有效缓解个体情绪上的痛苦，提高挫折承受力，为人们最终战胜挫折提供条件。特别是多运用积极、成熟的心理防御机制，如升华、认同、补偿、幽默等，可以帮助我们正视挫折，客观分析挫折产生的原因，总结经验教训，战胜挫折，使我们更好地面对现实，积极进取。

（三）合理、客观的归因方式

生活中，人们经常会对行为的成功与失败进行归因，归因是指人们对他人或自己行为原因的推论过程。具体来说，就是观察者对他人的行为过程或自己的行为过程所进行的因果解释和推论。

归因方式具体可分为内归因、外归因和综合归因。内归因将行为归因于个人特征等个体内部因素，如人格、品质、动机、态度、情绪、心境及努力程度等个人特征。外归因又称为情境归因，是指将行为原因归因于行为或事件发生的外部条件，包括背景、机遇、他人影响、工作任务难度。然而在许多情境中，行为与事件的发生并非由内因或外因单一因素引起，而是由两者的共同作用而引起，这种归因称为综合归因。

在归因过程中形成的归因倾向对人的心理承受力有非常大的影响。在成败归因中，成功时，个体倾向于内归因；失败时，个体很少用个人特征来解释，而倾向于外归因。例如，有的学生将好的成绩归因于自己的努力、聪明，成绩差则归因于老师的教学水平不高、运气不好、教师命题、评分等不可控因素，而不去努力克服困难，改变失败处境。成功内归因有利于自我价值的确定，失败外归因则是减少自己对失败的责任，是一种自我防卫。在竞争条件下，个体倾向于把他人的成功外归因，从而减少他人成功给自己带来的压力，如果他人失败了，则倾向于内归因。对他人的成败归因，个体都明显地使自己处于有利位置，以保护自我价值的倾向，这种倾向叫作动机性归因误差。

因此，大学生们要多多收集事件信息，客观了解原因所在，合理、科学地进行归因，避免归因的片面性，面对责任，要敢于承担，同时也要克服过分承担的倾向，避免过多自责带来的挫折感。

心理训练游戏

挫折归因练习

我最近一次遭受挫折的时间是________________。

我遭受的挫折是________________。

分析挫折产生的原因，我发现：________________。

内部原因是________________。

外部原因是________________。

（四）充分挖掘社会支持资源

遭遇挫折的时候，人会变得脆弱而敏感，此时尤其需要他人情感的支持，希望能有一个人让我们放心地去倾诉，真诚地陪伴自己。因此，在遭遇挫折时，能够求助并获得他人的支持，是一项至关重要的能力。

社会支持系统是我们的情感支持后盾。心理学研究发现，一个人与他人一起处于挫折压力中时，可以降低消极情绪体验。因此，我们在面对挫折时，与同学在互动过程中相互了解、相互鼓励、相互依赖，也可以有效地提升挫折承受力。此外，在生活中，我们还要不断积累和挖掘情感支持资源，如家人、舍友、朋友、老师、社团同伴、网络、心理咨询机构等，来提升挫折承受力。尤其需要强调的是，当个人遭遇重大挫折而难以承受时，应当优先选择向心理咨询机构求助。

（五）寻找让自己快乐起来的方式

运动是调适情绪的好办法之一。运动时分泌出来的内啡肽可以让人感到快乐，因此可以加入一些体育运动的社团，或者在情绪低落时选择到操场跑几圈，大汗淋漓后，人的心情也会变好。还有许多缓解情绪转移注意力的方法，如放松冥想、听音乐、大声歌唱、吃甜食等。

古人云："天将降大任于斯人也，必先苦其心志，劳其筋骨，饿其体肤，空乏其身，行拂乱其所为，所以动心忍性，曾益其所不能。"人生难免会遇到挫折，没有经历过失败的人生不是完整的人生。没有河床的冲刷，就没有钻石的璀璨；没有挫折的考验，就没有不屈不挠的人格，让我们一起乐观面对、接纳挫折吧！

心理小贴士

轮椅上的霍金

他在轮椅上坐了40年，全身只有三根手指会动，演讲和回答问题只能通过语音合成器来实现。然而，他撰写的科普著作《时间简史》在全世界拥有无数的读者。

他就是人称"宇宙之王"的史蒂芬·霍金。

命运对霍金十分残酷。1963年，21岁的霍金在剑桥大学读研究生时，不幸患上了会导致肌肉萎缩的卢伽雷氏症，不久就完全瘫痪，被长期禁锢在轮椅上。1985年，霍金因患肺炎做了穿气管手术，又被彻底剥夺了说话的功能。40年过去了，疾病已使他的身体彻底变形：头只能朝右边倾斜，肩膀也是左低右高，双手紧紧并在当中，握着手掌大小的拟声器键盘，两只脚则朝内扭曲着。嘴已经歪成S形，只要略带微笑，马上就会出现"龇牙咧嘴”的样子，现在，这已经成了他的标志性形象。他不能写字，看书必须依赖一种翻书的机器，读文献时，必须让人将每一页平摊在一张大办公桌上，然后驱动轮椅如蚕吃桑叶般地逐页阅读。

医生曾诊断身患绝症的霍金只能活两年，但他一直顽强地活了下来，并且在这种令人难以想象的折磨中成为世界公认的科学巨人。虽然他的身体一天也没有离开过轮椅，但是，他的思维却飞出了地球，飞出了太阳系，飞出了银河系，飞到了上百亿光年外的宇宙深处，飞向了神秘莫测的黑洞。他在大脑中想象着、论证着、计算着，他思考着宇宙从什么时候开始，时间有没有尽头。他发现了黑洞的蒸发性，推论出黑洞的大爆炸……他还建立了非常美的科学宇宙模型。他被推选为最年轻的英国皇家学会会员，成为只有像牛顿这样的大科学家才能跻身的卢卡逊数学讲座的教授。

比起整天被人众星捧月般的顶礼膜拜，他宁愿一个人静静地思考宇宙的命运。他的办公室门口通常会挂上一块木牌，上面写着：“请保持安静，主人正在睡觉。”

当然那多半不是真的，霍金只是不愿被外人打扰。此时，他一定坐在这间有着高高天花板的舒适小屋里，安静地在电脑前工作上好几个小时，周围两三盆植物当中摆放的是他的三个孩子的照片。每天下午4点，他会在护士的帮助下与研究生们交谈，他们喝着下午茶，交流着对宇宙的看法。如果有学生对他的理论提出质疑，他立即会给出一个标志性的笑容。

霍金的魅力不仅在于他是一个充满传奇色彩的物理天才，更因为他是一个令人折服的生活强者。他不断求索的科学精神和勇敢顽强的人格力量深深地感动了大众。

有一次，在学术报告结束之际，一位年轻的女记者跃上讲坛，面对这位当时已在轮椅上生活了30多年的科学巨匠，深深景仰之余，又不无悲悯地问：“霍金先生，病魔已将您永远固定在轮椅上，你不认为命运让你失去太多了吗?”

这个问题显然有些唐突和尖锐，报告厅内顿时鸦雀无声，一片静默。

霍金的脸上却依然充满恬静的微笑，他用还能活动的手指，艰难地叩击键盘，于是，随着合成器的标准伦敦音，宽大的投影屏上缓慢而醒目地显示出以下文字：

我的手指还能活动，我的大脑还能思维；

我有终生追求的理想，有我爱和爱我的亲人和朋友；

对了，我还有一颗感恩的心……

心灵震颤之余，掌声雷动。人们纷纷拥向报告台前，簇拥着这位非凡的科学家，向他表达由衷的敬意。

案例讨论

莫妮卡静静地坐在咨询师面前，满脸的忧伤。

莫妮卡是哈佛大学一年级的学生。她是西班牙裔美国人，性情活泼，说话有条理，也显得很有主见。她来找咨询师咨询是否应从哈佛大学转学。

莫妮卡来自纽约州中部的一个小城镇，父母都在银行里工作。她学习成绩一向不错，很受老师喜爱。她还有着西班牙人那种热情奔放的性格，很善于交际。从小到大，莫妮卡都是学校里的风云人物，还曾出任学校篮球啦啦队的队长，众所周知，在美国的中学里，篮球啦啦队队长一般都是由学校里最受人青睐的女孩子担任的。

入学哈佛之后，她同时参加了三个俱乐部的活动，还是其中一个俱乐部的副主席。她谈话时那副真诚的样子，也深得咨询师的好感。

但莫妮卡告诉咨询师，她在哈佛大学并不开心。莫妮卡说她不开心的主要原因是学习吃力，成绩不尽如人意。刚入哈佛大学时，她对自己的学习落后并未在意，以为这只是暂时现象。但后来，无论她怎样下工夫，都赶不上学习进度的要求，往往是上一堂课的问题还没有搞清楚，新一堂课的问题又出现了。如此连续不断的消化不良，使莫妮卡感到已经无法应付这日益沉重的学习压力了。

“我总不能一天到晚都待在宿舍或图书馆里吧，那不符合我的本性，也无益于我的健康。”莫妮卡抱怨说。

莫妮卡还说，她是那种玩起来就没边儿的女孩子，喜欢与人交往，特别喜欢有男孩子约会她。她是在赞扬声中长大的，不能接受没有人喜欢她。而在哈佛大学，她得不到这份自尊心的满足，她形容哈佛大学的学生个个都鼻孔朝天，毫无家乡人的那种质朴与亲和……慎重考虑之后，莫妮卡打算从哈佛大学转到纽约州一所一般的大学去继续学业。她将这个想法告诉了父母，遭到了他们的强烈反对。因为莫妮卡是其父母两个家族中第一个上哈佛大学的人，也圆了她父亲当初未能上常春藤大学的梦。所以，无论怎么讲，莫妮卡父亲都是一句话：“莫妮卡，你可不能打退堂鼓，你一定要在哈佛待下去。”

讨论：

1. 莫妮卡遭遇到哪些挫折？
2. 她善于采用的心理防御机制是什么？
3. 帮助莫妮卡拟订一份应对困境的计划。

心理测试

心理承受力水平测试

亲爱的同学，请根据你的实际情况做出“是”或“否”的回答。

1. 你认为自己是个弱者吗？
   A. 是　　B. 否
2. 你是否喜欢冒险和刺激？
   A. 是　　B. 否
3. 你生活在使你感到快乐和温暖的班级里吗？
   A. 是　　B. 否
4. 如果现在就去睡觉，你担心自己会睡不着吗？
   A. 是　　B. 否
5. 生病时，你依旧乐观吗？
   A. 是　　B. 否

心理测试

6. 你是否认为家人非常需要你？
   A. 是　　B. 否
7. 晚睡两个小时会使你第二天明显感觉精神不振吗？
   A. 是　　B. 否
8. 看完惊险片很长一段时间内，你会一直觉得心有余悸吗？
   A. 是　　B. 否
9. 你常常觉得生活很累吗？
   A. 是　　B. 否
10. 你是否有一些无话不谈的知心朋友？
   A. 是　　B. 否
11. 当考试成绩不理想时，你会感到非常沮丧吗？
   A. 是　　B. 否
12. 你认为自己健壮吗？
   A. 是　　B. 否
13. 当你与某个同学闹意见后，你会一直无法消除相处时的尴尬吗？
   A. 是　　B. 否
14. 大部分时间，你对未来充满信心吗？
   A. 是　　B. 否
15. 你有一个关心、爱护你的家庭吗？
   A. 是　　B. 否
16. 当你在课堂上回答不出问题时，在课后你还会久久地感到烦恼吗？
   A. 是　　B. 否
17. 每到一个新地方，你是否常常会出现吃不下饭、睡不着觉、拉肚子、头晕等问题？
   A. 是　　B. 否
18. 即使在困难时，你还是相信困难终将过去吗？
   A. 是　　B. 否
19. 你明显偏食吗？
   A. 是　　B. 否
20. 当你与父母发生不愉快时，你是否曾想过离家出走？
   A. 是　　B. 否
21. 你是否每周至少进行一次所喜欢的体育活动，如登山、打球、游戏等？
   A. 是　　B. 否
22. 你觉得自己有些神经衰弱吗？
   A. 是　　B. 否

心理测试

23. 你认为你的老师喜欢你吗？

A. 是　　　　B. 否

24. 心情不愉快时，你的饭量和平时差不多吗？

A. 是　　　　B. 否

25. 看到苍蝇、蟑螂等讨厌的东西时，你感到害怕吗？

A. 是　　　　B. 否

26. 你相信自己能够战胜任何挫折吗？

A. 是　　　　B. 否

27. 你是否常常与同学们交流看法？

A. 是　　　　B. 否

28. 你常常因为想心事儿躺在床上而久久不能入睡吗？

A. 是　　　　B. 否

29. 在人多的场合或在陌生人面前说话，你是否感到窘迫？

A. 是　　　　B. 否

30. 你是否认为你受到的挫折与其他人相比，根本算不了什么？

A. 是　　　　B. 否

【计分规则】

第 2、3、5、6、10、12、14、15、18、21、23、24、26、27、30 题答“是”记 1 分，答“否”记 0 分；其余各题答“是”记 0 分，答“否”记 1 分。各题得分相加，统计总分。

【结果解释】

0～9 分：你的心理承受能力较差，遇到困难易灰心，常有挫折感。

10～20 分：你的心理承受能力一般，能轻松地承受一些小的压力，但受到大的打击时，还是容易产生心理危机。

21～30 分：你的心理承受能力较强，能在各种挫折面前保持旺盛的斗志。

此问卷仅作为了解自己使用，如有疑问，请咨询专业人员。

思考题

1. 你最近是否遇到过生活或学习上的挫折？可否用挫折三要素进行分析？
2. 你能在生活中发现哪些自己常用的心理防御机制？试着找出 3～5 种。
3. 以往的经历中，你常采用哪些心理调适方法应对挫折？

拓展阅读

电影《阿甘正传》

阿甘是个智商只有75的人。在学校里，他为了躲避别的孩子的欺侮，听从了朋友珍妮的话而开始“跑”，他跑着躲避别人的捉弄。在中学时，他为了躲避别人而跑进了一所学校的橄榄球场，就这样“跑”进了大学，阿甘被破格录取，并成为橄榄球巨星，受到肯尼迪总统的接见。大学毕业后，阿甘又应征入伍去了越南，在那里，他遇到两个朋友：热衷捕虾的布巴和令人敬畏的长官邓·泰勒中尉……

请写出你的感受：______________________________

____

____

____

电影《国王的演讲》

约克郡公爵因患口吃，无法在公众面前发表演讲，这令他接连在大型仪式上出丑。贤惠的妻子伊丽莎白为了帮助丈夫，到处寻访名医，但是传统方法总不奏效，一次偶然的机会，她慕名来到语言治疗师莱纳尔罗格的府邸，传说他的方式与众不同。虽然公爵对罗格稀奇古怪的招法并不感兴趣，首次诊疗也不欢而散，但是，公爵发现在聆听音乐时，自己竟然能够十分流利地朗读莎翁的作品。这让他开始信任罗格，配合他的治疗，慢慢克服着心理障碍。乔治五世去世，爱德华八世继承王位，却为了迎娶寡妇辛普森夫人不惜退位。公爵临危受命，成了乔治六世，他面临的最大的挑战就是如何在“二战”前发表鼓舞人心的演讲……

请写出你的感受：______________________________

____

____

____

第七章　大学生人际交往

——改善关系　艺术沟通

案例导读

小红今年大一，和众多新生一样，在全新环境中遇到了许多从未面临过的问题。

周六早晨5：30，小红与平时一个时间起床，而宿舍其他舍友睡得正香。她轻轻地穿衣、下床，拿脸盆去洗漱，却一不小心“哐当”一声将脸盆掉在地上。一个舍友猛然起身，张口怒叫：“我忍了你很久了！天不亮就叮叮当当，平时这样周末还这样，你自己不休息，别人还要休息呢！不想在这住就赶快搬走!”一开始小红还耐心道歉，可舍友不依不饶、没完没了。小红忍不住回了几句，结果两人闹到了辅导员那里。

类似的纷争还有很多，在不同宿舍中上演着。由于大家只站在自己的立场考虑问题，而不考虑对方、体谅对方，最终不欢而散。

大学生活是学生时代的最后一站。对处于青年时期的大学生而言，人际交往是其自我成熟、个性完善的重要途径，大学生人际关系的好坏直接影响大学生的社会适应和发展。本章，我们将从人际交往与人际关系入手，介绍如何培养人际交往能力，以及人际交往中的心理问题与调试。

第一节　大学生人际交往概述

一、人际交往与人际关系

人际交往也称人际沟通，是指个体在社会活动中，相互之间运用语言或非语言交流信息、沟通情感、满足需要的过程。人际关系是人与人之间由于交往而产生的一种心理关系。

人是社会的人，每个人在社会中的生存、发展都离不开与他人的交往，离不开和周围的人建立各种各样的人际关系。我国著名心理学家丁瓒先生曾指出："人类的心理适应，最主要的就是对于人际关系的适应，所以人类的心理病态主要是由于人际关系的失调而来的。"一个人的幸福和才智来源于良好的人际关系，一个人的痛苦和不幸也常与人际关系的不协调有关。当人际关系和谐、融洽时，会给人带来愉快、充实、幸福、成功和欢乐，并能充分调动起人的积极性；而人际关系紧张、失调时，又会给人带来烦恼、痛苦、失望、忧伤和阴影。大学生正处于学习知识、了解社会、探索人生的重要发展时期，主要活动都是在与人交往的过程中进行和完成的，因而对交往有着强烈的渴望和要求。

二、人际交往的心理效应

社会心理学的研究证明，在人际交往中有一些非常有趣的心理现象，将其科学地运用在大学生的人际交往中，对大学生很有意义。

（一）首因效应

首因效应也叫首次效应、优先效应、第一印象效应，是指交往双方形成的第一次印象对今后交往关系的影响，也是"先入为主"带来的效果。虽然这些第一印象并非总是正确的，但却是最鲜明、最牢固的，并且决定着以后双方交往的进程。如果一个人在初次见面时给人留下良好的印象，那么人们就愿意和他接近，彼此也能较快地取得相互了解，并会影响人们对他以后一系列行为和表现的解释；反之，对于一个初次见面就引起对方反感的人，即使由于各种原因难以避免与之接触，人们也会对之很冷淡，在极端的情况下，甚至会在心理上和实际行为中与之产生对抗状态。

心理小贴士

有关首因效应的试验

苏联心理学家鲍达列夫做过一个试验：把被试验者分为甲乙两组，同看一张照片。对甲组说，这是一位屡教不改的罪犯；对乙组说，这是一位著名的科学家。看完后，让被试验者根据这个人的外貌来分析其性格特征。结果，甲组说，这个人深陷的眼睛藏着险恶，高耸的额头表明了他死不改悔的决心；乙组说，这个人深沉的目光表明他思维深邃，高耸的额头说明了科学家探索的意志。

这个试验表明，第一印象形成的肯定的心理定式，会使人在后续了解中多偏向发掘对方具有美好意义的品质；反之，第一印象形成的否定的心理定式，则会使人在后续了解中多偏向于揭露对象令人厌恶的部分。

（二）近因效应

近因效应是指最后的印象对人们的认知所产生的影响。最后的印象往往是最深刻的印象，这就是心理学上所说的后摄作用。

首因效应与近因效应不是对立的，两者是一个问题的两个方面。心理学的研究还表明，在人与人的交往中，交往的初期，即在彼此还生疏的阶段，首因效应的影响很重要；而在交往的后期，就是在彼此已经相当熟悉的阶段，近因效应的影响也同样重要。也就是说，在对陌生人的认知中，首因效应比较明显；而在对熟人的认知中，近因效应比较明显。

心理小贴士

面试官设置的近因测试

大学生小明参加就业面试，面试结束，主面试官告诉小明可以走了。可当小明要离开时，主面试官又叫住他，对他说："你已回答了我们所提出的问题，面试官觉得不怎么样，你对此怎么看？"

其实，面试官做出这么一种设置，是对小明的最后一考，想借此考察一下应聘者的心理素质和临场应变能力。如果这一个问题回答得精彩，大可弥补此前面试中的缺憾；如果回答得不好，可能会由于这最后的关键性问题而使应聘者前功尽弃。最后的印象对人的影响往往是最强烈的，可以冲淡在此之前产生的各种影响，这就是近因效应。

（三）光环效应

光环效应也称晕轮效应，是指在人际交往中，人们常常把对方所具有的某个特征泛化到其他有关的一系列特征上，也就是从已知的特征推及未知特征，从局部推知形成一个完整的印象，即根据最少量的情况对别人做出全面的结论。所谓"情人眼里出西施""厌恶和尚，恨及袈裟"，说的就是光环效应。它的最大不足在于以偏概全、以点带面。

名人效应是一种典型的光环效应。不难发现，拍广告片的多数是有名的歌星、影星，而很少见到那些名不见经传的小人物，原因就是明星推出的商品更容易得到大家的认同。一个作家一旦出名，以前压在箱子底的稿件全然不愁发表，所有著作都不愁销售，这都是光环效应的作用。

受光环效应影响的大学生在人际交往中容易犯以偏概全、以点带面的错误。例如，某位学生学习成绩优秀，大家就认为他(她)什么都好，甚至连他(她)的一些缺点和不良个性也被当作特点而加以肯定和效仿；而当一个人缺点比较明显时，则他(她)的其他优点也往往被忽视。

（四）刻板效应

刻板效应又称刻板印象，是指对某个群体产生一种固定的看法和评价，并对属于该群体的个人也给予这一看法和评价。

刻板效应虽然可以在一定范围内进行判断，不用探索信息，可以迅速洞悉概况，节省时间与精力，但是往往可能会形成偏见，忽略个体差异性。人们不仅会对接触过的人产生刻板印象，还会根据一些不完全真实的间接资料对未接触过的人产生刻板印象。例如，人们一般认为工人豪爽、农民质朴、军人雷厉风行、知识分子文质彬彬、商人较为精明，诸如此类都是类化的看法，都是人脑中形成的刻板、固定印象。此外，性别、年龄等因素亦可成为刻板效应对人进行分类的标准。例如，按年龄归类，认为年轻人上进心强、敢说敢干，而老年人则墨守成规、缺乏进取心；按性别归类，认为男性独立性强、竞争心强、自信和有抱负，而女性则依赖性强、起居洁净、讲究容貌、细心软弱。

心理小贴士

庞统有才吗?

《三国演义》中曾与诸葛亮齐名的庞统去拜见孙权，“权见其人浓眉掀鼻，黑面短髯、形容古怪，心中不喜”。庞统又见刘备，“玄德见统貌陋，心中不悦”。孙权和刘备都认为庞统这样面貌丑陋之人不会有什么才能，因而产生不悦情绪，这实际上也是刻板效应的负面影响在发生作用。

(五) 投射效应

投射效应是指在人际交往中，形成对别人的印象时，总是假设他人与自己有相同的倾向，即把自己的特性投射到其他人身上。“以小人之心，度君子之腹”就反映了投射效应的一个侧面。

投射可分为两种类型。一种是指个人没有意识到自己具有某些特性，而把这些特性强加到了他人身上。例如，一个对他人有敌意的同学，总感觉对方对自己怀有仇恨，似乎对方的一举一动都有挑衅的色彩。另一种是指个人意识到自己的某些不称心的特性，而把这些特性强加到他人身上。例如，在考试中，想作弊的同学总感觉别的同学也在作弊，倘若自己不作弊就吃亏了。通过这种投射，重新评估自己不称心的特性，以求得心理上的暂时平衡。

心理小贴士

商业中的投射效应

芭比娃娃在日本刚推出时，在青少年眼中，他们认为芭比娃娃胸部太大，腿也太长，长着一双蓝眼睛，一点也不像日本少女，因此销售业绩不佳。于是，公司修正了芭比娃娃的胸部和腿的比例，将眼睛变成咖啡色。结果，两年内芭比娃娃卖出了近200万件。

起初芭比娃娃的失败之处就在于公司假定了日本市场和美国市场具有相似性，在美国受欢迎的芭比娃娃在日本同样会受到欢迎，结果却出乎意料。这是忽略投射效应的后果。

三、大学生人际交往的功能

戴尔·卡耐基指出：“一个人事业的成功只有15%取决于他的专业技能，另外的85%则要依靠人际关系和处世技巧。”可见，建立良好的人际关系是多么的重要。软与硬是相对而言的。专业技术是硬本领，善于处理人际关系的交际本领则是软本领。大学生正处于身心全面发展的时期，大学生人际交往具有独特的功能。

（一）人际交往有助于促进大学生的社会化进程

人际交往是大学生社会化的必经之路。每个人的社会化进程都是在人际交往中进行的。不论你是高官还是平民，也不管你从事什么工作，以及你的个性是怎样的，你都需要与人交往。对大学生来说，他们特别热衷于参加同辈群体的交往活动，这类以感情、兴趣、爱好为基础结成的同辈伙伴，由于同处一个年龄阶段，面临着共同关注的人生发展问题和社会化问题，有着基本相似的目标、兴趣、爱好，对大学生社会化的影响往往超过家庭。随着人的成长，交往范围不断扩大，交往内容逐步深化，交往形式日趋多样。积极的人际交往有助于大学生获得更丰富的信息，保持与社会的联系，明确和承担大学生的社会责任，自立于社会，取得社会认可，成为一个成熟的、社会化的人。

（二）人际交往有助于促进大学生深化自我认识

人总是以他人为镜认识自己，通过与他人的交流和比较，把自己的行为、形象反射出来并加以认识。首先，人以他人为镜，从与别人的比较中认识自己，从对别人的认识中形成自我表象；其次，人们通过他人对自己的态度和评价，以及自己与他人的关系认识自己的形象。

别人是尊重、喜爱、赞扬你，还是轻蔑、讨厌、疏远你，常常成为认识自身的尺度，大学生常常从别人对自己的反应、态度和评价中，发现自己的长处和短处，找到自己恰当的社会位置并参照别人的评价来客观地认识自己。离开一定的人际交往，就无法弄清这一点。因此，大学生很有必要多方位、多层次地与更多的人交往，从而深化自我认识，促进自身发展。

（三）人际交往是大学生个性发展与完善的桥梁

马克思指出：“一个人的发展取决于和他直接或间接进行交往的其他一切人的发展。”

一个人的个性除了受先天遗传因素的影响外，更重要的是受后天环境的影响。如果长期生活在友好、和睦的人际关系中，人的个性就会变得乐观、开朗、积极、主动。人际交往的时间和空间越大，人的精神生活就越丰富，得到支持与帮助的机会就越多，就越能保持心理平衡。通过交往，可以获得更广泛的友谊、支持和理解，得到内心的慰藉，提高自信和自尊，增强自我价值感和力量感，降低或消除挫折感，缓解内心的冲突与苦闷，减少孤独感和失落感。

但是，如果人际交往的需要得不到满足，则会增加大学生的挫折感，引发内心的矛盾与冲突，情感上的孤寂、惆怅、空虚就会经常出现，从而带来一系列不良的情绪反应。而不良的情绪作用于生理活动，将会成为各种疾病的催化剂，削弱人的抗病能力，使正常机能减退。

（四）人际交往是大学生获得知识的重要手段

《礼记·学记》曰：“独学而无友，则孤陋而寡闻。”也就是说，人与人之间的接触与往来，不仅仅是相互间的联系，更重要的是信息的交流。大学生学习知识，少不了互相交流、互相沟通，也正是在这种沟通中产生了灵感、获得了信息，对彼此的学习和生活起到积极的作用。英国作家萧伯纳很形象地说："如果你有一个苹果，我有一个苹果，彼此交换，那么每人只有一个苹果。如果你有一种思想，我有一种思想，彼此交换，我们每个人就有了两种思想，甚至多于两种思想。"可见，人际交往对大学生开阔视野、启迪思维有着积极的作用。

（五）人际交往是大学生心理保健的重要途径

人本主义心理学思潮的主要代表人物马斯洛提出的需要层次理论告诉我们，人类有五种基本的需要，从低级到高级依次是生理需要、安全需要、归属和爱的需要、尊重需要及自我实现的需要。人在满足了生理需要、安全需要之后，就会产生归属和爱的需要的内驱力，如果这种需要得不到满足，就会产生孤独感。从人际关系的角度来看，马斯洛的需要层次理论在一定程度上揭示了人际交往的心理机制。

心理学家和社会学家曾对孤独感做过许多研究。美国心理学家哈洛等人将猴子置于不锈钢的房子里，温度适宜，空气流通，清扫和喂养等一切工作都是自动化的，亦即隔绝了猴子的一切交往活动。经过一段时间的"社会剥夺"，被隔绝交往的猴子远比普通的猴子更容易恐惧，它们在情绪和交往行为上受到了损害，精神上是不完善的。对人的研究发现了同样的结论。

心理训练游戏

绘制人际财富图

首先在白纸的中央画一个实心圆点代表自己，然后以这个点为中心画三个半径不等的同心圆，代表三种人际财富或者人际圈，同心圆内任意点到中心的距离表示心理距离。将亲朋好友的名字写在圆圈里，名字越靠近中心点，表明他与你的关系越亲密。

写在最小的同心圆内的人属于你的"一级人际财富"：你们彼此相爱，你愿意让对方走进自己心灵的最深处，分享你内心的秘密、痛苦和快乐。这样的人际财富不多，却是你最大的心灵慰藉，也是你生命中最重要的成长力量。

写在第二大同心圆内的人是你的"二级人际财富"：你们彼此关心，时常聚在一起聊天、玩耍，一起分享快乐，一起努力奋斗。虽然你们之间有些秘密是无法分享的，但这类朋友让你时常感到人生的温馨。

写在最大的同心圆内的人属于你的"三级人际财富"：这些朋友，可以是平时见面打个招呼，但是需要帮助时也愿意尽力帮忙的朋友；可以是曾经比较亲密但渐渐疏远，却仍然在你心中占有一席之地的朋友；也可以是平时难得见面，却不会忘记在逢年过节问候一声的朋友。

同心圆外的人代表你的"潜在人际财富"：尽量搜索你的记忆系统，把那些虽然比较疏远但仍属于你的人际财富的人的名字写下来。

试着一边整理自己的人际财富一边思考：你的人际关系现状如何？是否合适？你认为自己身上的什么性格品质给你带来了好人缘？或者如果你的人缘不太好是什么原因造成的？以后该怎样努力？

第二节 大学生人际交往能力的培养

大学生来自五湖四海，各自家乡的风俗习惯、风土人情千差万别，家庭环境和成长的经历不尽一致，生活习惯、兴趣爱好、个性也有较大的差别，某些大学生由于不了解人际交往的原则、技巧和艺术，从而导致在与他人交往时经常碰壁。有些大学生因此对与人交往失去信心，从而在心理上自我封闭，独来独往，最终给自己带来精神上的压抑和痛苦。因此，大学生要建立良好的人际关系，必须掌握一些人际交往的原则、规范、技巧和艺术，才能达到事半功倍的效果。

一、培养大学生良好的人际交往原则

（一）尊重平等原则

古人曰："敬人者，人恒敬之。"在人际交往中，尊重、平等是建立良好的人际关系的前提，是交往中最重要的原则。

尊重包括自尊和尊敬他人两个方面。自尊就是在各种场合自重自爱，维护自己的人格；尊重他人就是尊重他人的人格、情感、承认他人的社会价值。尽管由于主客观因素的影响，人与人在气质、性格、能力、知识等方面存在差异，但在人格上是绝对平等的。所以，同学之间不要因为家庭、经历、特长、经济等方面的不同而对人另眼相看，也不要因为学习成绩、社交能力等方面的优秀而看不起别人，更不能因为自己获得的荣誉和拥有良好的社会背景而傲视别人。只有把别人看成和自己同等的人，像求助别人一样帮助别人，才能与他人建立真正平等互助的正常交往。

心理小贴士

女王与妻子

英国女王维多利亚是历史上有名的女王，但是她私下和她的丈夫阿尔伯特亲王相处时，也难免有一般家庭的争执场面。

有一次，他们夫妇又吵架了，丈夫阿尔伯特愤怒地回到卧室，并且关上了门。事后，维多利亚女王想想知道是自己理亏，就在房间外敲门，打算向丈夫道歉。

"谁?"女王敲门后听丈夫这样问道，于是回答："英国女王!"可是屋内没有任何回音。

"谁呀?""我是维多利亚。"可是对方依旧没有开门。

最后，维多利亚又敲了敲门，然后温柔地说道："对不起，亲爱的，开门好吗？我是你的妻子。"这回房门从里面打开了。

（二）诚信原则

以诚待人、讲求信义是人际交往得以延续和深化的保证。以诚待人是人际交往中的最基本的要求，所有的人际交往的手段、技巧都应该是建立在真诚交往的基础上。在交往中，只有彼此真诚，才能相互理解、接纳、信任，才能在情感上引起共鸣，使交往关系得到巩固和发展。那种“逢人只说三分话，未可全抛一片心”的交往信条和假意逢迎、吹牛撒谎的交往行为，都会损害健康的人际关系。

子曰：“人而无信，不知其可也。”可见，守信是一个人立身处世之本。朋友之交，言而有信，允诺别人的事就要履行，这是诚信原则的重要表现。轻易允诺，但却失信于人，会给他人一种极强的不信任感，感觉你习惯于开空头支票，缺乏交往的诚意，这是人际交往的大忌。大学生在人际交往过程中，既要自信，又要信人，做到互相之间以信相待、以诚相待。

（三）互益原则

有这样一个故事：在一个寒冷的冬天，一个卖馒头的和一个卖棉衣的同时到一座破庙中躲避风雪。卖馒头的很冷，卖棉衣的很饿，但他们都相信对方会有求于自己，所以谁也不愿意先开口。过了一会，卖馒头的吃了一个馒头，卖棉衣的穿上一件棉衣。就这样，卖馒头的一个接一个地吃馒头，卖棉衣的一件接一件地穿棉衣。最后，卖馒头的冻死了，卖棉衣的饿死了。

人际关系实际上是人与人之间心理上的关系，反映了个人或群体寻求满足其社会需求的心理状态。因此，人际关系的变化与发展取决于双方社会需求的满足程度。如果双方在相互交往中都获得了各自的社会需求的满足，相互之间才能发生并保持接近的心理关系，从而表现为友好的情感；反之，就产生了厌恶，表现为彼此疏远。

（四）宽容原则

宽容表现为对非原则问题不斤斤计较，能够宽以待人，求同存异，以德报怨。宽容他人也就是宽容自己，苛求他人也就是苛求自己，不会宽容他人，同样也得不到他人的宽容。

大学生在人际交往过程中，由于个体差异或不可预见的阴差阳错，以及误会、不理解等而产生矛盾是不可避免的，要想关系融洽，需要每一个大学生能够尊重他人的习惯、爱好，不把自己的主观意志强加给别人。同时，还要充分理解对方的心理，谅解别人的过失，对别人不求全责备。只有这样，才能在学习、生活和工作中保持融洽的人际关系。

（五）适度原则

▶ 1. 交往的时间要适度

在人的社会性需求中，除了交往，还有学习等内容。有时我们在对于交往的时间和精力的分配上可能会发生某些冲突，这时就需要掌握合适的“度”。大学生活中，学习是第一要务，学习需要投入大量的时间和精力，因此要防止由于过于拓展人际关系而耗费太多的时间和精力。

▶ 2. 交往的程度要适度

交往的程度要取决于交往双方是否志同道合。就交往对象而言，有的适宜深交，有的则只能浅交，甚至拒交，不可能和所有人皆成为知心好友，也不能一味泛泛而交。在交往上，有的同学关系好时形影不离，一朝不和即相互攻击、老死不相往来，这种交往方式对双方的心理健康和人际关系发展都是不利的。“君子之道，淡而不厌”，距离产生美，在你对对方心理是否与你相容、志趣是否相投没有把握做出肯定判断时，不妨先保持一定的距离，把握交往的频度，使得今后在进一步的人际关系发展上进退自如。尤其是大一新生刚进入一个新的环境，开始交往更要保持合适的距离。

3. 与异性交往要适度

正常的异性交往有助于大学生的身心健康和人格发展，而大学生过分沉溺于尚不成熟的异性恋情而分散精力，会给当前的学习和生活带来不良影响，并无形中缩小了与其他同学接触的范围。因此，与异性交往要恰到好处。

二、掌握人际交往的技巧

(一) 倾听的技巧

很多人错误地认为人际交往中就是要不停地表达、不停地说话，生活中多数人都喜欢说，不喜欢听，关注说，忽略听，快节奏的生活使人们越来越缺乏倾听的耐心。倾听是一种艺术，认真的聆听态度能够使人觉得受重视及受肯定。懂得认真倾听的人，处处受人欢迎。

生活中影响倾听效果的原因很多，如心情好不好、注意力集不集中、倾听的目的等。有效的倾听需要注意以下几点。

1. 切勿多说

在交流的过程中，边听边说并不容易，我们在说的时候会漏听对方说的许多内容，同时也让对方觉得你没有真正地关注他说的话，因此用耳朵比用嘴巴更能赢得友谊和尊重。给朋友最好的礼物，有时是把耳朵“借”给他，不要多说只需倾听。

2. 真诚关注

倾听并不是不说话，仅仅用耳朵听就可以的，必须专注地听，不要心不在焉、东张西望，或者一心二用忙着其他的事情。要时不时地做出一些语言和表情上的反应，表示你对他说的话有兴趣。例如，背对着别人说话，你就看不到对方的动作、表情、目光等一些肢体语言，这时往往会越讲越没兴趣，越讲越懒得讲，为什么呢？因为没有回应。有效的倾听是用耳、用心、用眼听。

3. 话要听全

在与人交流的过程中，不要轻易打断别人说话。切勿匆忙对对方所说的话下评论，应该在确定对方完整地表达完意见后再做出反应，即使对方停下来，也并不表明他们已经说完想说的话。只有完整地了解对方的表达意图，才能更有效地进行交流。

(二) 交谈的技巧

语言交谈中，任何一句话都可以有不同的说法，所谓“良言一句三冬暖，恶语伤人六月寒”，说法不同，效果便截然不同。语言艺术运用得好，就能优化人际关系；相反，如果不注意语言艺术，往往在无意间就会出口伤人，产生矛盾。

心理小贴士

我能抽烟吗？

甲、乙两个人在教堂祈祷时烟瘾犯了。

甲问神父："祈祷的时候可不可以抽烟？"神父回答说："不可以！"，甲只能默默忍受着烟瘾。

乙问神父："抽烟的时候可不可以祈祷？"神父回答说："当然可以！"乙就点上一支烟抽了起来。

1. 赞美的艺术

威廉·詹姆斯说"渴望被别人赏识是人最基本的天性。"希尔的《成功学》认为，人类本性最深的需要是渴望别人的欣赏、接纳和赞美，一句话可以使人愉悦，使人振奋，甚至能改变人的一生。赞美对于多数人来说是需要学习的。赞美别人不是拍马屁、奉承。赞美是智者的行为，是发自内心的，是真诚的。拍马屁、奉承是小人所为，是为了获取私利，是虚伪的。

如何赞美别人呢？首先，赞美要真诚。能引起对方好感的只能是那些基于事实、发自内心的赞美；相反，那些不切实际、夸张且虚情假意地赞美，不仅会引起对方的反感，更会让对方觉得你油嘴滑舌、狡诈虚伪。其次，赞美要具体化。在赞美别人时，要有意识地说出一些具体而明确的事情，而不是空泛、含糊地赞美。好的赞美总是具体的赞美，具体的赞美才有说服力和影响力。最后，赞美要适度，即对别人的赞美要适可而止，真诚的赞美应该是恰到好处，夸张的赞美会让人感到虚假。

2. 批评的艺术

人非圣贤，孰能无过？被别人批评或者批评别人在所难免，但如果方法不当，既达不到目的，又伤害感情。批评的艺术体现在以下几方面。

(1) 从称赞和诚恳入手。先诚恳地称赞别人的优点，再指出其不足，一针见血地批评更有效。

(2) 间接提醒别人的错误。使用间接的方式提醒别人的错误会因为给对方保留面子而使之乐于接受意见，比直截了当地指出别人的错误要好。

(3) 先自我批评。当与别人发生误会而双方都有责任时，先自责后指出对方的错误，对方会更容易接受。

(4) 提问而不是下命令。批评别人时态度要诚恳，方式要委婉。例如，"你觉得这样做行吗？"比"你这样做不行！"更容易让对方反思自己的错误。

(5) 勇于接受批评。当别人善意地批评自己时，要勇于接受才能进步。

3. 拒绝的艺术

良好的人际关系的建立并不意味着要一味地迎合对方，人际交往中适当的拒绝也很重要。因为每个人的能力有限、精力有限，各人也有各自的喜好，如果盲目地顺从对方，会使交往变成一种负担，给自己造成不必要的压力。不少大学生在交往中，怕朋友说自己小气、不讲义气等，对别人要求的事不敢拒绝，结果自己做不好，或者根本就难以做到，导致别人认为自己没有诚信、不可靠。

为了长远、真诚、有效地发展人际关系，我们要学会拒绝，学会婉转地拒绝他人的技巧。与人交往时，从自身出发，保持个人完整、独立的人格，在人际交往中不迷失自我。拒绝别人时，不妨参考以下做法。

(1) 暗示法，是指采取间接的方式，让对方领会到已被拒绝。清代书画家郑板桥在山东潍县做县令时，潍县有一个富家子弟，欺小凌弱，称霸乡里，被郑板桥捉拿归案。富家惶惶不安，以重金请郑板桥的同科进士张老先生向郑板桥说情。张老先生来到郑板桥家，郑板桥早知其来意，但顾及面子，还是设酒款待。三杯酒落肚，张老先生开口道："郑大人，愚下登门有一事相求，我想大人您一定是'正月初一去'吧?"郑板桥一听对方打谜语，顺手又向老张先生敬了一杯酒，不紧不慢地说："仁兄，不瞒您说，板桥早知您的来意，您也熟知我板桥的为人。我为官不才，上衙门是'一无骑马，二无坐轿'，请仁兄谅解。"张老先生听到此言，知道郑板桥也用隐语表示了两个字的一句口语，自觉没趣，只好起身告辞。这里说的"正月初一去"，即"正月"二字中，"正"字去掉"一"，所余"止月"合为"肯"；"一无骑马，二无坐轿"自然是"步行"，谐音"不行"。

(2) 补偿法，是指在委婉拒绝他人的同时，用另外的办法加以弥补。卡内基在拒绝一次演讲邀请时说："很遗憾，我实在排不出时间来。"紧接着，他又推荐说："约翰也讲得很好，说不定他是比我更适合的人选呢!"这种补偿拒绝法，既能达到拒绝他人要求的目的，又可以补偿对方因遭遇拒绝而产生的不满与失望，便于保持和他人良好的人际交往。

(3) 提问法。面对别人的过分要求，你可能会做出这样的选择：或是拂袖而去，或冷笑一声说再见，或拍案而起、迎头痛击。但这样做，既会有失你的身份，也会因此伤了和气，此时最好的拒绝方式是提出一连串的问题，提醒对方思考应该思考而未思考的问题。对方在思考你的一连串问题的过程中，便会发现自己的要求太过分，这样自己就达到了拒绝的目的。

(4) 先肯定后否定，是指从对方的要求中找出双方都认可的某些非实质性的内容，并加以赞赏，突出双方的共同点，力争对方理解，然后再对双方看法不一致的实质性内容进行阐述或辩解，以拒绝对方的要求。可以先细心地在其发表的意见中，寻找可以肯定之处，即使其意见确实毫无肯定之处，还可以肯定其陈述时的坦率。在此之后，话锋一转阐述自己的不同看法，例如，可以这样说："总体来说，你的看法是对的，如果……"或"你的看法我也有同感，问题在于……"这样既可以达到拒绝的目的，又可以使对方在心理上产生亲和感和满足感。

(5) 动作代替法，是指通过面部表情、手势、摇头等行为来表示否定意见。身体动作学表明，一个人从婴儿时期开始，就会不靠语言向别人表达需要和好恶，这种能力会一直保持终生。如果你想要拒绝别人的某种要求，可以不必开口说"不"，利用身体语言同样可以传递"不"的意思。例如，当边听边将双手交叉在胸前，并保持温和的态度和平静的表情，轻轻摇头，就意味着否定。

(6) 借故法，是指找一个适当的理由拒绝他人的要求。例如，一天晚上，你的舍友约你一起玩网游，并声称就缺你一人，但你并不想玩，这就需要找一个比较合适的理由加以拒绝。你不妨说："很想和你们一起玩个痛快，可今天不凑巧，我老乡已经和我约好了，陪她去商场买衣服。"这样既达到了拒绝的目的，又可以让你的朋友明白你的拒绝是出于无奈，而不会责备你不给面子。

(三) 非语言交往技巧

美国心理学家艾伯特·梅拉比安提出：

有效沟通＝7％的言辞＋38％的语调＋55％的肢体语言

这充分表明非语言对于人与人交流的重要性，所以交往中还要注意非语言方面的一些技巧。

1. 服饰技巧

一个人的服饰往往会反映出他的个性和爱好。一个和你初次会面的人往往会不自觉地根据你的衣着打扮来判断你的为人，对你产生好恶。服饰展示了一个人的形象和风度，因此，人际交往中必须注意自己的服饰，穿着要整洁、得体，体现出自己的个性，形成自己的风格。

2. 面部表情

微笑是最廉价，也最宝贵的礼物。在表情语言沟通中，有一种最有效的沟通技巧，那就是微笑，它可以有效地消除彼此间的隔阂，使人处处受欢迎。但微笑必须发自内心，要真诚。不真诚的假笑是骗不了人的，还会引起别人的厌恶。

眼睛是心灵的窗户，可以显示心灵深处的信息。目光是人际交往中重要的信息来源，在沟通中，恰当地和对方目光接触并进行交流，能拉近双方在心灵上的距离，使沟通更融洽。

3. 体态语言

体态是一种无声的肢体语言，它通过手势、身体姿态、面部表情等来传递信息，既体现了人的精神魅力，又体现了人的外在魅力，是人的思想感情与文化修养的外在体现。一个人的姿势、眼神和动作，能从多方面反映这个人的内心世界。在交往中，如果表现出热情和兴趣，往往身体微微向前倾向交谈的对方，并伴有微笑、注视；身体后仰，表示傲慢；背朝别人，表示不屑一顾；双手不知所措，揪衣服、抓脑袋，表示紧张、缺乏信心等。

在社交场合，有些体态应避免出现，如拉拉扯扯、指手画脚、将身体靠在物体上、当众伸懒腰、挖鼻孔、掏耳朵、剪指甲、打哈欠、大声说话、歪头斜眼等，这些都是对别人不尊重的表现，会直接影响人际交往。

4. 距离技巧

在一般的人际交往中，人们常常是一方面希望彼此接近，希望获得温暖和关爱；另一方面又努力保持彼此之间的距离，使自己觉得安全。所以在人际交往中，人与人之间的距离通常表达特定的意思。

(1) 亲密带(0～0.5 米)：这个距离内，人们不仅仅靠语言，还通过视觉、听觉、触觉、嗅觉来传递信息。这样的距离往往限于恋人、父母、配偶、子女、密友之间，其他人如果进入这个空间，会引起警觉和反感。

(2) 个人距离带(0.5～1.25 米)：朋友之间的交往通常在这个距离内，可以相互握手、自由交谈，如同学聚餐。

(3) 社会带(1.25～3.5 米)：这个距离通常不是私人性质的人际交往，而是公开的社会交往，如新生初次见面的相互交流。

(4) 公共带(3.5 米以上)：这个距离通常用于公共场合下人们之间的社交性对话，例如，在一大群人面前发言，大于 3.5 米会让我们感觉比较舒服。

当然，这只是一个大概的标准，每个人在不同场合的体会会有所不同，但注意调整人际交往的空间距离，无疑会有助于我们的人际交往。

第三节 大学生人际交往中的心理问题及调适

受应试教育的影响，多数学生在上大学之前社交封闭，人际交往能力普遍比较弱。进入大学后，宽松的学习环境使处于青年期的大学生解放自我，人际交往的需求极为强烈。他们试图通过人际交往去认识世界、获得友谊、满足自己物质和精神上的各种需要。但在交往过程中，由于每个人待人接物的态度不同，个性特征不同，再加上青春期心理固有的闭锁、羞怯、敏感和冲动，都使大学生在人际交往过程中不可避免地遇到各种困难，从而产生困惑、焦虑等心理问题。

如果这些问题不能及时、有效地解决，个体的人际关系将严重失调。在大学生各种心理问题中，人际交往问题表现最为突出，直接影响其正常的学习和生活。

一、社交自卑心理及调适

自卑是一种过低的自我评价，有自卑心理的大学生在人际交往中存在“我不行”“我不如别人”等消极的自我卑微感，其常见的表现是害羞、不安、忧郁、悲观、孤僻、自我封闭、言行被动；在社交场合，表现拘谨、事事避让、处处退缩，不敢抛头露面，生怕当众出丑。一般来说，社交自卑感严重的人，大多性格内向、感情脆弱、多愁善感，这种人在交际场合不能积极参与，主动交流，而是过于警觉，被动防守，消极等待别人主动接近，担心在交往中失面子、受伤害。

实际上，自卑并不一定能力低下，而是凡事期望值过高，不切实际，在交往中总想把自己的形象理想化、完美化，惧怕受挫或遭到他人的拒绝与耻笑。这种心境使自卑者在交往中时常感到不安，因而将社交圈子限制在狭小的范围内。

严重的自卑感会造成人的心理变态，给学习和生活带来精神负担，因此大学生要学会克服这些不必要的自卑感。

大学生可以采用以下方法调适自卑心理。

（一）正确认识自己，提高自我评价

很多大学生总是通过他人来认识自我，如果他人对自己的评价过低，特别是较有权威的人的评价，就会影响对自己的认识，从而过低地评价自己，产生自卑心理。也有的大学生对自我形象不认同，或者是对自己能力有怀疑，感觉自己没有赢得别人尊重和欣赏的本钱，于是产生了极强的失落感，丧失了交往的勇气和自信心。

因此，有自卑心理的人，首先要正确认识自己，提高自我评价，要经常回忆自己的长处和自己经过努力做成功的事例；要善于发现自己的优点，肯定自己，以此激发自己的自信心，不要因为由于自己某些缺点的存在而把自己看得一无是处，不能因为一次失败而以偏概全，认为自己什么都干不了。

（二）善于自我满足，消除自卑心理

自卑的人一般都比较敏感脆弱，经不起挫折打击，一旦遭受挫折，就很容易意志消沉，从而又增强了自卑感。因此，凡事应不怀奢望，要善于自我满足，知足常乐，无论生活、工作或学习，目标都不要定得过高，这样，就容易达到目标，避免挫折的发生。

必须明白，努力的目的是完成自己的既定目标，而不是为了打败别人。每次取得成功的体验，都是对自己的一种激励，都有利于恢复自信心。

（三）坦然面对挫折，加强心理平衡

自卑的人的心理防御机制多数是不健全的，自我评价认知系统多数偏低。遭受挫折与失败的时候，不怨天尤人，也不轻视自我，要客观地分析环境与自身条件，这样才可以找到心理平衡，才可以发现人生处处是机会。

（四）广泛社会交往，增强生活勇气

自卑的人多数比较孤僻、内向、不合群，常把自己孤立起来，少与周围人群交往，由于缺少心理沟通，易使心理活动走向片面。自卑者应多参与社会交往，感受他人的喜、怒、哀、乐，丰富生活体验；通过交往，可以抒发被压抑的情感，增强生活勇气，走出自卑的泥潭；通过交往，可以增进相互间的友谊、情感，使自己的心情变得开朗，自信心得到恢复。

二、社交恐惧心理及调适

社交恐惧是指在某种特定的社交情景中对人或活动本身产生强烈的恐惧感或紧张不安，从而不得不采取回避行为的一种社交心理问题。

社交恐惧的表现：不敢与恐惧对象目光对视，总是用余光注视他人；总是觉得别人在注视自己；讲话时爱摸鼻子、下颌等，以掩饰内心的惊慌不安；与人交谈口齿不清，语言重复；总是采取回避行为；在社交场合出现面红、出汗、气短和颤抖等生理反应。

大学生交往的愿望很强烈，渴望得到别人的肯定和接纳，渴望理解，渴望友谊。但有的大学生对交往有恐惧心理，与人交往时胆怯、害羞、自卑，害怕被人看不起，害怕交往会遭到失败。他们的行为往往与内心的愿望不符，极力回避与人接触，不得不交往时则紧张、恐惧、心跳加快、面红耳赤，难以自制。

大学生可以采用以下方法调适恐惧心理。

(一) 悦纳自己、树立自信

不必过度关注自己给人留下的印象。当自己对社交场合过于紧张或害怕时，不妨让自己的思维走向极端，再坏又能坏到哪里去呢？最终我又能失去些什么呢？最糟糕的结果又会是怎样呢？我的脸大不了红得像个红苹果，我心跳太快又有什么了不起！结果呢，我们会发现实际情况远没有想象的那么严重，于是注意力就被转移到正题上了。

如果你与陌生人交往感到恐惧，那么可以试试以下方法：第一步，与自己的父母无拘束地交谈；第二步，与同宿舍同学畅谈；第三步，主动与隔壁宿舍同学交谈；第四步，与同班同学交谈；第五步，主动与上选修课的陌生同学或同桌吃饭的陌生同学交谈。

(二) 不要太在意自己的身体反应

紧张总是伴随一系列的生理上的不适，根据强化理论，如果紧张时我们太注意自己身体某些部位的紧张反应，就相当于在强化自己的紧张行为，使其一步一步地加重。而当我们不去理会自己的紧张反应后，由于紧张得不到注意和强化，紧张反应就会随着时间的推移而逐渐消退。学会适当地做些克服身体紧张的运动，例如，强迫自己做数次深长而有节奏的呼吸，这样可以使紧张情绪得以缓解。

(三) 学会放松自我

与别人在一起时，不论是正式还是非正式的聚会，开始时不妨手里握住一样东西，如书本、手机或是其他的东西，握住这些东西对于社交恐惧的人来说，会感到舒服而且有一种安全感。然后，慢慢克服自己的胆怯心理，学会毫无畏惧地看着别人。

(四) 增加社交吸引力

在与人接触时，注意自己的外表形象，经常读些课外书籍、报纸，了解时事，开拓自己的视野，丰富自己的阅历，多参加社团及其他集体活动，通过人际交往掌握社交技巧，不断充实、完善自己。没有人天生就具有社交吸引力，所以必须有耐心，还要付出努力，相信只要努力并且持之以恒，就一定能在人际交往中取得成功。

三、社交嫉妒心理及调适

嫉妒俗称“红眼病”“吃醋”“吃不到葡萄说葡萄酸”等。就内心感受来讲，嫉妒前期表现为由攀比到失望的压力感，中期表现为由羞愧到屈辱的心理挫折感，后期则表现为由不服不满到怨恨憎恨的发泄行为。

社交嫉妒是指在人际交往中因与他人比较，发现自己在才能、名誉、地位、境遇等方面不及他人而生发出来的由抱怨、憎恨、愤怒等组成的复杂情感。就大学生而言，社交嫉妒感主要表现在对他人的长处、成绩心怀不满，报以嫉恨，看到别人冒尖了心里不服气，总希望别人比自己稍逊一筹或相差无几。更有甚者，把自己的成功、别人的失败看成莫大快慰，甚至在行为上冷嘲热讽。

嫉妒、攻击性言论和行为会导致人际冲突和交往障碍。

社交嫉妒感是一种非常有害的心理。巴尔扎克这样描述说："嫉妒者比任何不幸的人更为痛苦，因为别人的幸福和他自己的不幸，都将使他痛苦万分。"嫉妒是一种消极的心理品质，在人际关系交往中，嫉妒感只能给大学生带来痛苦、忧伤、攻击性言论和行为，产生交往障碍。

大学生可以采用以下方法调适嫉妒心理。

(一) 客观评价自我，发现自身长处

当嫉妒心理萌发时，能够积极、主动地调整自己的意识和行为，能够客观、冷静地分析自己，找出差距和问题。聪明人会扬长避短，寻找和开拓有利于充分发挥自身潜能的新领域，这样可以在一定程度上补偿先前没能满足的欲望，缩小与嫉妒对象的差距，从而达到减弱乃至消除嫉妒心理的目的。

(二) 正确看待别人的能力和长处

一个人不可能在任何时候都比别人强，人有所长也有所短。人固然应该喜欢自己、接受自己，但还要客观看待别人的长处，这样才能化嫉妒为竞争，才能提高自己。所以当别人确实在某一方面强于自己时，应该实事求是地承认，并努力赶上别人，完全用不着嫉妒和不服气。

(三) 善于调整目标

当自己的目标和别人的目标一致，而别人在这方面已经超过自己很远时，可以改变目标，换一个方向去努力，也许会获得和别人一样理想的结果。

(四) 善于转移注意力

不要总是把目光盯在别人的优点和长处上，也不能总是把注意力放在少数优秀人物身上，要学会退而求其次。

(五) 保持良好的心态

在任何一个群体中，总有人比较优秀走在前头，也总有人相对落后一点，自己可以去努力、去争取，实在赶不上，暂时也不必强求。

(六) 努力消除嫉妒心

嫉妒心是很难隐藏和掩饰的，在人际交往中很容易被他人觉察。一旦别人发觉你嫉妒他(她)，交往就会受到影响，与其这样，倒不如消除嫉妒心理，坦诚、轻松、愉快地与对方沟通，这样或许能获得意想不到的良性交往效果。

(七) 学会自我宣泄

产生嫉妒心理时，最好能找知心朋友、亲人痛痛快快地说个够，他们能帮助你阻止嫉妒心理朝着更深的程度发展。另外，可借助各种业余爱好来宣泄和疏导，如唱歌、跳舞、练书法、下棋等。

四、社交猜疑心理及调适

猜疑心理是一种由主观推测而产生的不信任的复杂情感体验，是人性的弱点之一。猜疑心重的人思虑过度，凡事都往坏处想，喜欢捕风捉影，无中生有。正如培根所说："猜

疑之心犹如蝙蝠，它总是在黄昏中起飞。这种心情是迷陷人的，又是乱人心智的，它能使你陷入迷惘，混淆敌友，从而破坏你的事业。”

心理学家认为，猜测是闭路思维的结果，其特征是“自圆其说”。怀有猜疑心的人一般总是从某一假想目标出发，脱离考察，进行封闭式思维，最后又回到假想的目标上来。对于猜疑目标就像画圆一样，越画越精，越画越圆，最后越看越像，越看越真。

心理小贴士

疑人偷斧

一个人丢失了斧头，怀疑是邻居的儿子偷的。从这个假想目标出发，他观察邻居儿子的言谈举止、神色仪态，无一不是偷斧的样子，思考的结果进一步巩固和强化了原先的假想目标，他断定偷斧贼非邻子莫属了。可是，不久之后在山谷里找到了斧头，再看那个邻居儿子，竟然一点也不像偷斧贼。

大学生在人际交往中常怀有“疑人偷斧”的猜疑心理。例如，宿舍里丢了东西，往往看表面乱猜疑；见到几个同学背着他讲话，就怀疑是在讲自己的坏话；老师有时对自己态度冷淡一些，又会觉得老师对自己有了看法等。他们总觉得别人在背后说自己坏话，或给自己使坏。喜欢猜疑的人特别留心外界和别人对自己的态度，别人脱口而出的一句话很可能会琢磨半天，努力挖掘其中的“潜台词”。这种以怀疑的眼光去捕风捉影，对任何人都怀有一种戒备之心的大学生，不能轻松自然地与人交往，久而久之不仅自己心情不好，还会伤害同学之间的感情，影响人际关系的和谐。

人际交往中的猜疑难以避免，但如果猜疑心过重，对什么都怀疑，则容易造成人与人之间的隔阂、矛盾和冲突，伤害了别人的感情，也孤立了自己，导致人际关系紧张。因此，大学生必须注意克服自身存在的好猜疑的毛病。

大学生可以采用以下方法调适猜疑心理。

（一）学会用理智克制猜疑的冲动

当发现自己开始怀疑别人时，应当立即寻找产生怀疑的原因，在没有形成思维之前，引入正、反两个方面的信息。如“疑人偷斧”中的失斧者，如果失斧后冷静想一想，斧头会不会是自己砍柴时忘了带回家，或者挑柴时掉在路上，那么，这个险些影响他与邻人关系的猜疑或许根本就不会产生。现实生活中的许多猜疑戳穿了是很可笑的，但在戳穿之前，由于猜疑者的头脑被封闭性思维所主宰，却会认为他的猜疑顺理成章。因此，理智、冷静的思考显然是十分必要的。

（二）学会及时沟通，解除疑惑

世界上不被误会的人是没有的，关键是我们要有消除误会的能力与办法，如果误会得不到尽快的解除，就会发展为猜疑；猜疑不能及时解除，就可能导致不幸的事情发生。所以如果可能的话，最好与“怀疑”的对象开诚布公地谈一谈，以便弄清真相，解除误会。猜疑者生疑之后，冷静地思考是很重要的，但冷静思考后如果疑惑依然存在，那么就应该通过适当的方式与被怀疑者进行推心置腹的交流和沟通。若是误会，可以及时消除；若是看法不同，通过交流和沟通，了解对方的想法也很有好处；若真的证实了猜疑并非无端，那么心平气和地讨论也有可能使事情在冲突之前得以解决。

（三）学会“冷处理”

疑惑之事，乱猜疑者与善于进行耐心调查者的区别是什么呢？无非是前者“急功近利”，想用省事的方法达到目的，结果往往不能使事情得到解决，反而会给自己酿成后悔莫及的苦果。对于那些一时无法得到证实的事情，最好的办法是先“放一放”，总会有水落石出的时候。急于求成、胡乱猜疑，弊多利少，远不及耐心考察的“冷处理”方法好。

（四）学会识别信息

猜疑心理可能源于自身，也可能是听信别人的流言蜚语而产生的。因此，人们在人际交往中，要善于对信息和信息源进行认真的鉴别，冷静筛选，去伪存真，不可偏信。所谓“兼听则明，偏听则暗”，古人所云，颇有哲理。信息只有真人实事才是判断是非的依据，而对未经证实的信息，一定要做到“耳要硬，口要紧，行要慎”。对于小道消息不妨宁肯信其无，不可信其有。遇事保持警觉，认真调查思考，切勿轻从轻信，是大学生避免社交猜疑的最好方法。

案例讨论

阿文，男，22岁，大三学生。

自述：我也没什么大的问题，就是和人交往时紧张。我不是一个特别内向的人，我喜欢交朋友。和朋友单独在一起时，我总有说不完的话，可是一到人多的场合，特别是遇到陌生人，我就不知道如何与他们打交道了。在学校组织的舞会、节日聚会上，要是我遇到熟人，不得不和陌生人交谈时，我总是站在一旁看某人半天，也拿不准是不是该上前打声招呼。即便有人主动过来和我聊天，我也不敢看着对方，只好东张西望，结果聊了一小会就自觉无话可说，不欢而散，我想对方一定很失望。

我喜欢唱歌，自己一个人唱的时候感觉不错，可一旦当着大家的面就总是唱得乱七八糟。更糟糕的是，上英语课时，如果轮到我念课文，我总会害怕，感觉全身的血直往脑子上涌，站起来腿都打哆嗦，每次都念得磕磕巴巴，有时念半截儿就没信心再念下去了。这学期，我选了一门公共课，每个人都必须轮流上台发言，得知这个消息，我很后悔选了这门课，整天忧心忡忡。到了发言的前一天晚上，我整夜没睡着，脑子里全是明天可能出现的糟糕场面，结果到了第二天，我躲在宿舍里一天没敢去上课。我觉得朋友越多越好，可实际上我周围的朋友并不多，我想原因在于我不擅长和陌生人打交道。我觉得自己作为一个男生，这么羞怯是件很麻烦的事。

从阿文的讲述来看，他有社交焦虑的表现。在人多的场合或面对陌生人时，生理唤醒水平升高、不能专心、感到笨拙和紧张。他非常关注别人怎样看自己，当众唱歌或发言时过分注重自我，经常会认为自己正在犯错误，自己的讲话听起来一定很愚蠢，自己的样子看起来也一定很傻，因而出现口误、结巴，甚至出汗、发抖等。

有时候，社交焦虑者过于自我关注和紧张，一方面，导致自己想不出想说些什么，只好让谈话陷入沉默；另一方面，他们的紧张表现又会使交往对象感到压抑、不友好、不舒服，从而主动中断谈话。

需要说明的是，社交焦虑和性格内向不是一回事。像阿文一样，社交焦虑者中的大多数都愿意有更多的朋友，但是他们的羞怯使他们无法结识更多的朋友，许多愉悦的交往和潜在的友谊很可能因为交流的中断而被扼杀于萌芽状态。在遇到困难时，他们也很少向人求助，原因只在于他们害怕别人对自己的请求做出不友好的反应。社交焦虑者真正缺少的是自信，不相信自己能给别人留下好印象，他们总是担心别人怎么看待自己，担心对方会发现自己的愚蠢、无聊和幼稚(尽管事实并非如此)。对于负面评价的惧怕又常使得他们干脆选择了缄默这一自我保护的策略，根本不给别人对他们做出评价的机会。

心理学研究证明，适度的焦虑可以唤起人的警觉，促使人投入行动，是有利的。但是，一旦这种焦虑情绪影响每天的正常生活，就会成为一大心理干扰因素。

讨论：我们应如何区分性格内向和社交焦虑呢？如何评估社交焦虑的程度？各种专业量表是否可以提供有利的支持呢？应如何减轻社交焦虑？

心理测试

大学生人际关系综合诊断量表

亲爱的同学，请根据自己的情况回答以下28个问题。

1. 关于自己的烦恼，有口难言。

A. 是　　B. 否

2. 和陌生人见面感觉不自然。

A. 是　　B. 否

3. 过分地羡慕和妒忌别人。

A. 是　　B. 否

4. 与异性交往太少。

A. 是　　B. 否

5. 对连续不断的会谈感到困难。

A. 是　　B. 否

6. 在社交场合感到紧张。

A. 是　　B. 否

7. 时常伤害别人。

A. 是　　B. 否

8. 与异性交往感觉不自然。

A. 是　　B. 否

9. 与一大群朋友在一起时，常感到孤寂或失落。

A. 是　　B. 否

心理测试

10. 极易感到窘迫。

A. 是　　B. 否

11. 与别人不能和睦相处。

A. 是　　B. 否

12. 不知道与异性相处时如何适可而止。

A. 是　　B. 否

13. 当不熟悉的人对自己倾诉他的生平遭遇以求同情时，自己常感到不自在。

A. 是　　B. 否

14. 担心别人对自己有什么坏印象。

A. 是　　B. 否

15. 总是尽力使别人赏识自己。

A. 是　　B. 否

16. 暗自思慕异性。

A. 是　　B. 否

17. 时常避免表达自己的感受。

A. 是　　B. 否

18. 对自己的仪表(容貌)缺乏信心。

A. 是　　B. 否

19. 讨厌某人或被某人所讨厌。

A. 是　　B. 否

20. 瞧不起异性。

A. 是　　B. 否

21. 不能专注地倾听。

A. 是　　B. 否

22. 自己的烦恼无人可诉。

A. 是　　B. 否

23. 受别人排斥与冷漠。

A. 是　　B. 否

24. 被异性瞧不起。

A. 是　　B. 否

25. 不能广泛地听取各种意见和看法。

A. 是　　B. 否

26. 自己常因受伤害而暗自伤心。

A. 是　　B. 否

心理测试

27. 常被别人谈论、愚弄。

A. 是　　　　　　　　　　B. 否

28. 与异性交往时，不知如何更好地相处。

A. 是　　　　　　　　　　B. 否

【计分规则】

选 A 计 1 分，选 B 计 0 分。

【结果解释】

0～8 分：说明你在与朋友相处上的困扰较少。你善于交谈，性格比较开朗，主动关心别人，对周围的朋友都比较好，愿意和他们在一起，他们也都喜欢你，你们相处得不错。而且，你能够从与朋友相处中得到许多乐趣。你的生活是比较充实而且丰富多彩的，与异性朋友也相处得很好。一句话，你不存在或较少存在交友方面的困扰，你善于与朋友相处，人缘很好，获得许多人的好感与赞同。

9～14 分：说明你与朋友相处存在一定程度的困扰。你的人缘很一般，换句话说，你和朋友的关系并不牢固，时好时坏，经常处于一种起伏波动的状态之中。

15～28 分：说明你在与朋友相处上的行为困扰较严重。如果分数超过 20 分，则说明人际关系的行为困扰程度很严重，而且在心理上出现较为明显的障碍。你可能不善于交谈，也可能是一个性格孤僻的人，不开朗，或者有明显的自高自大、讨人嫌的行为。

下面将题目分为 4 栏，根据各栏的得分，具体说明受测者与朋友相处的困扰行为及其纠正方法。

分栏计分表

栏次		题目序号和得分							总分
Ⅰ栏	题目序号	1	5	9	13	17	21	25	
	得分								
Ⅱ栏	题目序号	2	6	10	14	18	22	26	
	得分								
Ⅲ栏	题目序号	3	7	11	15	19	23	27	
	得分								
Ⅳ栏	题目序号	4	8	12	16	20	24	28	
	得分								

（1）Ⅰ栏总分，显示受测者在交谈方面的行为困扰程度。

6 分以上：说明受测者不善于交谈，只有在极需要的情况下才与别人交谈，总难以表达自己的感受，无论是愉快还是烦恼；受测者不是个很好的倾听者，往往无法专心听别人说话或只对特定的话题感兴趣。

心理测试

3～5 分：说明受测者的交谈能力一般，能够诉说自己的感受，但不能讲得条理清晰。如果受测者与对方不太熟悉，开始时往往表现得比较拘谨与沉默，不太愿意与对方交谈，但这种状况一般不会持续太久。经过一段时间的接触，受测者可能会主动与人交谈，这方面的困扰也会随之减轻或消除。

0～2 分，说明受测者有较高的交谈能力和技巧，善于利用恰当的说话方式来交流思想和感情，因而在与别人建立友情方面，往往更容易获得成功。

(2) Ⅱ栏总分，显示受测者在交际与交友方面的行为困扰程度。

6 分以上：说明受测者在社交活动与交友方面存在严重的行为困扰。例如，在正常集体活动与社交场合，比大多数同伴更为拘谨；在有陌生人或老师在场时，往往感到更加紧张。受测者往往由于过多考虑自己的形象而使自己处于越来越被动和孤立的境地。

3～5 分：说明受测者在社交与交友方面存在一定的困扰。受测者不喜欢一个人待着，需要和朋友在一起，但却不善于创造条件并积极、主动地寻找知心朋友。

0～2 分：说明受测者对人较为真诚和热情，不存在人际交往困扰。

(3) Ⅲ栏总分，显示受测者在待人接物方面的行为困扰程度。

6 分以上：说明受测者缺乏待人接物的机智与技巧。在实际的人际交往中，受测者也许有意无意地伤害别人，或者过分羡慕别人以致在内心嫉妒别人，可能因此受到别人的冷漠、排斥，甚至愚弄。

3～5 分：说明受测者也许是一个较圆滑的人，对待不同的人，有不同的态度，而不同的人对受测者也有不同的评价。受测者讨厌某人或者被某人讨厌，但却非常喜欢一个人或者被另一个人喜欢。受测者的朋友关系在某些方面是和谐、良好的，但在某些方面却是紧张、恶劣的。因此，受测者的情绪很不稳定，内心极不平衡，常常处于矛盾状态中。

0～2 分：说明受测者较尊重别人，敢于承担责任，对环境的适应性较强。受测者常常以自己的真诚、宽容、责任心强等个性特点获得众人的好感与赞同。

(4) Ⅳ栏，显示受测者与异性朋友交往的困扰程度。

5 分以上：说明受测者在与异性交往的过程中存在较为严重的困扰。也许受测者对异性存有过分的思慕，或者对异性持有偏见，这两种态度都有片面之处；也许是受测者不知如何把握好与异性交往的分寸而陷入困扰之中。

3～4 分：说明受测者与异性交往的行为困扰程度一般。有时受测者可能觉得与异性交往是一件愉快的事，有时又可能觉得这种交往似乎是一种负担，不知道如何与异性交往最适宜。

0～2 分：说明受测者知道如何正确处理与异性朋友之间的关系。受测者对异性持公正的态度，能大方、自然地与他们交往，并且在与异性朋友的交往中，得到了许多与同性朋友交往得不到的东西。无论是同性朋友还是异性朋友，多数人都比较喜欢和赞赏受测者。

思考题

1. 你在日常生活中应用的人际交往的心理效应有哪些?
2. 观察身边的朋友，了解他们在人际交往中使用的非语言交流技巧有哪些?
3. 如果你的好友有些自卑，你会给他怎样的建议和帮助呢?

拓展阅读

图书《卡内基沟通与人际关系》

该书作者为戴尔·卡内基，美国著名演说家、作家和教育家，是国际著名励志大师。书中，他集中介绍了处理人际关系的基本技巧、六种使别人喜欢你的方法，以及如何让别人的想法和你一样。

请写出你的感受：________________________________

____

____

____

图书《身体语言密码》

该书作者亚伦·皮斯，是国际著名的人际关系专家和身体语言专家。本书阐述了如何通过细致入微地观察身体语言，来获得人际交往的主动权，也就是所谓的相人之术。只要了解一个人身体举止密码的意义，你就可以对他一目了然。

请写出你的感受：________________________________

____

____

____

第八章　大学生恋爱与性心理

——经营爱情　爱人爱己

案例导读

小琪失恋了，心情超级低落，同班"学霸"小凯过来跟她聊天说话，让她感觉心情好了不少。在之后的一段时间里，小凯经常关心小琪，两人平时一起学习，周末一起去海边，亲密的友谊让时间过得飞快，也让小琪从失恋中走了出来。转眼间，大一下学期开学了，小琪和小凯一起回到学校，经过一个寒假，小琪发现自己越来越喜欢小凯，可是她又很矛盾……

"不会吧，难道我爱上他了？"

"不，我们原来说好了不能超越友谊的界限。"

"可是他对我的感觉也很不一般呀。"

"虽然我们关系很好，可是不知道他是怎么想的。"

"不，不能表达，如果冒昧表达，说不定连朋友都做不成了。"

"哎，这到底是什么状态呀，是男闺蜜还是男朋友？真是纠结……"

小琪的情况是不是也在你的身边上演？那么，到底怎么区分恋情和友情呢？在本章里，我们一起探讨一下爱情是什么，以及与爱情有关的研究，然后谈谈大学生的恋爱心理与恋爱观，最后介绍大学生的性心理与调试。

第一节　大学生恋爱面面观

一提到恋爱，许多同学的第一反应可能是高中班主任、家长的禁忌——早恋，但大学生无论生理还是心理等方面都已趋于成熟，到了可以谈情说爱的年龄。美丽的大学校园里，恋爱现象已由过去的不好意思转化为公开进行，男生女生手牵手早已司空见惯，还会在宿舍楼前、操场上、自习室里、阅览室看到搂搂抱抱甚至更为亲昵的行为。

一、关于爱情

（一）什么是爱情

生理学家认为，爱情是大脑分泌某种物质的结果。人类学家发现，在大脑底部附近腹侧背盖区的 ApEn 细胞制造了一种天然的兴奋剂——多巴胺，这是产生爱情的物质基础。爱情在本质上兼具有生理属性和社会属性，生理属性在爱情中起着一定的基础和动力作用，但人并不是完全受本能驱使，引导我们行为的更强大的力量是人的社会属性。爱情是生理、审美、道德、社会交往、精神等多方面的融合，是男女之间基于共同的生活理想，在各自内心形成的相互倾慕，并渴望对方成为自己终身伴侣的一种强烈、纯真、专一的感情。

心理学家对爱情的定义包含了对亲密关系的认知、情绪和行为，从生理、态度、特性等方面进行研究。例如，精神分析学派创始人弗洛伊德认为爱情是由性引发的情感；鲁宾将爱情定义为对某一特定的他人所持有的一种态度；人本主义心理学家卡尔·罗杰斯说，爱是深深的理解和接受；马斯洛则认为，爱是人的一种复杂的、高层次的需要。

（二）爱情与喜欢

许多在交往中的男女大学生常常会思考一些问题：我是不是已经在恋爱了？我和他交往有没有进一步的可能？我觉得我们只是朋友，但是别人怎么说我们是一对呢？这些问题确实不太容易回答。鲁宾(1970)认为，喜欢有两个最主要的因素：一是互相吸引的双方有共同的理解；二是喜欢的主体对喜欢的对象有积极的评价和尊重。而爱情包括依恋、关怀与奉献、亲密三个最主要的因素。要了解爱情与喜欢的不同，我们可以做以下对比说明，如表 8-1 所示。

表 8-1　爱情与喜欢的对比

考虑因素	喜　　欢	爱　　情
唤起因素	由对他人的幻想唤起	由对他人的现实评价唤起
感情强度	比较狂热、激烈，与许多相互冲突的情绪有联系	单纯的情感体验且比较平稳、宁静
与性的关系	与性欲、性幻想等需要有关	不涉及该方面的需要
是否排他	独占性和排他性	互相帮助，共同分享

虽然爱情与喜欢是不同的，但喜欢是爱情的基础，并且有一点可以确定的是，爱情必须以喜欢为基础，但喜欢不一定就是爱情。喜欢是一种亲近的关系，而爱情则是一种亲密的关系，由亲近发展到亲密还是有一段距离的。

二、爱情三角理论

美国心理学家斯腾伯格运用定量与定性分析相结合的研究方法，在进行大量文献综述和实证研究的基础上提出了爱情的三角理论。他指出，爱情应由三要素构成：亲密、激情和承诺。

（一）亲密

亲密是指亲密无间、不可分割的感觉，它是爱情中的情绪成分，包括：爱慕和希望照顾爱人，通过自我揭露沟通内心感受；对所爱的人高度关注；在需要帮助时想到所爱的人；爱和被爱的人互相提供情感支持；重视对方在自己生活中的价值。斯腾伯格指出这一要素也广泛存在于较深的友谊之中。

（二）激情

激情是指与性、身体亲密以及浪漫有关的驱动力，它是爱情中的动机成分。激情能引起浪漫恋爱、体态吸引、性完美以及爱情关系中的其他有关现象。该因素就是在爱情关系中能引起激情体验的各种动机性的唤醒源。在爱情关系中，性的需要是引起这种激情体验的主导形式。

（三）承诺

承诺是指短期内爱上对方的想法及长期维持这份爱的承诺，它是爱情中认知的成分。能够传达承诺成分的行动有誓约、忠实、共渡难关、订婚、结婚等。

根据斯腾伯格的研究，这三大要素结合起来就产生了不同类型的爱，如图 8-1 所示。在关系发展的不同阶段，这三个要素的组合方式会有所不同。例如，在热恋时，承诺水平会达到最大值，之后保持平稳。而激情在大多数关系中是最快达到顶峰的，然后便迅速衰退，在关系早期便趋于平稳。此外，如果对于伴侣双方来说，三个要素的成分都差不多，那么这样的关系将比较幸福。浪漫的爱反映了被某人强烈吸引和迷醉的状态，它包含高度的生理唤醒、心理兴趣及对他人需求的关注；友伴的爱则与之不同，它是对与我们有着深刻生活交集的人的强烈情感，我们对父母的爱、对其他家庭成员的爱以及对一些密友的爱都可以归入这个范畴。

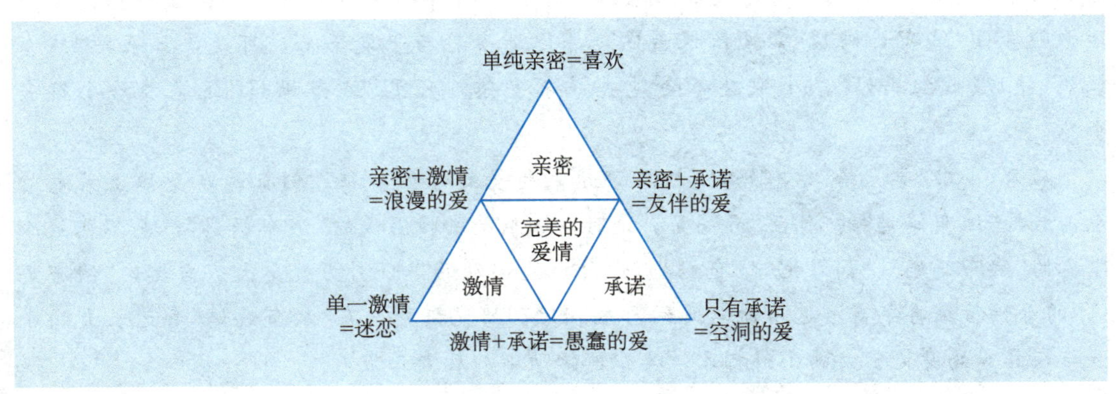

图 8-1 斯腾伯格爱情三角理论

三、爱情与依恋

我们常常会有这样的疑问，为什么一个平时很独立的女孩，恋爱后会对男友十分的依赖？为什么有的人在恋爱过程中痛苦的体验远远大于幸福，而有的人却能轻易地收获甜蜜的爱情？为什么恋爱分手会使有的人做出异常的事情甚至放弃生命？这些表现与恋爱中对对方的依恋行为息息相关，这种依恋行为在很大程度上反映了儿童期的依恋体验。

（一）依恋及依恋类型

“依恋”这个概念最早是由英国精神病学家鲍尔比（John Bowlby，1969）提出的，他在洛伦兹的婴儿对母亲的印刻现象理论研究和哈洛的恒河猴亲子依恋实验的基础上，将依恋定义为“个体与具有特殊意义的他人形成牢固的情感纽带的倾向，能为个体提供安全和安慰”。

心理小贴士

实验一：恒河猴亲子依恋实验

美国心理学家哈利·哈洛于1930年在威斯康星麦迪逊大学做的关于恒河猴（恒河猴94％的基因与人类相同）的依恋实验是比较著名的亲子依恋实验之一。

哈洛制作了两只假的猴妈妈：一只是用铁丝编成的“铁丝妈妈”；另一只是先做母猴的模型，然后套上松软的海绵和长毛绒布做成的“绒布妈妈”。实验的时候，把刚刚出生的小恒河猴放进一个笼子里，里面等待它的正是“铁丝妈妈”和“绒布妈妈”。

小猴会喜欢哪一个妈妈呢？一个有趣的现象出现了：如果“铁丝妈妈”身上没有奶瓶，而“绒布妈妈”身上有，小猴很快就和“绒布妈妈”难舍难分；而如果奶瓶是在“铁丝妈妈”身上，小猴也并不因此在铁丝妈妈身边留恋，只是在觉得饿的时候跑去喝奶，其余时间则总是依偎在“绒布妈妈”的怀里。

哈洛等人由此认为，小猴对母猴的依恋并不只是因为母猴给它喂奶，更重要的原因是母猴能给小猴以柔和的感觉，抑或“绒布妈妈”给予小猴的其实还不止这些。如果小猴离开“绒布妈妈”出去玩耍时，突然给它看一个模样古怪的庞然大物，小猴便会惊恐万分地撒腿奔向“绒布妈妈”，紧紧依偎着它，并逐渐安静与平复下来。可是，如果把“绒布妈妈”换成“铁丝妈妈”，小猴就不会跑去寻求安慰，可见“绒布妈妈”还能带给小猴安全感。

后来，心理学家给“绒布妈妈”增添了越来越多的母性特征。例如，在身体上装电灯泡，这样“绒布妈妈”的“体温”升高了，这时，小猴就去找温暖的“绒布妈妈”，而不愿找冷冰冰的“绒布妈妈”。如果把“绒布妈妈”设计成能摇动的，吸引力就更大。当然，“绒布妈妈”的母性特征再丰富，也不能与真的母猴相比。研究证明，在“绒布妈妈”身边长大的小猴与在真妈妈身边长大的小猴相比，其心理活动不如后者正常。

实验二：陌生情境实验——儿童依恋类型实验

该实验是由艾斯沃斯等（Mary Ainsworth & Witting，1969）设计的，他们首先将母婴安排在一个完全陌生的环境中，然后让婴儿分别经历母亲离开、陌生人进入等情境，如图8-2所示。观察婴儿在与母亲分离和相聚的过程中以及面对陌生人的过程中的表现，从而对婴儿的依恋类型进行判断。

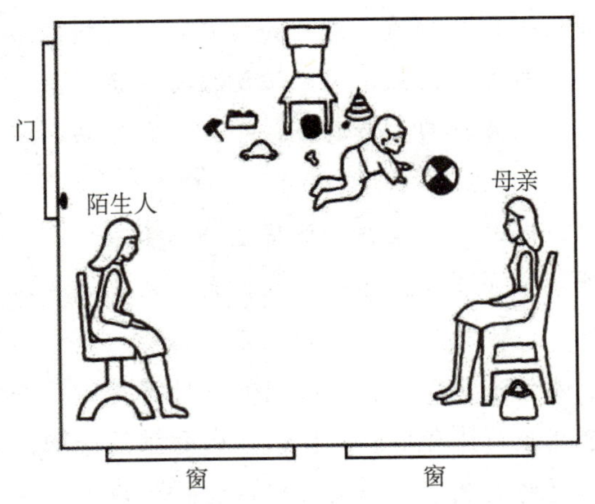

图 8-2 陌生情境实验场景

具体程序如表 8-2 所示。

表 8-2 陌生情境实验具体程序

片段	屋内的人	持续时间	情境变化
1	母亲、婴儿和实验设计者	30 秒	实验设计者向母亲和婴儿做简单介绍
2	母亲、婴儿	3 分钟	进入房间
3	母亲、婴儿、陌生人	3 分钟	陌生人进入房间
4	婴儿、陌生人	3 分钟以下	母亲离开
5	母亲、婴儿	3 分钟以上	母亲回来、陌生人离开
6	婴儿	3 分钟以下	母亲再离开
7	婴儿、陌生人	3 分钟以下	母亲回来、陌生人离开
8	母亲、婴儿	3 分钟	母亲回来、陌生人离开

艾斯沃斯等人利用上述研究方法，根据婴儿在陌生情境中的不同反应，将婴儿依恋划分为以下三种类型。

1. 安全型依恋

安全型依恋主要表现为在与母亲一起时，将其作为“安全基地”，以母亲为中心主动去探索环境。并不是总依偎在母亲身旁，只通过偶尔的靠近或眼神注视与母亲交流，母亲在场时，婴儿感到足够的安全；母亲离开时，明显表现出苦恼、不安；当母亲再次回来时，会立即寻求与母亲接触，将其作为“避风港湾”，易被安抚。这种类型的婴儿占 65%～70%。

2. 回避型依恋

回避型依恋主要表现为与母亲刚分离时并不难过，但独自在陌生环境中待一段时间后会感到焦虑。容易与陌生人相处，容易适应陌生的环境，很容易从陌生人那里获得安慰。当分离后再见到母亲时，对母亲采取回避态度，有人也把这类婴儿称为“无依恋婴儿”。这种类型的婴儿约占 20%。

3. 焦虑—矛盾型依恋

焦虑—矛盾型依恋主要表现为每当母亲要离开前就显得很警惕，当母亲离开时表现得非常苦恼、极度反抗，任何一次短暂的分离都会引起大喊大叫。当母亲回来时，其对母亲的态度又是矛盾的，既寻求与母亲接触，同时又反抗与母亲接触。当母亲亲近他时，他会生气地拒绝、推开，但是要他重新回去做游戏似乎又不太容易，不时朝母亲这里看。这种类型的婴儿占10%～15%。

在这三种依恋类型中，回避型与焦虑—矛盾型都属于不安全型依恋。婴儿对母亲的依恋类型具有明显的稳定性，但如果家庭环境发生较大变化，母亲与婴儿的交往发生较大转变时，也可能发生变化。

一般认为，依恋是个体与主要抚养者发展出的一种特殊的、积极的情感纽带，也是指个体寻求并企图与另一个体在身体和情感上保持亲密联系的倾向。具体来说，当我们对某人产生依恋时，会产生接近他的愿望，与其分离时会感到焦虑，感到威胁时倾向于求助于他，并且感受到被他支持着去探索种种新事物。

在鲍尔比、艾斯沃斯等人之后，随着研究对象的不断扩展，研究者们开始讨论依恋原理与成人的亲密关系之间的相关性，并将成人的依恋类型分为以下四种。

1. 安全型或安全—自主型依恋

安全型或安全—自主型依恋与儿童的安全型依恋基本相同。这种类型的人认为自己是值得爱的，他人也是值得爱和信任的。安全型依恋是一种稳定和积极的情绪联系，表现为爱情关系中的关怀、亲密感、支持和理解。这种类型的人认为自己是友好、善良和可爱的人，也认为别人普遍是友好、可靠和值得信赖的人。他们十分容易与其他人接近，总是放心地依赖他人和让别人依赖自己。一般来说，他们既不会过于担心被抛弃，也不怕别人在感情上与自己过于亲近。无论自己的依恋方式属于哪一种，能找到一个安全型依恋的人做自己的伴侣都是一件好事。

2. 痴迷型依恋

痴迷型依恋是焦虑—矛盾型依恋的新名称，因为这种类型的人依赖于他人的赞许来获得内心的安全和坦然，所以他们过度地寻求认同，沉溺于人际关系。他们认为自己是不值得爱的和没有价值的，但是他人是可接受的，所以总是努力赢得他人的接纳，并以此支持消极的自我形象。痴迷型依恋的特征是对人际关系怀有混合的情感，这就使人处于爱、恨、怀疑、拿不起、放不下的冲突情感之中，导致一种不稳定和矛盾的心理状态。通常，痴迷型依恋的人总觉得自己被误解和不受赏识，认为自己的恋人和朋友都不可靠，不愿意与自己建立持久的关系。痴迷型依恋的人担心他们的恋人并不真正爱自己，或者会离开自己，因此，他们一方面希望能与自己的恋人极为亲近，另一方面又对恋人是否可靠和可信满腹猜疑。

3. 恐惧型依恋

恐惧型依恋的人对自己和他人的态度都是消极的，这种类型的成人可能会出于害怕被拒绝而极力避免和他人发生亲密关系。虽然他们希望有人喜欢自己，但更担心自己因此离不开别人，而一旦建立了亲密关系，又往往过度担心伴侣会离开自己，整天提心吊胆，甚至想到与伴侣亲密相处就会感到恐惧。

4. 疏离型依恋

疏离型依恋的人对个人的看法相对积极，认为自己是有价值的，但是认为他人会拒绝自己，和他人发生亲密关系得不偿失。这种类型的成人会以避免与他人发生联系作为保护自己不受伤害的手段。他们拒绝和他人相互依赖，因为他们相信自己能自力更生，也不在乎他人是否喜欢自己。他们会更关注替代选择，会留心任何可能的其他爱情选择，更容易被新结识的人所吸引。同时，他们往往希望将来的伴侣不给他们提供帮助，因为他们不打算向对方做任何回报。

整体而言，安全型或安全—自主型依恋的人在与他人的亲密接触中非常安心，不会担心别人会苛刻地对待自己，因而能积极、快乐地寻求亲密、相互依赖的人际关系。相比之下，其他三种类型的人充满焦虑和不安，在亲密关系中如坐针毡。痴迷型依恋的人渴望亲密接触但害怕被拒绝；疏离型依恋的人并不担心被拒绝，但却不喜欢亲密接触；恐惧型依恋的人则两者兼而有之，在亲密关系中坐立不安又担心亲密关系不能长久。

(二) 依恋类型对恋爱的影响

一般认为，良好的成人依恋主要表现在以下三个方面：

(1) 有亲密接触的意愿，在长时间分离时会体验到焦虑；

(2) 在有压力和感受到威胁时，会向依恋对象寻求支持；

(3) 从依恋对象处获得安全感和自信心，帮助自己建立起对外界事物更为开放的信任感。

个体的依恋类型一旦形成，就决定了该个体与他人交往时显示出的独特个体特征。这样，在亲密关系中，双方某些依恋类型的匹配可能比其他依恋类型的匹配要好得多，更让人满足和稳定。例如，痴迷型依恋的人爱上疏离型依恋的人，就产生了依恋类型的不匹配。痴迷型依恋的人会因为对方的感情疏远而气馁，而疏离型依恋的人则会因对方的依赖而烦恼。疏离型依恋的一方可能因过于靠近而觉得不舒服，想要回避，痴迷型依恋的一方则可能由于不满足而做出过激行为，希望以此来吸引对方的注意力。疏离型依恋的人觉得这正好印证了自己原有的观点——靠得太近会出问题，同时痴迷型依恋的人也会因得不到关注而觉得这正好印证了自己原有的疑虑——对方可能不够爱自己。

依恋类型不仅受到与生俱来的个体特质(如气质)的影响，而且个体经验在塑造人际关系的依恋类型上也起着重要作用。所以，个体的依恋类型并不只是被动地受到童年经历的束缚，也不断地受到成年后经历的影响。

第二节 大学生的恋爱心理及恋爱观

一、大学生恋爱心理困扰

爱情的神秘与美好吸引着无数大学生，但是大学校园里并非都是完满的恋爱，并非都闪动着恋人的幸福，并非每个爱情的渴望者都能品尝到甘甜的爱情之露。

（一）恋爱中常见的心理效应

1. 光晕心理

光晕心理又称光环效应或成见效应，是指人际交往中形成的一种夸大的社会印象，如人们通常所说的“情人眼里出西施”。

2. 逆反心理

逆反心理又称罗密欧与朱丽叶效应，是指因客观与个人主观需要不相符，而产生强烈的抵触情绪，并引发一种负向要求和行为的心理活动倾向。

3. 自卑心理

自卑是由于自我评价偏低而引起的害羞、不安、内疚、胆怯、忧伤、失望等消极的情绪体验。大学生恋爱中的自卑心理大都是因为自身的“缺陷”和“不足”造成的，这往往是由于个人的成长经历、生活环境、自我认识偏差等，造成主观上不能正确地认识自己、评价自己和接纳自己的消极情绪体验。

（二）恋爱动机不良

爱情是世界上最复杂、最神秘和最吸引人的情感现象。人们渴望爱情，有人甚至觉得自己是为它而生，可以为它而死。那么，准备恋爱、正在恋爱和已经经历了恋爱的大学生们有没有思考过这个问题——我们为什么要恋爱？有一部分大学生的恋爱动机不是出于爱情本身，而是为了满足自己的其他需求。大学生的不良恋爱动机有以下几种。

1. 寂寞使然

我们的生活需要阳光、空气、水和食物，同样我们的生活也需要爱。有的大学生从小就缺失父母或者朋友的爱，痛苦和失败没人分担，欢乐和成功没人分享，内心非常孤独，迫切需要寻求一份爱来弥补自己的情感缺失。大学生活是丰富多彩的，但如果不合理安排和规划的话，也会有大把大把的时间无事可干。同时，远离了家人和朋友，来到陌生环境求学，寂寞孤独感油然而生，此时强烈的愿望驱使自己寻找一个可以陪伴自己的同伴，于是便恋爱了，两人一起上课、吃饭、逛街、看电影，不再孤独和寂寞。

2. 从众心理

人要想在社会中学会定位自己、认知自己，必然要生活在比较之中。善于社会比较的人都具有很强的从众心理。著名的社会心理学家阿希曾做过一个实验：让一名被测试者坐在实验者的一群助手中，同时观察 A、B 两条线段。事实是 A 线段更长，但除了被测试者以外的所有人都故意说 B 线段更长，最后该被测试者回答问题时，虽然他看到的是 A 线段更长，但因为所有人都说 B 线段更长，他也会跟着说 B 线段更长。这一实验成功地证明了从众现象。

许多大学生看到自己身边的同学都有了男女朋友，而自己还是单身一人，会觉得很没面子，没有周围同学有魅力，因此就着急脱单。曾经有调查数据显示，有 63.2%的人是因为别人恋爱了所以才去恋爱的。

3. 功利心理

当前部分女大学生恋爱的功利心理越来越重。有的高年级的学生干部在迎接新生时，会盯上容貌姣好的同学，把她当作追求目标。利用职务之便，介绍其加入社团、学生会，甚至帮忙解决一系列生活问题，有的女生会觉得有这样一个男朋友不仅有面子而且有很多的方便和好处，因此欣然接受对方追求。面临就业的学生，这种情况更加明显和直接。

（三）虚拟的网恋

“网恋”一词对于大学生来讲并不陌生，但以下两种情况并不算真正的网恋：其一，通过朋友介绍互加 QQ 或微信，在网上交流和了解，然后见面确认恋爱关系的；其二，通过网络认识后，在网上聊天，同时生活中也互通电话交流，最后觉得还比较合适而成为恋人的。

网恋专指那些在虚拟的网络世界、游戏世界和社区，以恋人身份和网上恋人共同生活，共同经营一段爱情甚至是婚姻的恋爱关系。网恋比现实恋爱容易成功，因为大家都习惯以理想自我登录网络世界。网上恋爱的男性多半是才貌双全、事业有成；网上恋爱的女性多半是年轻貌美、温柔贤惠，上得厅堂，入得厨房，男才女貌，一拍即合。网恋可以满足很多大学生追求浪漫的心理，在网上，恋爱可以轰轰烈烈，可以海誓山盟，可以不花一分钱送给对方房子、车子，送花、巧克力、戒指更是易如反掌的事情。现实中，你可以想到的一切浪漫的手段在网络上都可以找到，并且有过之而无不及。

（四）单相思

单相思常常指一方一厢情愿地喜欢和迷恋对方，希望和对方发展恋爱关系的一种单方面存在的恋爱，其最大的特点就是单边性。单相思一般发生在性格比较内向的学生身上，当发现自己被某异性深深吸引的时候，由于缺乏自信或别人已有男女朋友而不敢向对方表白，无人诉说时就向空间、日记倾诉，或者将爱深藏内心。单相思也发生在明知对方有恋人，还不顾一切去追求，追得轰轰烈烈，结果却凄凄惨惨。在大家心目中，似乎女人比男人更多情，但实际上，男性成为单相思的一方明显多于女性，这是因为男性的“性幻想”往往比女性更为大胆狂放的缘故。

（五）失恋

有恋爱自然就有失恋，大多数失恋者都能够正确对待和处理恋爱受挫情况，愉快地走向新生活，然而，也有一些失恋者不能及时排解这种强烈情绪，甚至产生心理危机。近几年，大学生心理危机的首要原因就是失恋。

二、恋爱的准备

大学生恋爱不仅是一种需要，更是一门艺术。要想真正体验恋爱的幸福，首先要学会去爱，要具有爱的能力。

（一）表达爱的能力

谈恋爱，顾名思义，在“恋”和“爱”之前还有一个“谈”的阶段。“爱你在心口难开”正是对“谈”的阶段的形象表述。当有了喜欢的对象，如何向对方表白才能增加成功的概率，或者采用什么方式可以避免被拒绝后的尴尬，这都需要艺术和能力。大学生对于喜欢的对象，有轰轰烈烈地在宿舍楼下摆蜡烛表白的，也有校园广播、同学聚会时突然表白的；有含蓄地一起看电影、压马路、游乐场等，还有更加私密的微信、情书或者当面表达等，形式各异。一般情况下，我们认为恋爱双方中多是男生主动追求，女生被动些。随着社会的进步，“90后”“00后”的大学生中，女生也越来越主动，有爱就大胆表达，即使表达后遭到拒绝，也总比带着困惑不敢表达，等日后谈起才知道对方也钟情于自己，错过一段美丽姻缘要好。

心理小贴士

赞赏恋人

心理学家威廉·詹姆斯说，人类最深处的需要就是感觉被人欣赏。因此，如果对恋人讲一些鼓励的话语，肯定会激发出对方极大的潜力。

(1) 写下每天你对他/她说的肯定的话语，坚持一周，然后和他(她)一起看看你的记录。

(2) 连续一周、一个月或者更久，每天对恋人说不同的赞赏的话，寻找恋人的优点，并告诉他(她)。

(3) 写一封情书给他(她)。

(二) 接受爱的能力

当幸福来临时，如何把握和捕捉？面对追求者的表白，该不该接受，如何接受？接受爱也是一种能力。首先，在接受一段感情时，要考虑清楚自己是否真的同样喜欢对方，是否有足够心理准备开始一段恋情，而不是觉得有人喜欢就得意扬扬，代表自己有魅力，草率接受。其次，当两人彼此两情相悦时，在保持基本的礼貌和矜持时，可以愉悦地接受对方的追求，不要心里已接受，可是行动上躲躲闪闪，或为了考验对方而故意多次拒绝，致使给对方一个错误的信息，错过美好的姻缘。

(三) 拒绝爱的能力

被别人爱是一种幸福，但是如果对方不是你心仪的对象或者不适合自己，就需要拒绝别人。在拒绝别人时，首先要报以感激之心来拒绝对方，不要故意伤害对方的自尊心和感情，更不要为了显示自己有魅力而当着众人的面拒绝对方。另外，拒绝对方时，表达尽量委婉些，先肯定对方的优点，真诚地给对方讲明自己不能接受这份感情的缘由。如果无法当面拒绝，可选择用微信或者私信的方式以更好地表达自己的意思，这种书面拒绝的方式也可以将伤害降到最低。

(四) 承受恋爱受挫的能力

恋爱受挫是大学生遭遇的比较大的挫折，如果处理不当会产生失恋应激障碍，严重的还会影响当事人以后的两性关系。面对失恋，不要过分压抑失恋带来的痛苦，应寻找适当的方式进行宣泄，可以大哭一场，多参加体育运动，或在空旷的地方大声呼喊来释放激动情绪带来的能量；也可以找朋友倾诉，如果还是感觉心中抑郁，还可以找心理咨询机构进行咨询。总之，要及时转移注意力，恋爱受挫后不要让自己长期沉溺于悲伤的情绪中，要把注意力从失恋这件事转移到自己比较感兴趣的事情上去，或者出去走走、散散心，冲淡内心的挫折感和压抑感。

（五）维持爱的能力

在恋爱的过程中，维持爱的新鲜感和爱的永恒是每一个恋爱中的人所期待的。

每一个人都有对爱情的想象和憧憬，心中追求的爱情是浪漫而完美的，然而现实中，恋人有那么多的缺点，爱情也有那么多不尽如人意的地方。因此，在了解恋人的基础上，应相互尊重、相互信任，不要妄图去改变对方适应自己，不要苛求完美的爱情。

此外，一些大学生总喜欢跟恋人衡量到底是你爱我多一些还是我爱你多一些，要知道，爱情不像在菜市场买菜那样，可以讨价还价，付出多少就可以收回多少。真正的爱是奉献，是真心实意地为对方着想，当一方有心事或双方出现问题时，不要抱着让对方去猜测、理解的心理，而要主动地把问题摆到桌面上，及时沟通，做好协调工作，这样才能有助于恋爱双方更好地理解和配合对方。

心理训练游戏

我们在一起

首先，大家伸出两只手，将中指向下弯曲，让中指的背跟背靠在一起。然后，将其他的4根手指分别指尖对碰。在开始实验之前，请确保以下过程中，5对手指中只允许一对手指分开。

(1) 请分开大拇指，大拇指代表我们的父母，每个人会有生老病死，父母有一天也会离我们而去。

(2) 请大家合上大拇指，再分开食指，食指代表兄弟姐妹，他们也都会有自己的家室，也会离开我们。

(3) 请大家合上食指，再分开小拇指，小拇指代表子女，子女长大后，迟早有一天，会有自己的家庭生活，也会离开我们。

(4) 请大家合上小拇指，再试着分开无名指。这个时候，大家会惊奇地发现，无名指怎么也分不开，因为无名指代表夫妻，是一辈子不分离的。

三、恋爱中的男女差异

爱情中的两个人各自有独立的生活领域，也有着共同的部分。两个有着不同性格、不同经历的人相处，就需要彼此相互适应。恋人之间产生矛盾的原因包括：对事情有不同的心理感受；两个人在个性方面不一样；双方都不是完美无缺的，都会出错。因此，要想经营好恋爱，首先要充分了解男性和女性的差异。

（一）价值感方面

在价值感方面，男性的价值感来自工作，女性的价值感来自人际。

有一项针对5个西方国家的研究，调查这些国家的男性和女性分别想成为什么样的人，男性选择的是勇敢、竞争力强、能干、领导力强、果断、受人钦佩、很实际；女性选择的是热情、可爱、大方、富有同情心、有吸引力、友善、慷慨。因为大脑的不同，造成男女有不同的价值观，女性喜欢帮助他人，认识不同的人，重视人际关系；男性喜欢的是名声、权利，拥有某样物品，重视事物。20 世纪 90 年代一项研究男女价值观的资料显示，70%～80%的男性认为生命中最重要的事情是工作，70%～80%的女性更重视家庭。

（二）面对压力方面

在面对压力时，男性不说话，女性爱说话。

处在压力下的男性，大脑中的空间辨识能力和逻辑能力开始起作用，由于男性的大脑中没有专门处理语言的区域，所以也就没有说出心事的习惯。碰到问题时，他会闭上嘴不说话，右脑开始运转，要想出解决办法，左脑中听与说的功能也随之关闭。此时的沉默会让女朋友很难过，女生会对男朋友讲："别这样，你说出来呀，要不然你多痛苦。"这样的话语让男性很痛苦。

面对压力，女性大脑开启的是说话功能，因此她会不停地讲话，跟每个人讲话，讲上几个小时也不会累。此时，女生会要求和男朋友说话，把它当成发泄的方式，她们不过是想撒撒娇，想有人安慰一下，然而男朋友的不耐烦让女生觉得他一点都不在乎自己。男性和女性面对压力截然不同的反应会使男女朋友产生不必要的误会。

面对处于压力下的男性，请让他一个人静静，想出解决办法或找到答案就好了；在和心情不佳的女性相处时，千万别提任何解决方法，或是否定她的情绪，只要表现你在听就行了。

（三）语言沟通方面

在语言沟通方面，男性喜欢有话直说，女性喜欢拐弯抹角。女性说话时，可以说与听同时进行，并且可处理多种不相关的主题，而男性的说和听是轮流进行的。同时，女性的大脑结构是以谈话过程为目的，所以她们很喜欢沟通的过程，并且女性不喜欢有话直说，喜欢拐弯抹角，她们会用绕圈子的方式表达她想要的事物，或者用试探的方法表达自己的想法。旁敲侧击是女性的专长，不坦白说出心中的想法主要是不想破坏关系，想与别人和睦相处，不想吵架。男性说话时使用的句子短、直接，目的是要切中要点、解决问题、用词明确、陈述事实，他们常用的词有"绝不""不要"和"绝对"。

指东说西的说话方式可以让女性之间和睦相处，但和男性在一起时就不灵了，因为他们根本不明白这种说话方式。

（四）感情需求方面

在感情需求上，男性需要欣赏，女性需要爱和尊重。

男性的情感需要对方信任、接纳、欣赏、羡慕、认可和鼓励；而女性则需要被关心、照顾、了解、尊重、转移、肯定和保证。

因此，要经营好恋爱，需要遵循恋爱的规则，开放胸怀、真诚相处、以心连心，遇到分歧时注意态度，用心聆听，反省自我，协调行为，为了对方的需要和成长而付出，为了自己的需要和成长而接受。

心理训练游戏

瞎子背瘸子

活动场地：室外或宽敞的室内。

材料准备：眼罩、椅子、气球、鲜花等若干。

人员要求：男生和女生两人为一组，组数不限。

活动目标：训练男生和女生的沟通及配合能力，活跃气氛。

活动流程：

(1) 男生站一队，女生站一队，通过报数进行分组。

(2) 男生背女生，男生当“瞎子”，用眼罩蒙住眼睛；女生扮“瘸子”，为“瞎子”引路，绕过路障，达到终点，最早到达者为赢。其中，遇到路障椅子需绕行，遇到气球需踩破；遇到鲜花需拾起递给女生。

(3) 最先到达终点的一组获胜，给予奖励。

讨论与分享：

1. 请“瞎子”谈一谈他被蒙住眼睛的感受，以及“瘸子”为你指路后的感受；

2. 请“瘸子”讲一讲在“瞎子”背上的感受。

第三节 大学生的性心理及问题调适

一、婚前性行为

大学生们已经到了身体发育成熟的年龄，心理上则更加早熟。根据亲密程度不同，大学生婚前性行为可分为拥抱、亲吻、抚摸和性交。

对于婚前性行为，有的人认为性是人的基本需求，性的需要是很自然的事，同学们大多希望有灵肉统一的爱情；也有人觉得恋爱关系的确立是发生性行为的必要和充分条件，情到深处，发生性行为是自然而然的事情；也有的人纯粹为了满足自己对异性的好奇和生理需要而发生性行为。

（一）对婚前性行为的错误认识

1. 女生易出现的心理误区

有些女性认为可借助性来满足一些物质需求；把性作为衡量爱情的砝码，认为发生婚前性行为可以让爱情关系升级；感激男友的爱慕之情，担心拒绝其性要求会伤害对方的感情；“以性锁情”，清除男友对自己不放心的担忧或表示自己的真诚而以身相许。

2. 男生易出现的心理误区

有些男性认为性就是满足性欲的，你情我愿，是不用承担责任的；“以性锁情”，认为发生性关系能消除女友对自己不放心的担忧，表示自己的真诚；满足占有欲，认为只有发生性关系，才能证明女友真的是自己的；认为和女友发生性关系，在朋友面前才有面子；与较多女性发生性关系，表示自己有能力，有魅力。

心理训练游戏

水手与姑娘

活动场地：室内外均可。

人员要求：20人以上。

材料准备：事先印好的顺序选择表及小组统计表。

活动目标：深入探讨两性真爱的含义，思考性与爱的关系及性道德。

活动流程：

(1) 指导者给全体成员讲一个故事：

一艘船遇上了暴风雨，不幸沉没了。船上的人中有5个人幸运地乘上了两艘救生艇，一艘救生艇上坐着水手、姑娘和一位老人；另一艘求生艇上坐着姑娘的未婚夫和他的亲戚。气候恶劣，波浪滔天，两只救生艇被打散了。

姑娘乘的救生艇漂到一个小岛上。与未婚夫分开的姑娘十分惦念未婚夫，千方百计地寻找，但找了一天一点线索也没有。第二天天气转好，姑娘仍不死心，继续寻找，还是没有找到。有一天，姑娘远远地发现了大海中的一个小岛，就请求水手，“请修理下救生艇，带我去那个岛上好吗?”水手答应了姑娘，但提出了一个条件，必须和他过一夜。陷入失望和困扰的姑娘找到老人，与他商量，“我很为难，怎样做才好呢？请你告诉我一个好方法。”老人说：“对你来说，怎么做正确，怎么做错误，我实在不能说什么。你扪心自问，按你的心愿去做吧。”姑娘万般无奈，寻未婚夫心切，结果满足了水手的要求。

第二天早上，水手修好了救生艇，带着姑娘去了那个小岛。远远地，她看到了岛上未婚夫的身影，不顾船未靠岸就跳进水里，拼命往岸上跑，一头扑进未婚夫的怀里。姑娘想，要不要告诉他昨晚的事呢？思前想后，还是说了实情。未婚夫一听，顿时大怒，一把推开她，并吼着：“我不想再见到你了”，转身跑走了。姑娘伤心地边哭边往海边走。见此情景，未婚夫的亲戚走到她的身边，用手拍着她的肩膀，“你们两人吵架我都看到了，有机会我再找他说说，在这之前，就让我来照顾你吧”。

(2) 故事讲完后，指导者给每个成员发一张表，要求大家从故事里出现的5个人物(水手、姑娘、老人、未婚夫、亲戚)中，按照自己的好感程度做出选择并排序，然后简单写下原因。

(3) 在组内交流，每个人说明自己的想法，并统计全组的倾向性意见。

(4) 通过听取他人的意见，小组成员受到启发后可以修正自己的意见。

(5) 小组代表发言。

(二) 婚前性行为的风险

调查研究表明，虽然大学生婚前性行为非常普遍，但在大学里谈恋爱毕业后真正结婚的并不多。婚前性行为导致的怀孕，会给在校女大学生造成严重的生理和心理伤害；传统文化影响下，女性是否有婚前性行为被男性所重视，虽然很多男性自己发生婚前性行为的可能性很大，但在结婚时则表现出处女情结，希望自己的妻子能保持贞操。此外，由于缺乏有效的保护措施或贪图享受而不采取保护措施，在当今性病、艾滋病流行的情况下，是比较危险的。

心理小贴士

艾滋就在我们身边

某高校大一学生小林去酒吧染艾后浑然不知。从大一到大三，她分别交往了四位男朋友，因为种种原因都分手了。这四位男朋友在此期间又分别交往了三位女朋友，这三位女朋友又交往了四位男朋友……两年半后，小林大三发病确诊时，疾控部门顺藤摸瓜，共查出 16 名感染者。

一名感染艾滋病毒的男生回忆自己的感染经历时这样描述：自己的私生活也还好，只是觉得都是同学，很少带套。他冷静回顾自己的感染经历时说到："一定是暑假一次约炮时感染上艾滋病毒的，女生肯定知道已经感染了病毒，可自己一点警惕也没有，她说可以不带套时，自己竟然还很感动……"

艾滋病的传播有三个途径：母婴传播、血液传播和性传播。针对前两大感染源，目前政府已采取有效措施并得到了有效控制，但通过性途径进行的传播过于隐蔽，行政力量尚且无法干涉。

戴维斯等人的研究表明，处女结婚的成功率高于婚前有性体验的女性。特曼的研究也认为，婚前就同结婚者或其他人有过性关系的人，婚后的幸福程度都比较低。尤其是男性，如果婚前与结婚者以外的人有过性接触，则婚后的幸福程度较低。

大学生尤其是女大学生应用心保护自己，尽量控制自己的欲望和好奇心，不要随便交付身心，请将它作为宝贵的礼物留予真爱。男生也要提高自己的责任心，不能单单为了满足身体欲望而轻率占有对方身体。如果两个人恋爱关系非常稳定，感情深厚，得到了父母的祝福，想提前偷吃禁果的话，也要先积累一些预防传播疾病的知识和有效的安全避孕方法，在发生性关系时务必采取正确、有效的措施和方法，避免酿成苦果。

二、大学生性心理问题及调适

（一）性心理困惑

1. 性梦

对大学生性意识和性行为的调查研究发现，97.3%的男大学生和 66.4%的女大学生有过性梦。许多大学生做了性梦会愧疚不已，觉得自己很下流，很罪恶，是一个道德败坏的人。其实，人之所以有性梦是生理和心理综合活动的结果。由于梦是一种典型的无意想象过程，所以性梦不免荒诞。在性梦中出现的不合常规的性动作和性对象既不表明自己的人格特征，也不表明性梦者的道德修养水平，因此大学生要科学地认识性梦，性梦之后完全没有必要自责。

2. 过度手淫

手淫是指用手或工具刺激生殖器以引起性快感，获得性高潮，达到性满足的行为，是青少年获得性补偿和性宣泄的途径之一。很多人一听手淫，就认为是邪恶的，不道德的，并且在传统的“手淫有害”论的影响下，一些青少年常常因为自己有过手淫行为而自责，错误地把手淫前后身体上或心理上的一些变化(如反应变得缓慢或记忆能力减退等)敏感地归结为手淫导致的，甚至产生心理障碍。其实适度的手淫实际上是无害的，是人类正常的生理行为，对于没有合法性伴侣的大学生来讲，它是缓解性压抑、消除性紧张的有效方式。20 世纪 60 年代，金赛等人的调查研究表明：58%的女性和 92%的男性都有过手淫的经历。由此可见，男性手淫的比率要远远高于女性。

然而，凡事都有一个合适的度，过度手淫则会对大学生身心造成不良的影响。过度手淫并不是取决于次数，而是根据身心可承受能力来决定的。如果手淫过后，身体疲劳，精神不振，甚至阴茎不再勃起或勃起不坚，哪怕几天手淫一次也属于过度手淫。很多男生对自己的手淫行为感到焦虑、紧张、害怕，越是这样越无法控制，越手淫就越感到紧张和不安，由此形成恶性循环。由于通过手淫获得的快乐不需要付出努力和艰辛就能获得，因此容易使人过分沉溺，严重者会把手淫作为满足性欲的主要方式，减弱了对异性的关注和追求，不利于个人成长和婚姻生活的获得。

心理小贴士

过度手淫的调适

(1) 转移注意力，用体育活动、学习活动或者其他感兴趣的活动丰富自己的业余生活。

(2) 睡觉前听一些轻音乐或喝杯牛奶，换上干净、宽松的睡衣，尽量将手放在被子外面。

(3) 减少不良的性刺激，不要看色情书籍、图片和视频。

(4) 加强运动，适度化解过于旺盛的性能量。

(5) 增强自己的毅力，慢慢减少手淫次数和频率。必要时可采用厌恶疗法，即一旦有手淫想法的时候就用橡皮筋弹打自己的手腕或用中指捅自己的咽喉，造成疼痛频繁干呕，让手淫的想法和疼痛或痛苦的干呕建立条件反射连接。

(6) 如果以上方法都不能缓解或消除症状，就需要寻求专业的心理咨询和治疗机构。

(二) 性心理障碍

性心理障碍是指在性行为方面的心理和行为明显偏离正常，并以这类偏离为性兴奋、性满足的主要或唯一方式的一组心理障碍。

1. 性身份障碍

性身份障碍主要指异性癖，个体对自身性别的认定与生理上的性别特征呈持续厌恶的态度，并伴有改变自身性别的生理特征以达到转换性别的强烈愿望，其性爱倾向为纯粹同性恋，其中以男生多见。例如，男性患者具有不折不扣的女性心理，强烈认定自己是女性，说话声调和走路姿势模仿女性，参加女性活动等。此类患者内心十分痛苦，如果不满足其性别转换的要求，则有强烈的自杀或自残倾向，甚至有自己动手割去阴茎和睾丸的念头。

2. 性偏好障碍

性偏好障碍是指性活动方式与常人不同，以古怪条件来引起并满足性欲，如恋物癖、露阴癖、窥阴癖、性施虐与性受虐症等。

(1) 恋物癖，是指通过抚摸、嗅、咬或玩弄某些异性的物品。如内衣、内裤、丝袜、头发等，来获取性快感的方式。一般来讲，他们对于未曾使用过的物品兴趣不大，更喜欢使用过的或者刚刚换下来的衣物。恋物癖患者几乎都是男性，他们对异性本身并无特殊的兴趣，有研究显示，他们大多对性生活恐惧或性能力低下，行为孤僻，性格内向，很少有攻击行为。

绝大多数的恋物癖患者会因为其变态行为给自己的生活造成很多的麻烦，明明知道这样做不好，但又没有办法控制自己，他们常常感到极大的痛苦和折磨。他们多数是因为在青春期或儿童期偶然地接触到异性的某个与性有关的物品，尤其是内衣、内裤，而引起身体的性快感，误认为自己的性满足需要依靠此类物品。

心理小贴士

恋物癖如何治疗

恋物癖不是什么道德败坏的行为而是一种心理问题。因此，首先要进行心理疏导，由心理咨询老师帮助其分析恋物癖产生的根源和形成过程；其次通过认知疗法，认识到恋物癖的特点，树立克服它的信心和勇气；最后配合想象疗法，当产生恋物想法之后，尽可能地回顾过去或想象因恋物造成的辱骂甚至暴打，尽量控制恋物欲望，也可结合厌恶疗法，遏制意念，直到症状减轻或消失。

(2) 露阴癖，是指反复在陌生异性面前暴露自己的生殖器，以达到性兴奋的目的。露阴癖患者几乎都是男性，也有极少数女性会反复暴露自己的乳房或外阴。他们个性内向，缺乏自信，在暴露生殖器的同时会进行手淫，并想象被性唤起，在看到对方受到惊吓时获得性满足和性快感，不会对对方产生进一步的性行为和性侵犯意图。时间多选在清晨或傍晚，情景越惊险紧张，越感到刺激，性满足也越强烈。露阴癖常在 18 岁以前发病，40 岁左右症状得到缓解，起病常与心理发展受挫或两性关系没能获得正常发展有关。

(3) 窥阴癖，是指反复窥视异性裸体或他人性生活，以达到性满足的强烈欲望。患者并不企图与被窥视者发生性行为，一般不会有进一步的攻击和伤害行为。

(4) 性施虐与性受虐症，在性生活中，向性对象施加虐待或者接受对方虐待，以引起性兴奋。其施虐手段有鞭打、捆绑、侮辱等，在对方的痛苦中获得性快感。性受虐者多见于女性，乐于接受异性施加的痛楚和屈辱，从而获得性满足感。

面对性心理困惑和性心理障碍，大学生们要科学认识，正确对待，必要时应到相关心理咨询和治疗机构处进行咨询或治疗。

案例讨论

伯朗宁夫人结婚前的名字是伊丽莎白·巴莱特，1806 年出生于英格兰，家族相当富有。10 岁时，伊丽莎白就读过《失乐园》和莎士比亚的作品，12 岁时自己开始写作。两年后她得了一种肺病，医生为了减轻她的病痛使用了吗啡，结果，她余生都离不开这种药物。更不幸的是，15 岁时，她从马背上摔落，导致脊椎受伤，从此瘫痪在床。1828 年，伊丽莎白的母亲去世。此后，巴莱特家族的收入也一年不如一年，伊丽莎白的父亲卖掉了英国的庄园，举家搬到伦敦定居，那一年，伊丽莎白 29 岁，已经出版了一本诗集和一本翻译著作。1838 年，她由于身体虚弱，被送到海边疗养，她的弟弟爱德华陪同。后来爱德华在航海时不幸淹死，伊丽莎白带着一颗破碎的心回到伦敦，此时，她的身体和心灵都已经残疾了，她过上了隐居生活。

1844 年，已经 38 岁的她把自己过去 5 年中写的诗歌结集出版了。诗集出版后不久，她意外收到了一个名叫罗伯特·伯朗宁的青年诗人的来信。他比她小 6 岁，深爱她的诗集。信中，他这样写道："亲爱的巴莱特小姐，你那些诗篇真叫我喜爱极了，我爱极了你的诗篇，而我也同时爱着你……"第二天，伊丽莎白回了他一封长信："亲爱的伯朗宁先生，我从心坎深处感谢你……"在此后的 20 个月里，他们一共交换了 574 封信。在最初的几次交往以后，他请求来见她，但是她不同意，她不想见生人。经过几次请求，他终于在 5 月下旬来到她的病房中。他见到了她，可怜瘦小的模样，蜷伏在沙发上，贵客来都不能起身让座，一双深沉的大眼睛里透着几分哀怨的神色。在会面后的第三天，她竟然收到了他的一封求婚信。哪一个少女不怀着甜蜜的爱的梦想？可是我们的女诗人不再是年轻的姑娘了，她已经 39 岁，对生命完全放弃了希望，而她的"情人"比她年轻 6 岁，奋发有为，正当人生的黄金时代。她拿着信，痛苦了一夜，第二天拿起笔来悲哀、果断地拒绝了他。同时请求他以后别再说这样"不知轻重"的话，否则他们俩的友谊就没法维持下去了。伯朗宁慌忙写信去谢罪，也顾不得自己从来没说过谎，解释前一封信是由于感激而导致说话过分，只是一时有失检点。一场风波算是暂时过去，但他们俩实在谁也舍不下谁，他们的通信甚至比以前更殷勤了，往往每天都得写上一两封信，在没有得到对方回音之前，往往寝食难安。

从春天到夏天，伯朗宁不断地从他花园中采集最好的玫瑰给女诗人送去，花的鲜艳、花的芬芳，加上送花人的情意，给本来昏暗的病房增添多少生趣啊。为了让那些可爱的鲜花更有生气，向来总是关得紧紧的窗子竟然打开了，病房里开始有了流通的空气。在这一段时间里，女诗人的健康飞快地恢复着，萎缩的身体重又显示出生命的活力，大夫们不知道这是爱情和生命所创造的奇迹，只能对这一现象感到惊奇。恰好这一年的冬天特别暖和，在正月里的一天，她用自己的脚(而不是让她的一个弟弟抱着)走下楼梯，走进了会客室，"人人都大吃一惊，好像我不是从楼梯走下来，而是从窗口走出去了。"

第二年的春天来得特别早，4 月里，女诗人向未来表明她的信心，悄悄地买了一顶妇女外出戴的软帽。5 月中旬，这顶软帽的主人，由她妹妹陪着，闯到公园里去了，她下了马车，踏上绿油油的草坪，从树上采下了一朵金莲花。大自然的清新空气让她如痴如醉，四周活动着的人们忽然都成为幻梦中的点缀，仿佛这会儿只剩下她自己和不在她眼前的心上人才是真实的存在。那朵小小的金莲花被她放在信中，寄给了伯朗宁，回报他不断送给她的许多鲜花。也就在那一段时期，她写下献给她情人的《葡萄牙人十四行诗集》，她的才华在这时达到了顶点。当他第三次向她求婚的时候，她再也没法拒绝了，她已是一个被征服者，心悦诚服地答应她情人的呼唤。可惜她父亲不同意这门亲事，对她暴跳如雷。女诗人一夜无眠，第二天由她忠心的女仆陪着，两腿发抖地走出家门，雇了一辆车，来到附近一个教堂，和她的情人悄悄地结了婚。这对新人后来离开岛国，渡过英吉利海峡，奔向了欧洲大陆。

讨论：

1. 伯朗宁夫人表现出哪些爱的能力？
2. 罗伯特最终求婚成功的秘诀是什么？

心理测试

爱情量表和喜欢量表

一、爱情量表

1. 他(她)情绪低落时，我首要的职责是让他(她)快乐起来。
2. 在所有的事情上，我都可以信赖他(她)。
3，我觉得不计较他(她)的过失是一件容易的事。
4. 我几乎愿意为他(她)做任何事。
5. 我对他(她)有独占欲。
6. 若不能永远跟他(她)在一起，我会觉得非常痛苦。
7. 寂寞时，我首先想到的就是去找他(她)。
8. 他(她)的幸福是我最关心的事。
9. 我愿意原谅他(她)的任何过错。
10. 我觉得他(她)的幸福安康是我的责任。
11. 同他(她)在一起的大部分时光，我就这样看着他(她)。
12. 我非常享受他(她)对我的信赖。
13. 没有他(她)的日子，对我来说很难过。

二、喜欢量表

1. 我们在一起时的心情总是一样的。
2. 我认为他(她)的环境适应能力很强。
3. 我强烈推荐他(她)做一项责任重大的工作。
4. 在我看来，他(她)特别成熟。
5. 我相信他(她)有良好的判断力。
6. 即使同他(她)短暂相处，人们大多都会有很好的印象。
7. 我觉得他(她)跟我很相似。
8. 我愿意在班级或群体选举中投他(她)一票。
9. 我觉得他(她)是一个能很快赢得尊重的人。
10. 我觉得他(她)绝顶聪明。
11. 在我认识的人当中，他(她)是非常可爱的。
12. 他(她)是我很想学习的那种人。
13. 我觉得他(她)非常容易赢得人们的钦佩。

心理测试

【计分规则】

符合的记 1 分，不符合的记 0 分。

【结果解释】

比较两个量表的得分值，可以衡量出你对某个人的感情是喜欢还是爱情，以及喜欢和爱的深浅程度。

思考题

1. 你有没有正在恋爱？如果你正在恋爱，有没有分析过自己的恋爱动机呢？

2. 你和身边的朋友们是否认可婚前性行为？对此，你怎么看？

3. 你有没有当过朋友的恋爱顾问？如果需要提供增进恋爱感情的建议，你会说些什么？

拓展阅读

电影《心灵捕手》

成长于波士顿南区贫民窟的威尔·杭汀是位绝顶聪明却叛逆不羁的年轻人。他平日除了在麻省理工学院担任大楼的清洁工作之外，便是与三五好友在酒吧喝酒、泡妞、捉弄哈佛的“聪明小孩”；一人独处之时，就“一目十行”地学习各式人文与科学的新知。某天，由于“随意解答”了数学系蓝勃教授所留下的数学难题，随即引起学校师生们的惊异。其次，在与他人打架滋事并被送进少年看护所之后，蓝勃教授费心地将他保释出来，要求他参与数学研讨并接受心理辅导。蓝勃教授期望威尔能重视并发挥自己的天赋，不再恶作剧、耍蠢、吹擂而耗费生命，不过，威尔却毫无不在意，经常戏弄前来为他治疗的心理专家。

在无计可施的情况下，蓝勃教授只好求助于他有“爱恨交织心结”的大学好友尚恩，请他开导并救助前途岌岌可危的威尔。尚恩本着“信任是突破心防的关键，不彼此信任就无法坦诚相待”的信念，以“不以作之师而以作之友”的心态倾听威尔对知识、人际互动、爱情探索、人生信念，以及亲情伤害等的困惑与情绪宣泄，日渐抚慰他受创的心灵，帮助他重新拾回对人的信任，并鼓励他鼓起勇气向女友表达爱意。在此同时，难忘丧妻之痛的尚恩在与威尔彼此互动的过程中，受到来自威尔的生命力冲击，亦逐渐开启因丧妻而封闭的心房，重新追寻情感的归宿。

请写出你的感受：____

____

____

____

第九章　大学生竞争与合作

——理性竞争　友好合作

案例导读

李芳、庞晗和王华是某大学同班同学。临近期末，李芳和庞晗复习一段时间后发现知识点特别多，决定分工把本学期专业课知识整理一遍，最后共享复习资料。王华看到两人每天形影不离并交换各自的劳动成果后，心想：李芳和庞晗怎么这么笨，共享了复习资料不就多了竞争对手吗，那样怎么取得好成绩拿奖学金呢。所以王华闷着头自己复习，从来不与别人交流，也不把自己的复习资料给别人看，生怕别人看了她的资料比自己考得更好了。

半个月过后，期末考试成绩公布，李芳和庞晗整理的资料完善，复习得非常好，两人都考了班里的前五名，拿到了奖学金；而王华因复习得不够全面，只考了第十名，没拿到奖学金。这次王华犯嘀咕了，为什么自己复习得这么好，却没拿到奖学金呢？

正如这三人一般，每个人的学习和生活中都充满着竞争与合作。小到同学之间学分、成绩的获得，大到企业间的利益瓜葛，都面临着共享资源还是独占资源。本章将详细讨论合作与竞争的相关概念及产生原因，并对大学生学习理性竞争与团队合作提出相应的建议。

第一节　竞争与合作

一、竞争与合作的概念

竞争是为了区分胜负或优劣而进行的争斗，是指不同的个体为同一个目标开展争夺，促使某种只利于自己的结果得以实现的行为或意向。竞争通常是一种激发自我、提高动机的活动形式，在这种活动中，个人为了取得好成绩而与他人展开较量。参与竞争的目的是超越自我，开发潜能，激发学习热情，提高工作效率，取长补短，共同进步。

合作是指不同的个体为了共同的目标而协同活动，促使某种既有利于自己，又有利于他人的结果得以实现的行为或意向。合作不是大家做相同的事情，而是为了一个共同的目标，分工做不同的事情。合作能力是大学生从事各种职业必备的核心能力。大学生要想参与社会竞争并取得事业的成功，就必须增强合作的信念，充分做好合作的心理准备。

二、竞争与合作的原因

是什么原因导致人们在活动中放弃合作而走向竞争呢？在什么情况下，人们会重新重视合作的价值呢？

（一）相互依赖

如果选择与别人合作能够使你获得更多的利益，你会怎么选？毫无疑问，我们都会选择和别人一起努力来达到我们设想的目标，就如同现在许多人合伙做生意一样。凯利等人(Kelley&Thibaut，1978)在探讨合作与竞争行为的产生原因时，提出了相依理论，其中有一个重要的概念——“转换”。怎样理解这个理论呢？简单举例，当我们在图书馆听音乐时会选择戴上耳机把音量调小，以免影响他人，但实际上我们可能更喜欢将音乐外放，这时就体现了“转换”这个概念。我们会为了更加长期的、最大化的利益而选择暂时放弃眼前的利益，与别人达成合作，这与我们平时说的延时满足有些类似。

（二）情感

生活中我们经常会发现，我们往往会选择与自己关系比较好的那些人作为合作伙伴。如本章案例导读中描述的，因为我们目标一致所以一起整理复习资料。而这一点在研究中也被证实了，情感可以激发人们利他主义的价值取向，当个体对群体中某一特定个体产生心意相通的感觉时，他倾向于与这个特定个体合作(Batson，1995)。

（三）攻击本能

研究者认为，人类采取竞争行为的其中一个原因是出于攻击本能。研究发现(Goozen，1995)，雄性激素水平会影响人的愤怒情绪，随着雄性激素水平升高，愤怒的倾向也会升高。而愤怒与攻击本能有着密切的关系，也就是说，雄性激素会直接影响人的攻击本能，其水平越高，攻击的倾向就会越强。进一步来讲，如果攻击本能被激活，我们会更多地采取不合作的行为。生活中这样的例子比较常见，在某项活动中，大家本来都心平气和地工作，但当有人跳出来说了不好的言论或者激怒了某位成员，那么群体中的成员便会孤立这个人甚至是与其对立，选择与其进行竞争。

三、竞争与合作的意义

既然竞争与合作是生活中无法避免的现象，那么，这两者会对我们的生活产生怎样的影响呢？

竞争是生存的必须和必然。由于人类具有更倾向于竞争的心理特点，决定了合作是暂时的而竞争是绝对的。一个正常发展的人，既需要有良好的合作能力，善于赢得支持，促成更大、更广泛目标的实现，也需要有良好的竞争能力来面对挑战。竞争迫使人不断进取，为发展做出不懈努力，从而使社会进步有了源源不断的动力。

如果没有了竞争，那我们的世界会变得不敢想象。如果人与人之间没有了竞争，一团和气，社会便停止了发展的脚步。因此，竞争给人带来了提升的机会，竞争给世界带来了活力。没有竞争便没有生命的延续，就没有地球的欣欣向荣。

心理小贴士

鲶鱼效应

挪威人爱吃沙丁鱼，如果在海上捕得沙丁鱼后能让它们活着抵港，卖价就会比死鱼高好几倍。但是，由于沙丁鱼生性懒惰，不爱运动，返航的路途又很长，因此捕捞到的沙丁鱼往往在返航途中就死了，即使有些活的，也是奄奄一息。只有一位渔民的沙丁鱼总是活的，而且很生猛，所以他赚的钱也比别人多。该渔民严守成功秘密，直到他死后，人们打开他的鱼槽，发现只不过是多了一条鲶鱼。

原来当鲶鱼装入鱼槽后，由于环境陌生，就会四处游动，而沙丁鱼发现这一“异己分子”后也会紧张起来，加速游动，如此一来，沙丁鱼便活着回到港口。这就是所谓的“鲶鱼效应”。

运用这一效应，通过个体的“中途介入”，对群体起到竞争作用，这符合人才管理的运行机制。因此，我们可以发现存在竞争时才更能激发群体的生气与活力，使得个体、群体乃至社会得以不断地发展。

然而，只有竞争的社会是不完整、不健全的社会。竞争与合作使得社会成为一个整体，具有不可忽视的积极作用。在学校中，我们发现许多老师在班级中建立合作学习小组，小组中的同学共同学习，进行面对面的交流，并且小组的最终成绩由每个成员决定。在这种学习模式中，学生之间相互喜爱与接受的程度大大提高，进一步促进了班级同学之间的友好相处，促使形成更加愉悦的校园氛围。可见，合作是促进人们良好交往和友好共处的有效工具。在全球化浪潮席卷世界的今天，在激烈的市场竞争中，合作已经成为个人和组织提高竞争力的有效途径。

“1+1>2”是个富有哲理的不等式，它表明集体的力量并不是个人力量的累加之和，也表明两个人真诚合作后的力量并不是两人力量的简单相加，良好的合作会使人力量倍增，如虎添翼。

心理小贴士

天时不如地利，地利不如人和。——孟子

上下同欲者胜。——孙武

能用众力，则无敌于天下矣；能用众智，则无畏于圣人矣。——孙权

人是要有帮助的。荷花虽好，也要绿叶扶持。一个篱笆打三个桩，一个好汉要有三个帮。——毛泽东

第二节 大学生竞争与合作的影响因素和心理调适

一、大学生竞争与合作的影响因素

在社会文化中，群体的、人际的、个人的等各种层次的因素，都可能对人与人之间的竞争与合作产生影响。

（一）群体方面（家庭、学校、社会）

每个人在社会中都扮演着多重角色，例如大学生是父母的子女，是在校的学生，是时代的骄子，身处不同的环境，必然会受到不同环境的影响。

作为子女，家庭的氛围会直接或间接地影响大学生的竞争与合作行为。一般来说，如果父母相对民主、平等、开明，更能尊重子女的想法，则孩子的心理健康水平会更高，合作的意识也会更强。可以想象，一个充满火药味的家庭所培养出的孩子会更多地选择与别人竞争，以得到自己想要的。

作为学生，校园的文化、氛围会对大学生的价值观念产生相应的影响。如果在学校中接触到的多是通过合作的方式获得相应的回报，那么就能更好地传递合作意识，学生也更善于合作。

作为社会人，在这个充满挑战的社会，社会风气、文化、群体氛围都会潜移默化地影响大学生的竞争与合作行为。

（二）人际交互作用

“人敬我一尺，我敬人一丈”，我国传统文化的价值观揭示了人们在交往中合作倾向的根源。根据社会交换理论，如果我们能在交往中与对方形成一种和平的关系，那么我们就会让这种关系保持下去，也就是我们会选择“敬别人一丈”；反之，如果对方自私自利，与我们产生竞争的关系，那么我们就会以同样的方式“回敬”。此外，在人际交往中，不可或缺的就是沟通。

群体成员间的沟通会影响竞争或是合作行为的产生。威克曼（Wichman，1970）曾经做过一个实验，结果发现沟通会对合作产生重要影响。

在了解这个实验之前，我们先来看一个经典的案例——囚徒困境。两个共谋犯罪的人甲、乙被关入监狱，并且不能互相沟通。如果两个人都不揭发对方，则由于证据不确定，每个人都坐牢 1 年；若一人揭发，而另一人沉默，则揭发者因为立功而立即获释，沉默者因不合作而入狱 10 年；若两人互相揭发，则因证据确实，两人都被判刑 8 年。其模型如表 9-1 所示。

表 9-1 囚徒困境

乙＼甲	揭发	沉默
揭发	两人都被判刑 8 年	乙获释，甲被判刑 10 年
沉默	甲获释，乙被判刑 10 年	两人都被判刑 1 年

囚徒困境中，两人是不能沟通的，在这种情况下，双方只能猜测对方会做什么样的选择。当你认为对方选择沉默时，自己选择揭发会获得更多的好处；而当你认为对方选择揭发时，你就会有两种选择：揭发或沉默。如果选择沉默，那么自己将被判刑 10 年，对方将被释放；如果选择揭发，那么对方也会受到惩罚，并且会减少自己的损失。因此，不管对方如何选择，自己选择揭发都是好的，所以两人无法合作。但是，如果两人能够沟通，事情会出现转机吗？

威克曼的实验就设置了这样一些情境，研究在囚徒困境中，两人能够沟通的条件下，事情会有什么样的变化。他设置了四种实验情境：同伴间不可见也无言语沟通；可以看见但无言语沟通；看不见但可以言语沟通；看得见也可以言语沟通。结果显示，不同的沟通形式对合作概率产生了不同的影响，沟通越充分，沟通的形式越直接，合作行为的概率也就越高。在有沟通条件下的合作概率如图 9-1 所示。在无沟通条件的情况下，竞争水平最高，只有 40％的被试者选择合作；而当实现了言语沟通后，合作概率上升到了 70％以上。言语沟通在促使双方讨论计划、增进彼此了解、做出承诺和使对方信服等方面产生了一系列作用。通过沟通，双方增强了信任，这可能是沟通因素最终起作用的关键之处。

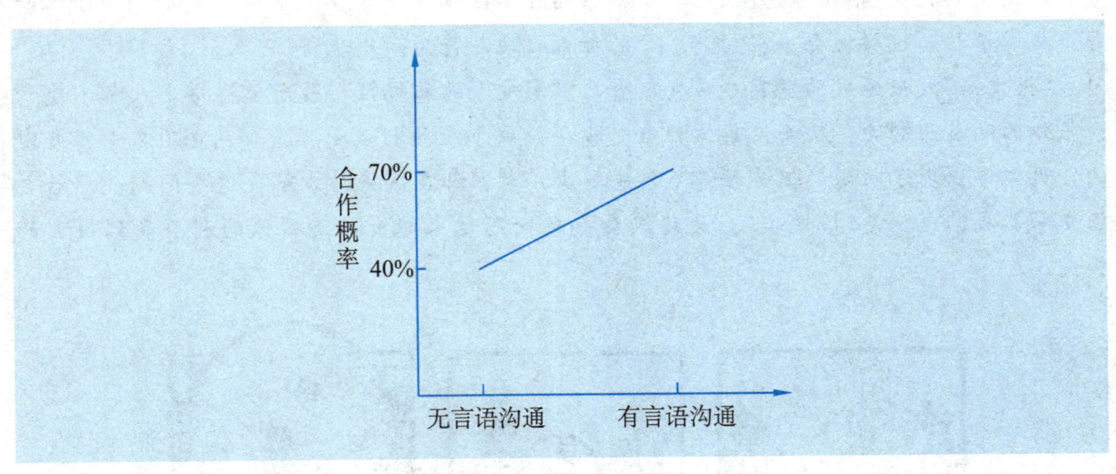

图 9-1 在有沟通条件下的合作概率

(三) 奖惩结构

1. 竞争性相互依存结构

奖惩结构到底会怎样影响我们的合作行为？举个例子：在学校运动会中，或者在班级考试中，往往只有一个人能够成为第一名，那么这个第一名所获得的奖励是别人不能够得到的，是以别人的失去为条件的。我们置身其中想一下，如果只有一个第一名，我们是不是倾向于选择竞争从而确保自己能够得到这个唯一的第一名？还有一些生活中常见的现象，例如，有些企业实行员工过失处罚制度，将处罚员工的现金用于奖励先进员工。从表面上看，似乎是很好的奖勤罚懒、奖优罚劣的管理策略，而事实上，这种策略会使大家暗自相互竞争以避免自己是那个被处罚的人。上面的这种奖惩结构被称为竞争性相互依存结构，会大大损害成员之间的合作倾向。

2. 合作性相互依存结构

与竞争性相互依存结构相对的是合作性相互依存结构，即成员之间以积极的方式相联系，每一名成员做得越好，群体越可能取得最后的胜利。例如，在学校用群体的共同进步来作为奖励的理由，只要班级在考试中能够获得年级第一，那班级里所有人都能获得相应的奖励，这样就会强化群体内合作，使群体更关注自身进步，而不把班级其他成员作为对手。这种奖励结构引导个体通过群体合作取得共同成绩来达成自己的目标。

心理小贴士

“搭便车”效应

上面我们提到的这种合作性相互依存结构能够促进群体的合作，但是我们不能一味地认为只要群体内是合作的，就一定能够获得好的结果。在生活中还常常会出现这样一些情况：集体中的有些人不去付出而是坐享他人之利，就像南郭先生一样“滥竽充数”。例如，我们在合唱的时候，如果每个人心里都想这么多人不缺我一个，反正别人都唱，我声音小一点不要紧的，那么最终会导致一片沉默。

而这其实就是“搭便车”效应，其根本原因在于团体利益共分，责任与成本却由团体的每个成员承担，这样便会出现“搭便车”的投机心理与行为。

“搭便车”效应造成的危害非常大，会严重影响人的积极性，最后使得每个人都不愿意为集体的利益而努力，从而使集体利益受损，使每个人的利益受损。如同图 9-2 中所展现的，群体中出现了问题，但是谁都不愿意解决，大家都在等待对方解决这个问题，然后自己坐享其成，也就是“搭便车”，最终只会导致问题越来越大，使群体的利益受到极大的损失。

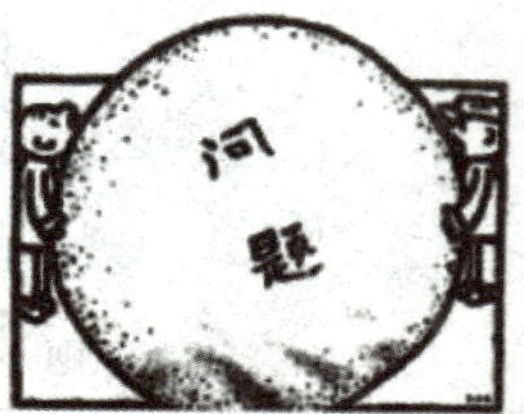

图 9-2　搭便车效应

（四）个体特点

群体中成员的性格特点也会对竞争与合作倾向产生影响。李布兰德等人发现，个体在与他人相处时会有以下几类不同的价值倾向。

1. 合作倾向者

这类人倾向于选择与群体成员合作，从而使包括自己在内的所有成员获得最大的利益。

2. 竞争倾向者

这类人的目标是比别人获得更多的利益，要比别人做得更好，所以在群体中常常选择竞争以确保自己在群体中是最优的、获得的利益是最多的。

3. 个人主义倾向者

这类人不像前两类人那样在乎群体中其他成员的利益获得情况，他(她)只求自己能够获得最大的利益而不管他人得失。

因此，不同的价值倾向或策略会对不同情境下的行为有很大的影响，会使人产生不同的归因模式，形成不同的思维习惯。例如，在班级中，合作倾向者习惯与别的同学合作，相互帮助，以确保自己所在的班级所有同学都能获得较好的成绩；而竞争倾向者则习惯于选择竞争，从而确保自己在班级中能够得到第一名，所以往往这类人虽然学习很好，但是却不愿与人分享；个人主义倾向者就像是超脱世外，只要自己能够考到自己想要的名次和分数就可以了，并不在乎别的同学考多少分。

二、大学生竞争与合作的心理调适

(一) 竞争心理问题及调适

竞争可以克服惰性，促进社会的进步和发展，但只要有竞争就会有成功与失败，所以往往使人在长期紧张的生活中产生焦虑，出现心理失衡等问题。大学生的心智还不够成熟，在面对成功与失败时，主观愿望与客观结果之间会出现差距，可能引起部分心理问题。

1. 失败心理问题及调试

“雄鹰翱翔天空，难免折伤飞翼；骏马奔驰大地，难免失蹄折骨”。生活中难免会遇到挫折失败，有些同学遇到失败后灰心丧气、萎靡不振、失去信心，甚至自暴自弃，认为生活失去了色彩。在遇到失败后，不妨冷静而理智地分析导致失败的原因和过程，通过以下几种方法进行简单的调试。

(1) 自我补偿。简单来说，自我补偿就是通过其他方面的优势来补偿某一方面的失败。例如，一次考试成绩不好，就努力学习，等下一次考出好成绩来补偿；文化课学习成绩不好，可以在技能技术方面发展。

(2) 合理宣泄。很多同学在遇到失败后会把不良情绪压抑在内心深处，从而进一步导致其他更严重的心理问题，如焦虑、抑郁。遇到失败后，我们要合理地宣泄自己的不良情绪，积极地向家长、老师、朋友倾诉，求得理解或帮助；也可以把心中的不满或委屈写在日记中，或通过运动等方式释放压力。

(3) 转移、升华。遇到挫折后，要学会从新的角度看待问题，把挫折变成动力，吃一堑长一智，在哪里跌倒就在哪里爬起来，做生活的强者。

2. 成功心理问题及调试

只要我们努力奋斗，成功总会如期而至。但有些同学成功后却出现了沾沾自喜、自傲自大的情绪，以致影响以后的工作、学习和生活。历史上有不少的例子都是因为获得暂时的成功后自大而导致了最后的失败：庞涓因骄傲而被孙膑军队乱箭射死；拿破仑因骄傲而兵败滑铁卢；楚霸王项羽由于贵族出身，英雄盖世，力拔山河，拥有雄兵百万，不把亭长出身的刘邦放在眼内，但刘邦善用张良、韩信、萧何等人，由弱转强，刘、项相争，结果是项羽惨败，自刎乌江……

怎样避免出现这样的情况呢？我们可以尝试以下方法。

(1) 摆正心态。要明白成功是不断地付出努力与汗水换来的，成功只是一时而不是一世，要想常胜，就不能自满自大、目中无人。

(2) 要有再接再厉的决心。只有下定决心，再接再厉，成功才不会离你远去。只有不断地学习、努力奋斗，才能有永久的成功。

(二) 合作心理问题及调适

大学生在与人合作的过程中，不可避免地会出现心理问题和心理障碍，其中最常见的合作心理问题是自卑心理、猜疑心理和嫉妒心理。了解合作心理问题的危害，学习和掌握常见合作心理问题的调适方法，对提高大学生的合作能力尤为重要。

1. 自卑心理及调适

合作中的自卑心理可以理解为合作过程中的一种消极的自我评价或自我意识，也就是个体认为自己在某些方面不如他人而产生的一种消极情感。这往往导致个体不能很好地融入群体，造成形单影只，甚至出现一些不良的心理问题。

自卑心理的调适方法有以下几种。

(1) 实事求是地评价自己。正确地认识自己，承认自己客观存在的长处和短处，要知道在群体中与别人合作是取长补短的，只要自己有优点就一定能发挥作用。

(2) 用行动找回自信。在学习与生活中，不断地用行动来证明自己是可以的。可以先从容易合作成功的事情做起，通过逐步获得成就找回自信。

(3) 补偿法。这是一种常见的有效方法，即通过努力获得某方面的突出成就来补偿其他方面的自卑。

2. 猜疑心理及调适

猜疑是合作的绊脚石。有了猜疑之心，对待合作伙伴、看待事物就不会从客观实际出发做出合乎逻辑的推理判断，而是凭借一些表面现象，主观臆断、随意夸大，进而扭曲事物、歪曲事实，得出不合实际的错误结论。有了猜疑之后，还可能产生先入为主的想法，先设框框，然后察言观色，甚至无中生有，把一些毫无关系的现象当作事实材料，生拉硬拽来当作证据。

猜疑心理的调适方法有以下几种。

(1) 进行积极的自我暗示。

(2) 摆脱错误思维方法的束缚。猜疑总是从某一假想的目标出发，最后又回到假想目标。只有摆脱错误思维方法的束缚，走出先入为主的死胡同，才能使猜疑之心在得不到自我证实和不能自圆其说的情况下自行消失。

(3) 坚持“严于律己，宽以待人”的原则。猜疑心重的人，大多对自己要求不高，对别人却要求苛刻。如果对别人的要求不那么高，就不会把别人的言行变化看得那么严重，许多无端的猜疑就从根本上失去了基础。同时，如果对自己要求很严格，就不会无端猜疑别人是否做了不利于自己的事，讲了不利于自己的话，不会疑神疑鬼，自寻烦恼。

(4) 敞开心扉，及时沟通。猜疑往往是心灵闭锁者人为设置的心理屏障。猜疑者生疑后，冷静地思考是很必要的，但冷静思考后猜疑仍然存在，那就要通过适当的方式及时沟通，与被猜疑者进行推心置腹的交心。如果是误会，可及时消除；如果是看法不同，通过谈心，各自的想法被对方所了解，也会对猜疑心理有一定的缓解作用。

3. 嫉妒心理及调适

有嫉妒心的人，他们在实际工作和正常竞争活动中不努力拼搏，总是处心积虑地打击那些凭自己实力做出成绩的人。他们想当然地认为本应属于自己的东西却归别人所有，心里总感到无法平衡。这样的人心怀不满，对别人得到的东西，他们也想要，除非能消除他的这种情绪，否则他们将竭尽全力打击报复别人。嫉妒心强的人普遍的心态是：“他根本就没有什么了不起，我不明白大家为什么如此吹捧他，如果我也有他那样的机会，我会比他做得更好。本来这个机会应该是我的，我怀疑他暗地里做了手脚，我要揭穿他的老底，让他再也得意不起来。”

当出现了嫉妒的心理问题时，我们应该怎样调试呢?

(1) 加强修养。嫉妒是偏离了正确方向的自尊心，是畸形的自尊心，把自尊理解为高高地凌驾于别人之上，自己只能超过别人，绝不容忍别人超过自己。嫉妒心强的人只有逐步树立起崇高的生活目标和理想，树立正确的世界观，那种唯我独尊、显示自己、沽名钓誉的嫉妒心理才能从根本上得以消除，才能与别人和平共处，搞好合作。

(2) 正确地认识自己和他人。每个人都有自己的长处和不足，要客观、公正地认识、评价自己和他人，摆正自己和他人的位置，当发现自己有嫉妒心理时，可进行角色“互换”，这是克服嫉妒心理的有效方法。

(3) 培养乐观的人生态度。每个人都有适合自己的角色，要有勇气承认对方有比自己优越的地方，从而重新认识自己、发现自己和提升自己，这样就能从嫉妒的泥潭中自拔出来。

(4) 少一分虚荣心。虚荣心是一种扭曲了的自尊心。有嫉妒心理时，往往把自己的面子看得特别重要，不愿意别人超过自己，常常以贬低别人来抬高自己，这是虚荣心的表现。虚荣心与嫉妒心两者紧密相连，相依为命，所以克服一分虚荣心就少一分嫉妒心。

(5) 自我宣泄。嫉妒心理也是一种痛苦的心理，当还没有发展到严重程度时，适度的自我宣泄是相当必要的。可以找一个知心的同学或朋友，把心中的不快讲出来，寻求暂时的心理平衡，这样虽不能从根本上克服嫉妒心理，却能使嫉妒心理得到不同程度的缓解。如果自己有一定的爱好，也可借助各种爱好来宣泄嫉妒心理。

第三节 培养理性竞争与团队合作的能力

一、学会理性竞争

"物竞天择，适者生存"，竞争自古就有，广泛地存在于人类文明和动植物世界中。竞争使社会充满了色彩，也促进了社会的进步。那么，大学生应该怎样适应这个竞争的社会呢？

1. 应该有一个良好的竞争心态

竞争中必然会有强弱之分，不管在竞争中我们是成功了还是失败了，都应保持良好的心态。在一次竞争中失败了并不代表每一次都会失败，应克服自暴自弃的心理，不断地调整努力的方向，争取在下一次竞争中取得胜利。切不可因一次的失败就产生忌恨和报复的心理，这会使人跌入无底的深渊。另外，我们还要明白，每个人都有成功的机会，我们在竞争中获得了成功时不应忘记群体中的其他人，应知道竞争之中也有合作，才能在成功后带动群体，获得真正的成功。

2. 大学生在竞争中还应确定正确的竞争策略

竞争策略的基本形式有两种：正位竞争和错位竞争。所谓正位竞争，就是在知己知彼的条件下，与自己实力、地位相当的对手进行正面竞争。所谓错位竞争，就是错开对手的锋芒，以己之长击彼之短而确立相对优势的策略。大学生在确定竞争策略时应注意以下几点。

(1) 要有竞争意识。在学习与工作中应树立拼搏精神和竞争意识，要不甘落后，敢于争先。只有积极上进，才能获得同学和老师的尊重与好评。

(2) 竞争不排斥合作。要学会在竞争的同时合作。良好的竞争不是互相伤害，而是在不伤害其他人的前提下积极的进取，最好能够在某些方面保持合作。就像本章的案例导读一样，虽然在学习成绩上，李芳和庞晗是竞争的关系，但两人还是在竞争的同时选择了合作。

心理小贴士

跑不掉的螃蟹

抓螃蟹的渔民往往会携带一个有盖子的竹篓。捉到第一只螃蟹后，他们会把盖子盖严，以防止螃蟹逃走，但是捉到第二只螃蟹后，渔民就不再盖盖子了。

这是为什么呢？原来，当有两只以上的螃蟹时，每一只都会争先恐后地朝出口处涌去，但是，竹篓口很窄，只能允许一只螃蟹通过，于是就出现了匪夷所思的场景：当一只螃蟹爬到篓口时，其余的螃蟹就会用威猛的大钳子抓住它，最终把它拖到篓口下面，另一只螃蟹则踩着它往上爬……这种无序的状况只能出现一种结果：尽管竹篓口一直敞开着，但却没有一只螃蟹能够幸运地脱离竹篓。

盲目的竞争只会让自己处于不利的环境中，即便本有机会走出困境，也往往由于彼此之间的竞争而最终失去成功的机会。因此，大学生应学会理性竞争，有效地发挥竞争的积极作用。

(3) 理性竞争。竞争中应恪守规则，充分发挥自身的优势和潜力去赢得竞争的胜利。竞争应从双方的能力、素质、精神等方面进行比较，而不是比谁有更多的关系、谁更会搞小动作。要知道竞争与做人并不冲突，虽然在工作、学习上大家可能是竞争关系，但不能因此损害彼此之间的友谊。

二、培养合作精神

社会在不断地进步与发展，联合国教科文组织也提到现代学生应具备四个“学会”：学会做事、学会做人、学会学习、学会合作。合作能力已经成为大学生的核心必备能力之一，增强合作意识、提高合作技能、培养团队精神是当代大学生立足于社会所必须做到的。

(一) 增强合作意识

在信息技术高度发达的现代社会，人与人之间的关系越来越复杂，每个人都像是社会的一个小配件在发挥着自己的作用，分工合作使得社会不断前进。面对这样的社会现状，大学生想要成就一番事业，凭一己之力是很难做到的。因此，我们应增强合作意识，互相帮助，优势互补，才能在社会上站稳脚跟，创造属于自己的辉煌。

另外，正如上述所说的，人与人之间的关系越来越复杂，而合作的本质就是与他人打交道，所以有良好的人际关系是极其重要的。如果我们不能处理好与同学、同事、朋友之间的关系，得不到大家的支持与配合，很难做出好的业绩。试想，如果在一个团队中，一个人处处受非议和排挤，那么工作中必然会碰到各种阻碍。即便一个人的能力再强，没有别人的配合，没有他人的支持，也很难成就事业。不难发现，现代社会中，成功的企业家都拥有密切配合的团队，都有和善的人际关系。因此，大学生在校期间以及走上工作岗位后，一定要虚心学习，与人为善，最大限度地获取他人的支持与帮助。

(二) 提高合作技能

想要获得成功，提高自己的合作技能，首先就要把合作过程中隐含的道理理解透彻。究其根本，合作是一个人际互动的过程，当我们帮助别人获得他们需要的东西时，相应的我们也会从别人那里获得帮助。并且我们给予别人的帮助越多，自己得到的帮助也会越多。

有一个故事一定会对大家大有启发：瘦子甲和胖子乙一起在一段废弃的铁轨上玩耍，两人比赛，看谁能在铁轨上走得更远。结果，甲发现自己没走几步就掉下来了，而乙却能在铁轨上走很远。乙告诉甲，虽然自己胖，但是可以通过选择远处的目标以使自己的身体保持更好的平衡性。后来，当甲和乙分别站在两侧铁轨上手拉手一起向前走的时候，他们便可以一直行走而不会从铁轨上掉下来。这其实就是合作的智慧，每个人都有自己的长处，我们要学会把自己的观念传递出去，让他人理解自己的想法，同时又对别人的想法产生一些影响，就像乙告诉甲该怎么在铁轨上走，于是甲选择与乙合作，结果两人在铁轨上越走越远。“帮助别人往上爬的人，会爬得更高”说的就是这个道理。

因此，大学生应努力提高自己的合作技能，并积极地将这一技能运用到实际生活中去。当我们希望别人怎么对待我们的时候，我们要先用同样的方式去对待别人；当我们希望从别人那里获得什么的时候，我们要先学会付出。人与人之间的合作是相互的，如此，方能在合作中和平相处，一同获得丰厚的成果。无数经验证明，在合作的过程中，仅仅依靠自己的力量是不能获得成功的，成功者都善于借助他人的力量。

既然合作说到底还是经营人与人之间的关系，那么我们就要慎重地选择与什么样的人产生这样的人际关系，也就是说，我们选择什么样的合作伙伴，对于我们能否取得成功也是至关重要的。所谓合作伙伴，就是与你既要能“合”，又要能“做”的人，也就是说，既要能与你精诚合作，不起异心，又要有实际的做事能力，两者缺一不可。那么，我们应该选择什么样的人作为自己的合作伙伴呢？

1. 诚信

诚信是为人处世必不可少的精神品质，因此我们首先要选择守信用、重承诺的人作为合作伙伴。孔子曾说过：“人无信，不知其可也”，一个人如果连诚信这个基本道德都不能保证，那我们在与其合作的过程中将会面临巨大的风险。我们合作事业的基本情况、人事档案、技术秘密、财务情况等都有可能会因为合作伙伴的居心叵测而导致泄露，会给我们带来严重的危机。生活中有多少合作创业的人由于碰到了毫无诚信的合作伙伴导致最后竹篮打水一场空，还欠了诸多债款。另外，如果我们在合作过程中发现对方没有诚信，想与其结束合作关系时，对方可能会选择用卑劣的手段来报复我们，甚至散伙后他还到处散播不良的信息来诋毁我们本身或是我们的事业。

2. 合作

合作是不同的个体为了共同的目标选择一起努力的行为倾向，因此在选择合作伙伴时应选择与自己志同道合的人。古语有云，“道不同不相为谋”，当我们与合作伙伴有一致的目标和方向时，才能像赛龙舟一样有共同的方向，奋勇向前。试想，如果赛龙舟时每个人的前进方向都不一样，最后龙舟只能原地不动。合作就像一部机器，其运转需要不同的零部件配合。一个优秀的合作团体，不仅能给合作伙伴的能力发挥创造良好的条件，还会产生彼此都不拥有的一种新力量，使个人的能力得到放大、强化以至延伸。

3. 才华

只有诚信的品德还不够，还要有才华才能够迸发出无尽的灵感，促进团队的发展与成功。但是，有才无德是万万不可的，我们常说“有德无才是庸人，有才无德是小人”，重德轻才，往往导致与庸人合作；重才轻德，极有可能与小人共事。只有德才兼备的人才是我们合作伙伴的最佳之选，这个合作伙伴能够带给我们技术、资金、灵感、创意，但更为重要的是他能让我们互相信任、互相尊重。

心理小贴士

与成功者合作

大学生选择合作伙伴时，一定要克服怯懦心理，积极推销自己，大胆地与成功者合作，只有如此，才能使自己早日步入成功者的行列。“下棋找高手，弄斧到班门”说的就是这个道理。

为什么要与成功者合作？

(1) 成功的人，他们处在社会生活的光环之中，有话语权，会受到人们的广泛尊重。成功的人，他们往往不仅肯努力，智商和情商也比较高，而且有头脑、有主见，对事物有自己的看法和极强的判断力。知道什么对自己有利，什么对自己无利，自己应该维护什么，抵制什么。对于自己的根本利益，他们会坚决捍卫。只要对他们无害，他们也会主动地让些利益给别人。

(2) 由于成功的人有资本、有见识，合作时他们不太计较小节，也乐于给别人提供一些帮助。由于他们的能力相对较大，所以他们即使提供了一些对他们来说很小的帮助，也往往能给你派上大用场。如果他们觉得你比较重要，对他们确有用处，他们更会热心投入。

(3) 由于成功人士的能力较强，社交圈子大，背景深厚，所以他们的人际关系是一种难得的资源，这是一笔不能用金钱来衡量的财富。因此，通过与他们的合作，利用他们的人际关系资源，可以从他们身上学习很多我们所需要的东西，从而使我们在人生的道路上少走弯路，早日取得骄人的成绩。

“适者生存”是这个世界的生存法则，这里的“适者”就是有力量的人，而力量在某种程度上来说就是合作努力的结果。为了实现人生的价值，我们应该努力合作而不是单独行动。一个人只有能够和其他人友好合作，优势互补、扬长避短，才能够成就事业。

合作，不仅仅是一种工作的需要，事实上，合作是一切单位或团体发展的根本。而要达成合作，首先要积极、有效地参与。

一个人的力量是有限的，很难突破时间、环境设下的障碍。在工作团队中，你必须经常主动与他人合作，才能在遇到困难时获得他人的帮助和支持。如果组织中的每个人都只注意到个人的存在，只关注自己的表现，发挥的力量也只是一个人的力量，最终只能满足自己的表现欲而已。如果每一个人还要费尽心思地与他人斤斤计较，那就连个人发挥出的力量都会大打折扣，这种做法永远无法使自己的事业兴旺发达。

在现实生活中我们会发现，和有些人相处很容易，但和有些人相处却很难，产生冲突的原因就在于我们有时候过于强调人与人之间的差异。冲突的结果是两人的距离越来越远，冲突也会越来越多。如果我们把眼光放在自己和他人的共同点上，那么我们在与他人相处的时候就要容易多了。当然，一个人和自己的朋友或其他人都有可能发生冲突，差别就在于和朋友的冲突会因为共同的立场和观点很快得以缓解，和其他人的冲突则很难缓和。这就要求我们要注意学习沟通技能，努力和自己所关心的人建立互相信任、团结合作的关系，而且掌握沟通技巧之后，那些曾经使你头痛的人物，也会和你由冲突转向合作。在建立了良好的人际关系之后，你就会改变与这个人互动的方式和方向，获得更多的成功机会和人生价值。事实上，合作的真谛就是优势互补、共同提高、实现双赢。

心理训练游戏

盲 阵

目的：增强团队合作，学习团队解决问题的方法。

时间：15 分钟左右。

人数：20～30 人。

道具：五米长的软绳 6 段，袋子 6 个，眼罩 30 个。

游戏程序：将所有成员分组，每 6 人为一组，每组一个放有一段长绳子的袋子。每组成员站在活动场所的一处，让每个成员戴上眼罩，告诉他们每组面前有一个袋子，袋子里面有一根长绳。每组的任务是把绳子拿出来，用绳子拉成一个圆圈，每个人站在绳的外围，保持距离均等。完成之后，可以再把绳子拉成别的形状，如三角形、正方形甚至一条直线等。

分享：完成了这个活动，大家有什么感想呢？这个合作的任务困难吗？难点在哪里？为什么呢？每个小组是怎样解决问题的？每个人是否都对任务的完成具有积极的推动意义？怎样能更轻松地完成任务呢？

共同参与，主动配合，协商解决难题，才能保证又快又好地完成任务。

（三）培养团队精神

1. 团队精神概述

团队精神是指团队成员为了实现共同的目标和利益而选择彼此合作的意愿和作风。团队精神是高绩效团队的灵魂和成功团队的素质。虽然我们很难、也鲜有人能清楚地描述团队精神，但只要我们在团队中，就能清晰地感受到团队精神的存在以及它的品质好坏。

团队精神包含三个层面的内容：团队的凝聚力、团队的合作意识和团队士气。

团队的凝聚力是针对团队和成员之间的关系而言的。团队的凝聚力表现为团队成员强烈的归属感和一体性，每个团队成员都能感受到自己是团队当中的一分子，把个人目标和团队目标联系在一起，对团队忠诚，对团队的成功感到自豪，对团队的困境感到忧虑。

团队的合作意识是指团队和团队成员表现为协作和共为一体的特点。团队成员之间相互依存、同舟共济、互相敬重、彼此宽容和尊重个性的差异；彼此之间互相信任，待人真诚、遵守承诺；相互帮助、共同提高；共享利益和成就，共担责任和压力。良好的合作氛围是高绩效团队的基础，没有合作，团队就无法取得优秀的业绩。

团队士气是团队精神的一个重要方面。拿破仑曾说过：“一支军队的实力，四分之三靠的是士气”。将这句话的含义延伸到现代企业管理中，即为团队目标而奋斗的精神状态对团队的业绩非常重要。

在一些团队中，人们感觉舒适、有动力，团队成员之间有着密切的合作，并可以创造出令人印象深刻的表现及业绩。而在有些团队中，成员会感到沮丧、心情压抑，团队的内部和外部都出现问题，导致凝聚力下降，整个团队的成绩也受到影响。因此，团队精神对于整个团队的发展具有重要的意义，主要表现在以下方面。

(1) 目标导向功能。团队精神能够使团队成员齐心协力，拧成一股绳，朝着一个目标努力。对团队的个人来说，团队要达到的目标即为自己必须努力的方向，从而使团队的整体目标分解成各个小目标，在每个队员身上都得到落实。

(2) 团结凝聚功能。任何组织群体都需要一种凝聚力，传统的管理方法是通过组织系统自上而下的行政指令来下达任务，淡化了个人在感情和社会心理等方面的需求。团队精神则通过对群体意识的培养，通过队员在长期的实践中形成的习惯、信仰、动机、兴趣等心理，来沟通人们的思想，引导人们产生共同的使命感、归属感和认同感，逐渐强化团队精神，产生一种强大的凝聚力。

(3) 促进激励功能。团队精神需要每一个队员自觉地向团队中最优秀的员工看齐，并通过队员之间正常的竞争达到实现激励功能的目的。这种激励不能单纯地停留在物质的层面上，而是要能得到团队的认可，以及团队中其他队员的认可。

(4) 实现控制功能。在团队里，不仅队员的个体行为需要控制，群体行为也需要协调。团队精神所产生的控制功能，是通过团队内部所形成的观念的力量、氛围的影响，来约束、规范、控制团队的个体行为。这种控制不是自上而下的硬性强制力量，而是由硬性强制控制转向软性内化控制，由控制个人的行为转向控制个人的意识，由控制个人的短期行为转向对其价值观和长期目标的控制。因此，团队精神所产生的控制更为持久且更有意义，而且容易深入人心。

2. 团队目标

当团队成员具备实现目标的相关知识和技能，以及产生与他人合作的愿望时，团队合作可以达到预期的目标。优秀团队的合作，其关键是创造一种归属感，这是团队成就的重要因素。根据马斯洛需要层次理论，个体有归属与爱的需要，每个人都希望有一个可以归属、可以依靠的港湾。在社会中，每个人都希望被一个组织接受并成为这个组织的成员。只有这样，无论是面对自然灾害还是面对社会生活中的各种困难和危险时，我们都能得到团队这个大家庭的帮助，才能够战无不胜；否则，我们必是孤立无援的。这就是人生存和寻求“安全”的需要。如果一个单位或组织能够充分利用员工对这种安全感的心理追求，让员工感觉自己像身处港湾一样有一个可以遮风避雨的地方，那么这个团队就充满了凝聚力和向心力，团队成员也就有充足的内在动力。

要建立一支高绩效的团队，并使团队成为成员可以信赖的港湾，首要任务就是确定团队的目标。团队目标是团队存在的原因，也是团队的核心动力，更是团队决策的前提。没有目标的团队只能是步履维艰，在猜测和运气不确定的情况下，风险很大。就像汪洋大海中的一艘船，它不仅会失去方向，也难免触礁。团队目标的实现与所有成员的利益息息相关，也是激励、协调成员行动的关键因素。人们因为自己的梦想而变得伟大，团队也不例外。愿景规划是概述团队未来的蓝图，是对梦想和机会的理解，它告诉团队未来会是什么样子。具有挑战性的长期规划可能难以实现，但它会激励团队成员勇往直前。

3. 团队精神的培养

团队精神能够给我们带来诸多的好处，我们又该怎么去培养呢？让我们来看一个实验。

一位英国科学家把一盘点燃的蚊香放进了蚁巢里。开始，巢中的蚂蚁惊恐万分，过了十几分钟后，便有蚂蚁向火冲去，对着点燃的蚊香喷射自己的蚁酸。由于一只蚂蚁能射出的蚁酸量十分有限，所以很多蚂蚁葬身火海。但是，这些蚂蚁的牺牲并没有吓退蚁群，相反，又有更多的蚂蚁投入“战斗”，它们前仆后继，几分钟便将火扑灭了。过了一段时间，这位科学家又将一支点燃的蜡烛放到那个蚁巢里。虽然这一次的“火灾”更大，但由于有了上一次的经验，蚂蚁们很快协同在一起有条不紊地进行“战斗”，不到一分钟，烛火便被扑灭了，而蚂蚁却无一死亡。从蚂蚁扑火的实验中可以看出，个体的力量是很有限的，而团队的力量则可以实现个人难以达到的目标。

同样，我们每个人都生活在一个大家庭中，可能是我们的班级，也可能是我们的单位，我们每个人能做的事情少之又少，但如果大家能协同合作，各自做好自己在团队中的工作，那么就能使整个组织得到质的升华，每个人也会变得更加强大。团队中常见的角色有以下几种，如表 9-2 所示。

表 9-2　团队角色分类

团队角色	典型特征	作　　用	优　　点	缺　　点
实干者	有责任感、高效率、守纪律，但比较保守	由于其可靠、高效率及处理具体工作的能力强，因此在团队中作用很大。实干者一般不会根据个人兴趣来完成工作，通常根据团队需要来完成工作	有组织能力、务实，能把想法转化为实际行动，工作努力、自律	缺乏灵活性、可能会阻碍变革
协调者	冷静、自信、有控制力	擅长领导一个具有各种技能和个性特征的群体，善于协调各种错综复杂的关系，喜欢平心静气地解决问题	目标性强，待人公平	个人业务能力不太强，较易将团队努力归为己有
推进者	挑战性、好交际、富有激情	是行动的发起者，敢于面对困难，并义无反顾地加速前进；敢于独自做决定而不介意别人的反对。推进者是确保团队快速行动的最有效成员	随时愿意挑战传统，厌恶低效率，反对自满和欺骗行为	有挑衅嫌疑，做事缺乏耐心
创新者	有创造力、个人主义、非正统	提出新想法和开拓新思路，创新者通常在项目刚刚起动或陷入困境时显得非常重要	有天分，富于想象力，智慧、博学	好高骛远，不太关注工作细节和计划，过分强调自己的观点

续表

团队角色	典型特征	作用	优点	缺点
信息者	外向、热情、好奇、善于交际	有与人交往和发现新事物的能力，善于迎接挑战	有天分，富于想象力，智慧、博学	当初的兴奋感消逝后，容易对工作失去兴趣
监督者	冷静、不易激动、谨慎、精确判断	监督者善于分析和评价，善于权衡利弊来选择方案	冷静、判别能力强	缺乏超越他人的能力
凝聚者	合作性强、性情温和、敏感	善于调和各种人际关系，信奉“和为贵”，可以增强团队协作能力，使团队士气更高	随机应变，善于化解各种矛盾，促进团队合作	在危机时刻可能优柔寡断，不太愿意承担压力
完美者	埋头苦干、守秩序、尽职尽责、易焦虑	适合完成重要且要求高度准确性的任务，完美者在管理方面崇尚高标准、严要求，注意准确性，关注细节，坚持不懈	坚持不懈，精益求精	容易为小事而焦虑，不愿放手，甚至吹毛求疵

当每个人在团队中都能扮演好自己的角色，发挥自己的作用和长处，就能推动整个团队的迅速发展。

团队精神的培养可以从以下几个方面入手。

(1) 明确提出团队目标。目标是把人们凝聚在一起的力量，是鼓舞人们团结奋斗的动力，也是督促团队成员的尺度。要注意，只有切合实际的团队目标才能凝聚人、团结人，调动人的积极性。

(2) 健全团队管理制度。管理制度可以使人们的行为规范化。好的团队都应该有健全、完善的制度和规范，如果缺乏有效的管理制度，就无法形成纪律严明、作风过硬的团队。

(3) 创造良好的沟通环境。有效的沟通能及时消除和化解领导者与成员之间、各部门之间、各成员之间的分歧与矛盾。因此，必须建立良好的沟通环境，以增强团队凝聚力，减少“内耗”。

(4) 尊重每一个人。尊重是调动人的积极性的重要前提。尊重团队中的每一个人，使每一个人都感受到团队的温暖，关心每一个人的工作与生活，将会极大地激发成员献身事业的决心。

(5) 引导成员参与管理。每个成员都有参与管理的欲望和要求，正确引导和鼓励这种愿望，就会使团队成员积极地为团队发展出谋划策，贡献自己的力量与智慧。

(6) 增强成员的全局观念。“团结出战斗力”，团队成员不能过于计较个人利益和局部利益，要将个人、部门的追求融入团队的总体目标中，才能达到团队的最佳整体效益。团队中，各成员一定要做到风雨同行、同舟共济，没有团队合作的精神，仅凭一个人的力量无论如何也达不到理想的工作效果，只有通过集体的力量，充分发挥团队精神才能使工作完成得更出色。

案例讨论

美国苹果公司前CEO乔布斯正因为身体原因而纠结要不要退休的时候，一个让他更为纠结的事情发生了，他的苹果公司平白无故多了一位“敌人”，而且还是一位计算机天才，名叫尼古拉斯·阿莱格拉，是布朗大学的一名学生。

说阿莱格拉是天才毫不为过，他9岁就开始自学编程代码，10年中破解过好几家知名网站，学校里的课程对他而言根本就是多余的。阿莱格拉和所有的年轻人一样，喜欢网络游戏，尤其喜欢苹果公司的“明星大乱斗视频游戏”。早在一年前，阿莱格拉就针对苹果手机编写了一个黑客软件，苹果公司的程序安全研究团队很快做出反应，对手机操作系统进行防护更新与升级。这次，阿莱格拉发现用户不能从视频游戏中截图并保存到电脑上，虽然苹果手机拥有自认为强大的防御系统，可这对于阿莱格拉来说简直不堪一击，他破解了相关的文件后，成功进入操作系统，不断从苹果手机的源代码内部寻找漏洞。没过几个小时，阿莱格拉就开发出了破解程序，这样一来，苹果社区中的几百万用户都可以利用他的软件轻易地破解自己的手机，让这些设备运行未经授权的应用程序。

在阿莱格拉受千万人追捧的同时，乔布斯则为此而头疼不已，更为要命的是，他的程序安全研究团队发现，阿莱格拉开发的破解程序的复杂性堪比当年曾造成伊朗核电站推迟发电的超级工厂病毒，甚至领先那些由国家扶持，并对企业及政府进行入侵的黑客至少5年。乔布斯向一位在美国国家安全局任网络开发分析师的好友求助，这位曾在2007年首次尝试破解苹果手机操作系统但没有任何进展的分析师说：“在成就上，我认为不会有任何人能够在近几年内超过他，我们和他的差距太大了！”

倔强的乔布斯在沉默中选择与阿莱格拉对抗。2011年7月，阿莱格拉发布了新的破解设备，乔布斯声称将对之进行封杀，并随后封堵了可以被用于“越狱”的漏洞，可尽管如此，还是有超过200万的用户通过阿莱格拉的设备进行了程序“越狱”。乔布斯随后决定在零售店网络上进行屏蔽，但是所有的努力在阿莱格拉面前都不值一提。2011年8月19日，阿莱格拉将苹果公司的系统漏洞捅得更大了，导致超过300万的用户同时进行程序“越狱”，几乎造成苹果公司的设备全面瘫痪！

乔布斯终于向这位天才敌人投降了，他带着总裁接班人库克找到了阿莱格拉，和他谈人生和生活，谈工作和事业。乔布斯对阿莱格拉说：“我们知道，你所做的一切只是兴趣，但你要知道，这并不能真正做一番事业，要做事业，还需要一份正式的工作！”随后，他们表示希望聘请阿莱格拉到苹果公司上班。他们饱含真诚的话语终于打动了阿莱格拉，答应乔布斯再也不“调皮捣蛋”，而要利用课余时间进入苹果公司实习，将来毕业后就正式开始工作，为公司服务，为自己的事业努力！

有了这样一个对苹果公司的漏洞了如指掌的天才，显然对苹果公司非常有利，当阿莱格拉利用自己的技能来保护公司设备的安全时，别人在短期内要想“越狱”就会变得更加困难。直到这时，乔布斯心头的一块石头才算落地了。2011年8月25日，乔布斯宣布全面退休。不久，乔布斯病逝。

讨论：

1. 乔布斯与阿莱格拉一开始处于什么样的关系中？后来发生了什么变化？

2. 阿莱格拉的竞争力主要表现在哪些方面？

3. 乔布斯如何处理自己与阿莱格拉的关系，从而使苹果公司得以顺利、安全的发展？

4. 如果你在学习、工作、生活中遇到了强劲的竞争对手，你会怎么做？

心理测试

团队合作行为测试

亲爱的同学，请根据你的意愿回答以下10个问题，了解自己的团队意识。

1. 如果某位中学校长请你为即将毕业的学生举办一次介绍公司情况的晚间讲座，而那天晚上恰好播放你“追踪”的电视连续剧的最后一集，你是：

A. 立即接受邀请

B. 同意去，但要求改期

C. 以有约在先为由拒绝邀请

2. 如果某位重要客户在周末下午5：30打来电话，说他们购买的设备出了故障，要求紧急更换零件，而主管人员及维修工程师均已下班，你是：

A. 亲自驾车去30千米以外的地方送货

B. 打电话给维修工程师，要求他立即处理此事

C. 告诉客户下周才能解决

3. 如果某位与你竞争最激烈的同事向你借一本经营管理方面的畅销书，你是：

A. 立即借给他

B. 同意借给他，但声明此书无用

C. 告诉他书被遗忘在火车上了

4. 如果某位同事为方便自己去旅游而要求与你调换休息时间，在你还未决定如何休假的情况下，你是：

A. 马上应允

B. 告诉他你要回家请示夫人

C. 拒绝调换，推说自己已经参加旅游团了

5. 如果你在急匆匆地驾车去赴约途中看到你同事的车出了故障，停在路边，你是：

A. 毫不犹豫地下车帮忙修车

B. 告诉他你有急事，不能停下来帮他修车，但一定帮他找修理工

C. 装作没看见他，径直驶过去

6. 如果某位同事在你准备下班回家时，请求你留下来听他“倾吐苦水”，你是：

A. 立即同意

B. 劝他第二天再说

C. 以夫人生病为由拒绝他的请求

心理测试

7. 如果某位同事因有急事，要求你替他去接一位搭夜晚的航班来的大人物，你是：

A. 立即同意

B. 找借口劝他另找别人帮忙

C. 以汽车坏了为由拒绝

8. 如果某位同事的儿子想选择与你同样的专业，请你为他做些求职指导，你是：

A. 立即同意

B. 答应他的请求，但同时声明你的意见可能已经过时，他最好再找些最新的资料作为参考

C. 只答应谈几分钟

9. 你在某次会议上发表的演讲很精彩，会后几位同事都向你索要讲话纲要，你是：

A. 同意，并立即复印

B. 同意，但并不十分重视

C. 同意，但转眼即忘记

10. 如果你参加一个新技术培训班，学到了一些对许多同事都有益的知识，你是：

A. 返回后立即向大家宣布并分发参考资料

B. 只泛泛地介绍一下情况

C. 把这个课程贬得一文不值，不泄露任何信息

【结果解释】

全部回答“A”：你是一位极善良、极有爱心的人，但你要当心，千万别被低效率的人拖后腿，应该有自己的主见。

大部分回答“A”：你很善于合作，但并非失去个性，认为礼尚往来是一种美德，在商业生活中亦不可或缺。

大部分回答“B”：你是一个以自我为中心的人，不愿意为自己找麻烦，不想让自己的生活规律和工作秩序受到任何干扰。

大部分回答“C”：你是一个名副其实的孤家寡人，不善于同别人合作，几乎没有团队意识。

思考题

1. 你参与或者带领过哪些团队？团队精神如何？你怎么定义团队精神的内涵？
2. 在你的经历中，有没有哪件事印证了“猜疑之心是合作的绊脚石”？
3. 从现有的资源条件出发，你觉得可以如何合理地提高竞争力？

拓展阅读

图书《团队精神，协作让你攻无不克》

本书围绕西点军校如何打造团队而展开论述。书中主要强调了高效团队具有强大竞争力的根源，不在于成员个体能力的卓越，而在于成员形成的整体合力，其中起最关键作用的就是那种弥漫于其中、无处不在的团队精神。团队精神的形成并不要求团队成员牺牲自我。相反，挥洒个性、表现特长保证了成员共同完成任务目标，而明确的协作意愿和协作方式则是内心动力的根源。

请写出你的感受：______________________________

____

____

____

图书《共好》

本书讲述了一个由系统排名 32 位的工厂在经过 1 年的“共好”精神推动下，晋级到系统排名 21 位的故事，而主人公之间的率性对话也让我们感受到简单人际的可爱。“共好”精神包含三个层面：松鼠的精神，做有价值的事情；海狸的方式，掌控达成目标的过程；大雁的礼物，相互鼓舞，传递正能量。本书介绍了让企业繁荣的方法、步骤、管理名词，还为大家提供了一个可操作性极强的“共好”流程图，供人们循序渐进地实施书中所介绍的新颖、独到的方法。

请写出你的感受：______________________________

____

____

____

第十章　大学生职业生涯规划

——梦舞蓝图　成就未来

案例导读

高考后，春山被一所外贸院校的物流专业录取，但春山并不了解专业内容，一时迷茫于未来的发展。

入校后，经过深入学习，春山发现自己很喜欢这个专业。一方面，春山擅长英语，而且学校的外语教学力量雄厚，十分利于英语的学习；另一方面，自己的家乡就是省内数一数二的物流集散中心，可预见的就业前景良好。很快，春山树立了目标，确定了职业发展方向：第一，回到环境和风土人情都熟悉的家乡发展；第二，努力进入知名物流企业。

几年的学习中，春山始终努力向职业目标靠拢，不仅成绩优秀，还多次获得奖学金，并考取了物流专业的各种证书。毕业前的校园招聘会上，春山被家乡的三家物流企业同时看中。毕业就职后，春山业绩突出，不出两年就晋升为公司业务主管。

说到这，你觉得春山是如何去做职业规划的？他成功就业的主要内因又是什么？本章中，我们将一起探寻答案，首先介绍生涯规划与自我探索的关系，然后探讨如何做好职业生涯规划，最后讲解择业的心理偏差与调试。

第一节　职业生涯规划概述

罗曼·罗兰说过，世界上许多事业有成的人，并不一定是他比你的机会好，而仅仅是因为他比你能做。亚当·马奇克也曾说，对一生进行充分规划永远都是一个好想法，但一定要用铅笔写下来，而且手边还要有块橡皮擦。

一、职业生涯规划的概念

职业生涯规划又叫职业生涯设计，是指个体依据一定的主客观条件，有目的地对自己的兴趣、爱好、知识、技能、动机、能力、性格等特点进行测定、分析、总结，据此确定自己一生最佳的奋斗目标，并为实现这一目标做出具体计划和行动的过程。

职业生涯规划的目的绝不仅仅是帮助自己找到一份合适的工作，实现个人目标，更重要的是帮助我们真正了解自己，为自己筹划未来，拟订一生的发展方向。“人生也有涯而知也无涯”，每个人的生命长度是有限的，如何在有限的生命中找寻人生的快乐源泉，达到自我了解和自我实现，让自己的人生精彩无限，这其实就是不断做出选择的过程，也是职业生涯规划的意义所在。

当然这里要澄清一下，对大学生来说，进行职业生涯规划并不意味着过早地把自己的人生用条条框框给限制住，而是去发现什么是自己真正想要的，树立适当的目标。这样，在实现目标的过程中，我们才能更有动力为了自己的目标解决遇到的困难。曾经有人说，一个有明确的人生理想和目标的人，坚定不移地朝着目标努力，全世界都会为他让路。

职业生涯规划并不是一次性的，也并不是确定了目标则无法更改，而是要根据各种主客观条件进行评估和调整，甚至当职业目标受挫时要及时转换方向和路径。

职业生涯规划本身并不需要立刻确定自己的职业目标，甚至是一辈子的职业，职业生涯规划更多的是一个探索和发现自我的过程，只有在充分尝试、充分了解的基础上才能通盘考虑自己的职业目标和需求。

二、职业生涯规划中的自我探索

古人云：“人贵有自知之明，知人者智，自知者明。”苏格拉底也曾说：“认识你自己。”大学生正处在生涯探索期和建立期的转换阶段，发现自己、认识自己和了解自己是职业生涯规划必不可少的一部分。自我探索涵盖了很多内容，我们在思考与职业相关的问题时，需要聚焦哪些自我探索的问题呢？

（一）职业性格

大学生的职业生涯规划中，最基础的工作就是要知己，即全面了解自己。自我了解的重要内容是了解自己的性格。性格是人们对现实和周围世界的态度，主要表现在对自己、对别人、对事物的态度和所采取的言行上。莎士比亚曾说：“性格决定命运。”性格与职业选择的关系也非常密切。在选择职业的时候，我们要仔细分析自己的性格是否适合要从事的职业。性格在某种程度上也可以反映对工作、对职业的态度，直接影响职业的选择和职业成就感。例如，有的人对待工作总是一丝不苟，踏实认真；在待人处事中，总是表现出高度的原则性，果断、负责；在对待自己时，总是表现为谦虚、自信，严于律己等，所有这些特征的总和就是他的职业性格。

人的性格千差万别，或热情外向，或羞怯内向，或沉着冷静，或火爆急躁。心理学的研究表明，不同的职业有不同的性格要求，虽然每个人的性格都不能百分之百地适合某项职业，但却可以根据自己的职业倾向来培养、发展相应的职业性格。对企业而言，每个员工的性格特征决定了其工作岗位和工作业绩；对个人而言，职业性格决定着自己的事业能否成功。

心理训练游戏

职业性格测试

既然性格对职业的选择及职业的成功有着重大的影响，那么应如何判断自己的职业性格？心理学上有一些比较经典的性格测验，例如，16PF从乐群性、冒险性、情绪稳定性、独立性等角度进行性格测试。不管采用哪种测试方法，你都可以参考相应的测评结果，找到合适的职业。

MBTI职业性格测试以瑞士心理学家荣格的心理类型理论为基础，它从人们在做事、获取信息、决策等方面的偏好来对人的职业性格进行分析，用字母代表如下：

精力支配：外向E—内向I

认识世界：感觉S—直觉N

判断事物：思维T—情感F

生活态度：判断J—知觉P

四个角度中，每个角度有一种性格倾向，然后四个角度组合，形成16种人格类型，每一种类型表现出独特的行为与互动风格。因此，可以在与人交往、工作选择、生活平衡等方面了解自己“内在”的特征，以明确可能的最佳做事方法与职业选择。

（二）职业兴趣

兴趣是人们力求认识、掌握某种事物，并经常参与该种活动的心理倾向，也是人们积极研究某种事物的认识倾向。一般来说，兴趣是个人职业生涯适应的一个基本方面，可以为职业生涯选择提供有效的信息。例如，我们如果对某种职业感兴趣，就会对该种职业活动表现出肯定的态度，并积极思考探索和追求。职业兴趣是兴趣在职业选择活动中的表现，它体现了职业的多样性和复杂性，以及与从业人员个性的多样性和复杂性之间的相互影响。通过对职业兴趣的分类，可以将个体归属到不同的职业兴趣中，从而找到其适合的职业。

兴趣对大学生职业生涯规划的影响主要体现在三个方面。

▶ 1. 兴趣影响职业选择

兴趣是最好的老师，是一种强大的精神力量，可以使人集中精力获得所喜欢职业的知识，启迪智慧，创造性地开展工作。

▶ 2. 兴趣影响工作效率

哈佛商学院曾做过一个研究，发现长期工作中，兴趣是激励行为的重要动力。如果一个人对从事的工作有浓厚的兴趣，就能发挥自己全部才能的80%～90%，而且工作效率较高，不易疲劳；而如果一个人从事不感兴趣的工作，则只能发挥全部才能的20%～30%，而且容易感到疲劳。

▶ 3. 兴趣影响职业稳定性和职业满意度

从事自己感兴趣的职业，工作满意度较高，由此对工作单位和工作职位的满意度较高，因而工作的稳定性也高。

心理训练游戏

兴趣岛测试

恭喜你！你获得了一次免费度假旅游的机会，有机会免费去6个岛屿中的一个度假旅游。唯一的要求是凭兴趣挑出你最感兴趣的岛屿，请不要考虑其他因素，并在纸上写下三条理由。

1号岛屿：自然原始的岛屿。岛上自然生态保持得很好，居民以手工见长，自己种植花果蔬菜、修缮房屋、打造器物、制作工具，喜欢户外运动。

2号岛屿：深思冥想的岛屿。岛上有多处天文馆、科技博览馆及图书馆，居民喜好观察、学习，崇尚真知、追求真知，常有机会和来自各地的哲学家、科学家、心理学家等交换心得。

3号岛屿：美丽浪漫的岛屿。岛上充满了美术馆、音乐厅、街头雕塑和街边艺人，弥漫着浓厚的艺术文化气息。居民保留了传统的舞蹈、音乐与绘画，许多文艺界的朋友都喜欢来这里找寻灵感。

4号岛屿：友善亲切的岛屿。岛上的居民个性温和、友善、乐于助人，社区均自成一个密切互动的服务网络，人们重视互助合作，重视教育，关怀他人，充满人文气息。

5号岛屿：显赫富庶的岛屿。岛上的居民善于经营企业和开展贸易，能言善辩。经济高度发展，处处是高级饭店、俱乐部、高尔夫球场。来往者多是企业家、经理人、政治家、律师等。

6号岛屿：极具现代气息的岛屿。岛上建筑十分现代化，是进步的都市形态，以完善的户政管理、地政管理、金融管理见长。居民个性冷静、保守，处事有条不紊，善于组织规划，细心高效。

请问，你最想去的是哪个岛屿？

理由1：________________

理由2：________________

理由3：________________

除了这个岛屿外，你还想去哪个岛屿？理由是什么？

____

____

兴趣岛测试结果解释如表10-1所示。

表10-1 兴趣岛测试结果解释

岛　屿	职业兴趣类型
1号岛屿	实用型
2号岛屿	研究型
3号岛屿	艺术型

续表

岛　　屿	职业兴趣类型
4号岛屿	社会型
5号岛屿	企业型
6号岛屿	事务型

心理小贴士

职业兴趣测试

职业兴趣测验是对职业指导有直接用途的工具之一。

约翰·霍兰德于1959年提出了具有广泛社会影响的职业兴趣理论。他认为人的人格类型、兴趣与职业密切相关，兴趣是人们活动的巨大动力，凡从事具有职业兴趣的职业，都可以提高人们的积极性，促使人们积极、愉快地从事该职业，而且职业兴趣与人格之间存在很高的相关性。霍兰德根据本人大量的职业咨询经验及职业类型理论编制了“霍兰德职业兴趣测试”。他认为根据个体对职业的兴趣，可以分为实用型、研究型、艺术型、社会型、企业型和事务型六种类型，如图10-1所示。他的理论现在广泛应用于职业兴趣测试中，对于个人升学、就业具有重要的指导作用，已成为众多职业咨询机构采用的重要工具之一。

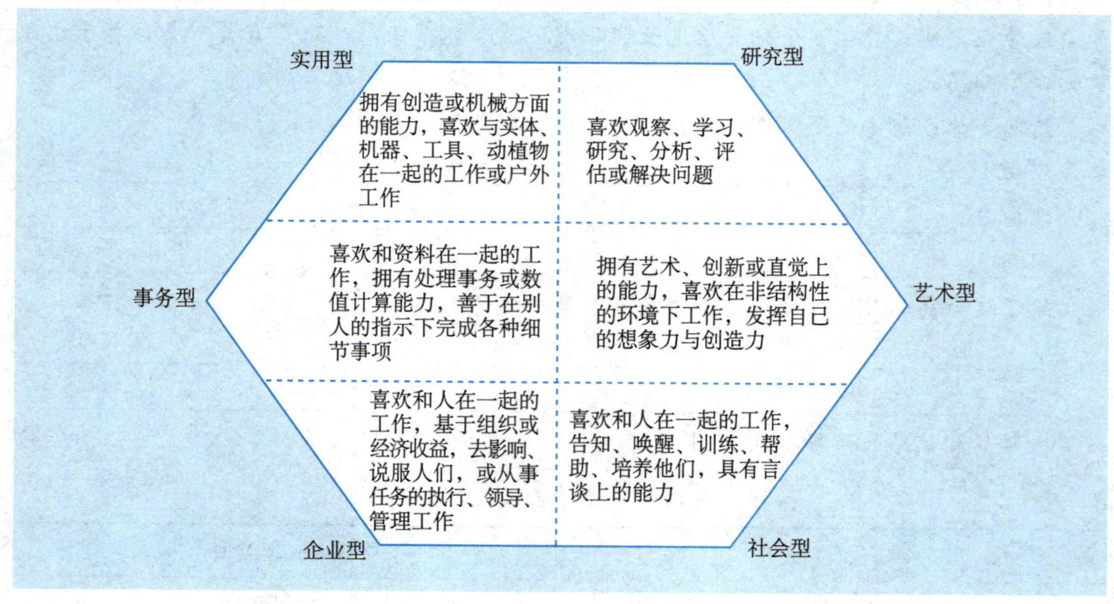

图10-1　职业兴趣的具体类型

(三) 职业能力

能力是一种心理特征，是顺利实现某种活动的心理条件，影响个体职业道路的选择和事业的成败。每一个职业的从业者都需要掌握一定的相关能力，即职业能力。职业能力是人们从事其职业的多种能力的综合。我们工作中的自信心和安全感，基本来自我们所掌握的技能。但是，知道某种职业能力并不代表拥有这种能力，拥有这种能力也不代表一定会把工作做好。在工作中，每个人的职业能力特点是不同的，例如，有的人不善于表达，但善于解决实际问题；有的人口齿伶俐，但文字表达却不尽如人意。当然，每种职业所需要的能力也是不同的，很多职业需要从业者具有多种职业能力。例如，如果想成为一名教师，只有语言表达能力是不够的，还必须具有对教学的组织和管理能力，对教材的理解和使用能力，对教学问题和教学效果的分析、判断能力等，并且能够对学生进行有效、积极的教育，这才是一名教师的职业能力。

职业能力主要包含三个基本要素：一是为了胜任某种具体职业而必须具备的能力，表现为任职资格；二是进入职场以后表现出的职业素质；三是开始职业生涯之后具备的职业生涯管理能力。如果说职业兴趣决定了一个人的择业方向以及在该方面想付出努力的程度，那么职业能力则能说明一个人在既定的职业方面是否能够胜任，也能说明一个人在该职业中取得成功的可能性。

心理小贴士

雇主最看重的能力是什么?

美国大学与雇主协会(NACE)发布了一项调查，在这项调查中，他们询问了招聘经理在招聘时会优先考虑什么技能，结果可能会让你大吃一惊。以下是排名前10的回答。

(1) 团队协作能力

(2) 做出决策和解决问题的能力(两者并列)

(3) 与团队内外沟通的能力

(4) 计划、组织和优先处理工作的能力

(5) 获取和处理信息的能力

(6) 分析定量数据的能力

(7) 与工作相关的技术知识

(8) 熟练使用计算机软件

(9) 创建与编辑书面报告的能力

(10) 推销和影响他人的能力

你会注意到排在前5位的全部都是软实力，例如与人高效交流、相互影响等技能，而这些技能都与你的情商有关，在大学里很难找到专门针对这些技能的课程。接下来的5种能力则更注重一些特定技能，包括分析的能力、良好的书面沟通能力、计算机的熟练应用等。

(四) 职业价值观

1. 价值观和职业价值观

价值观指的是一个人在工作和生活中最为看重的原则、标准和品质，它通常指向一个人内心的需要，通常对一个人的决策判断起着决定性的作用。价值观体现在日常生活中，也就是我们常常说的“值不值”。

职业价值观通常是指人生目标和人生态度在职业选择方面的具体表现，也就是一个人对职业的认识和态度，以及他对职业目标的追求和向往。理想、信念、世界观对于职业的影响集中体现在职业价值观上。俗话说：“人各有志”，这个“志”表现在职业选择上就是职业价值观，它是个体对职业的认识和态度，以及个体对职业目标的追求和向往，对一个人的职业目标和择业动机起着决定性的作用。

2. 职业价值观的特点

职业价值观具有以下四个特点。

(1) 因人而异。每个人都有自己独特的职业价值观和价值体系。

(2) 相对稳定。人的价值观一旦形成，便会相对稳定，但当个体和外界环境发生较大变化时，职业价值观也会发生相应的改变。

(3) 具有阶段性。当自身的需求得到满足后，个体就会产生更高层次的需求，因而职业价值观也具有阶段性。

(4) 不唯一性。每个人并不是只有一种职业价值观，一个人的职业价值观是一个完整的体系，包含多个职业价值观。例如择业时，一个人可能既看重工作的稳定性，又希望有高收入，因而择业时常常感到苦恼。

3. 职业价值观的体现

由于每个人身心条件、年龄阅历、教育状况、家庭影响、兴趣爱好等方面的不同，对各种职业也有着不同的主观评价。每种职业都有各自的特性，不同的人对职业意义有不同的认识，对职业好坏有不同的评价和取向，这就是职业价值观的具体体现。

4. 职业价值观的分类

根据不同的划分标准，人们对职业价值观的种类划分也有所不同。美国心理学家洛特克在《人类价值观的本质》一书中提出 13 种价值观：成就感、审美追求、挑战、健康、收入与财富、独立性、爱、家庭与人际关系、道德感、欢乐、权利、安全感、自我成长和社会交往。

在职业生涯规划的过程中，对自己的职业价值观能有清晰而明确的认识，则在职业决策的时候也就更加明确。职业价值观反映出个体在工作中最看重什么，最想得到什么和最不在意什么。如果职业价值观与工作相吻合，那么工作中个人就会更加真心努力和奋斗，工作满意度也就越高；反之，当价值观不清晰时，个人可能会陷入迷茫、混乱的状态。

心理训练游戏

价值观澄清游戏参照表如表 10-2 所示。

表 10-2 价值观澄清游戏

价 值 观	描 述	价 值 观	描 述
声望	受人们敬重、对公共事务有发言权	领导性	指导、控制事情、影响别人

续表

价值观	描述	价值观	描述
高收入	远远高出生活基本所需	人际关系	人际关系和谐，同事之间关系融洽
独立性	做决定的自由、较少被监督和指导	自我成长	工作符合个性与兴趣，展现个人能力，能在工作中获得新知，促进自我成长
助人	以此为主要职业，用毕生的努力来促进人们的健康和教育等	工作挑战性	工作内容不单调枯燥，需要不断创新，不断解决难题或不断完成自己想要做的事情
稳定性	不必担心失业和没有收入，不容易受大环境影响	上升空间	工作晋升空间大，有发展潜力

准备：参照表 10-2，挑选出 5 条对你来说最重要的价值观，分别写下来。

第一条：________________

第二条：________________

第三条：________________

第四条：________________

第五条：________________

澄清过程：

1. 现在，如果你不得不放弃其中的一条，你会放弃哪一条？
2. 如果你不得不再次放弃剩下四条中的一条，你会放弃哪一条？
3. 继续下去，直到剩下最后一条，这是否是你无论如何也不愿放弃的？

讨论：

1. 通过这个活动，你对自己的价值观有怎样的了解？
2. 你的价值观会对你的职业选择和人生产生什么样的影响？
3. 其他人的价值观会对你的生活造成什么样的影响？

通过了解自己的性格，发现自己适合干什么；通过对兴趣的探索，发现自己喜欢什么；通过对照职业能力的分类，发现自己能干什么；通过价值观的澄清，发现自己更看重什么，了解自己内心的真实需要。当然，自我探索和自我了解不能一蹴而就，这是个漫长而渐进的过程，需要我们在人生的发展过程中不断去探索，不断去澄清。

第二节 职业生涯规划设计

一、职业生涯规划的基本原则

职业生涯规划要从社会发展需要出发，正确认识自身的条件与相关环境，从专业、兴趣、爱好、特长、机遇等方面尽早确定自己未来发展方向。大学是培养专业人才的重要基地，大学生应当从跨入校门开始确立自己未来的职业生涯目标。大学生在进行职业生涯规划时，应遵循以下基本原则。

（一）职业生涯规划应与社会需求相结合

择业是一种社会活动，它必定受到社会的制约，如果择业脱离社会的需求，将很难被社会接纳。职业生涯规划要把握社会对人才的需求，以社会需求作为出发点和归宿，这样的职业生涯规划才有现实性和可行性。

（二）职业生涯规划应与所学专业相结合

每一个大学生都有自己的专业，每一个专业都有一定的培养目标和就业方向，经过大学阶段的学习，大学生都具有某一领域的专业知识和技能，这是每一个人的优势所在。而且，用人单位在招聘过程中，首先要考虑大学生所学的专业。因此，大学生在进行职业生涯规划时，应以所学专业为依据。否则，如果所从事的职业不是自己所学的专业，参加工作后就要重新“补课”，这无形中为自己的工作和生活增加了许多负担，对个人职业发展是极为不利的。

（三）职业生涯规划应与提高综合能力相结合

知识经济时代是崇尚创新、充满创造力的时代，应培养推陈出新、追求创意和以创新为荣的意识，要有广博的视野，掌握创新知识和善于开创新领域的能力；树立终身学习的思想观念，不断更新知识结构并有针对性地“充电”，以适应瞬息万变的社会形势，紧跟时代发展潮流；应注重个性发展，要用知识探索未知、解决问题、创造机会与财富，成为社会的强者。在此过程中，还应承认个人智慧具有局限性，懂得自我封闭的危险性，认识团结协作的重要性，才能以合作伙伴的优势弥补自身的缺陷，增强自身力量。能够在各种人际环境中进行良好的沟通，能够与他人友好合作，才能更好地应对知识经济时代的各种挑战。

（四）职业生涯规划应与增强身心健康相结合

瞬息万变的社会要求大学生有健康的体魄和良好的心理素质。古希腊哲学家赫拉克利特曾指出，“如果没有健康，智慧就难以实现，文化无从施展，力量不能战斗，财富变成废物，知识也无法利用。”在人生选择与实践过程中，应培养和锻炼自己对挫折的承受能力与情绪调控能力，增加生活的磨炼与体验，以正确的人生态度对待困难和挫折。

二、职业生涯规划的基本步骤

职业生涯规划的基本步骤包括觉知与承诺、自我探索、了解世界、做出选择、实施策略，以及评估与修正。

（一）觉知与承诺

在觉知与承诺阶段，一般已经觉悟到职业生涯规划的重要性，并且愿意花时间来规划自己的职业生涯。但是，这并不意味着在短时间内就可以完成职业生涯规划的所有步骤，而需要进一步对自我、专业、环境等深入了解，才能做出决策。无论如何，“良好的开始是成功的一半”，既然已经认识到职业生涯规划的重要性，就要开始着手准备了。

从职业生涯发展的角度，可以把大学分为职业生涯适应期、职业生涯探索期和职业生涯决定期三个阶段，每个阶段都有相应的发展任务。

▶ 1. 职业生涯适应期

大学一年级是职业生涯适应期，这个阶段的主要任务是“适应”，主要培养大学生对大学生活的适应和对未来职业的设想。在学习和活动方面，大学生需要了解专业、了解专业发展，同时改变高中时的学习策略，在大学社团等的活动中培养人际交往和团队合作的能力；在个人发展方面，大学生需要探索个人兴趣和价值观，避免迷茫和从众，克服自卑情绪，正确自我定位。

▶ 2. 职业生涯探索期

大学二年级和三年级是职业生涯探索期，大学生需要在了解职业兴趣和专业兴趣的基础上进行职业探索，通过各种途径了解目标职业。在专业上，大学生需要继续培养专业能力，了解职业发展所需的能力，并根据自己的兴趣和特点确定职业目标，开展与职业相关的实践等。

▶ 3. 职业生涯决定期

大学最后一年是职业生涯决定期，无论是工作还是升学、出国等，大学生都需要在这一时期做出决定，从规划走向实践。这个时期需要根据自己的需求和社会形势做出适合自己的职业决定，同时理解职业生涯决定是人生中众多的决定之一，重要但不唯一。在职业生涯决定期，大学生要学会一些求职技巧，如收集、分析招聘信息，学会制作简历、进行面试准备等，包括完成专升本、考研等的准备。

（二）自我探索

系统化的职业生涯规划是一个“从内而外”的过程，因此在进行职业生涯规划时，首先要认识自己：我的性格特征是什么？我的兴趣是什么？哪些东西是我生命中不能缺少的？我最看重什么？我有哪些技能是与众不同的、可以赖以为生的？当然，自我探索也需要一定的方法和途径。

▶ 1. 360°评价法

自我探索并不是一个人“闭门造车”就可以解决的问题，需要自我评价和他人评价相结合。具体来说，可以采用自我觉察、他人评价相结合的方法，也就是360°评价法，如图10-2所示。家人、朋友等与我们朝夕相处，有时会发现我们自己无法发现的“盲点”，他们的评价深刻地影响着我们，我们可以通过当面提问、电话、微信等方式咨询他们的意见。

▶ 2. 借助专业测评和咨询

许多书籍、网络和期刊中都会提供一些问卷。例如霍兰德职业兴趣测试等，这些测试经过了大样本的测试，信度和效度都很好，可以为我们自我了解和探索提供一些线索。但

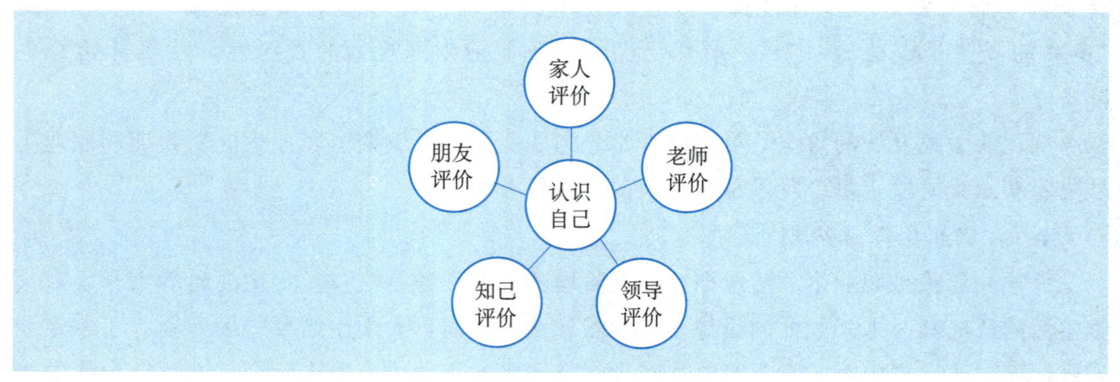

图 10-2　360°度评价法

是，请注意，这些测试结果只能作为一种参考，否则"尽信书，则不如无书"。除此之外，我们也可以求助于专业的心理咨询机构和职业咨询机构来更好地了解自己。

▶ 3. 参加实践

积极参与社团活动、学生自治组织、实习、参观、志愿服务等各种社会实践，拓宽自己的活动领域，在新的尝试中更加全面地了解自己，"临渊羡鱼，不如退而结网"，实践出真知，实践也能让我们更加了解自己。

关于自我探索的内容，可以参考本书的第三章和本章的第一节，两部分对自我探索均有涉及。

(三) 了解世界

知己还要知彼，大学生要想在未来的职业生涯中取得成功，就需要对职业环境进行全面分析，以便做出更好的选择。通过职业环境分析，可以更加明确制定个人职业生涯规划的依据，提早做好准备，也可以让自己的职业定位更加合理和现实，从而坚定实现职业目标的信心。

▶ 1. 职业环境分析的主要内容

国家经济日益发展，科技日益进步，社会职业的结构也会发生变化，在这种情况下，社会发展趋势对职业发展必然会有影响，这种影响可能是正面的，也可能是负面的。那么，应当从哪几个维度来分析职业环境呢？职业环境分析包括七个维度：社会环境分析、行业环境分析、企业环境分析、岗位环境分析、家庭环境分析、校园环境分析和就业环境分析，如图 10-3 所示。

心理小贴士

什么是好的行业？

从工作的角度来看，一个好的行业可以给予我们：

(1) 喜欢的工作内容；

(2) 平衡的生活方式；

(3) 接触所敬佩和仰慕的人群(包括内部的同事、行业的前辈和外部的客户)；

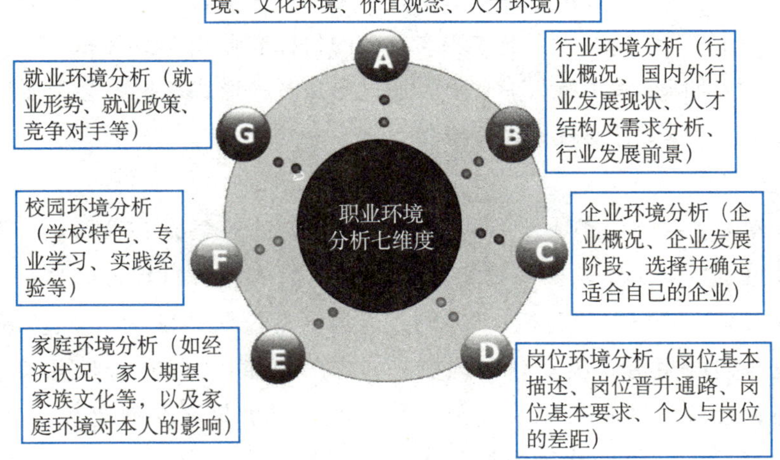

图 10-3 职业环境分析的七维度

(4) 自己所期望的社会地位和荣誉；

(5) 理想的收入；

(6) 能够实现最核心的理想和使命。

每个人都怀有对这六个方面的期望，但未必能同时满足。大学生进行职业生涯规划时，在追求这六个目标的同时也需要学会取舍。

2. 职业环境分析的途径

在职业环境分析的过程中，一个最基本的工作就是要尽量多地获取关于职业环境的信息，获得的信息越多，质量越高，就越有助于大学生做出更加合适的职业选择和职业规划。收集职业环境信息是一个需要花费大量时间和精力的过程，在职业生涯规划的过程中起着至关重要的作用。网络、人物访谈和实践等方法都是进行职业环境分析的途径。

(1) 网络。在网络技术高度发展的今天，网络无疑是大学生获取信息的重要手段。网络的方便、快捷使得人们对社会环境、行业环境等信息的获取更加容易，当然，网络上的信息鱼龙混杂，也需要我们学会分辨真伪。

(2) 人物访谈。人物访谈是通过选择一个目标职业的在职对象，对他进行采访，从而了解该岗位的实际工作情况，判断自己对目标职业是否真的感兴趣。这种方式可以了解目标职业的确切信息，借鉴别人的职场经历和经验，面对面的交流方式也可以近距离地了解从业者的工作感受和体会，了解岗位和职业的第一手信息。

人物访谈前，我们需要收集、整理访谈人物相关的信息和资料。可以通过多种方式选择访谈人物，如老师推荐、校友，或经由第三人介绍等都可以。做好访谈准备，联系访谈人，并准备好需要访谈的问题，访谈问题不能准备得过多或过少。在访谈的过程中，最好采用面对面的访谈方式来获取第一手的资料，同时要注意访谈过程中的礼仪。访谈后要对访谈人表示感谢，并及时整理访谈后获得的资料。

(3) 实践。实践出真知，要想真正了解一个职业，最好的办法就是亲自体会。网络、人物访谈等方法都是间接的收集资料，而对大学生而言，参加各种形式的社会实践、实习、兼职等则是最好的资料收集方法。参观、实习、社会实践、职业体验等都需要职业规划者直接参与，当然，所选择的职业应当与自己的目标职业相符或者相关。除此之外，大学生也可以通过行业协会来了解行业环境，通过参加各种形式的招聘会和面试来认识目标职业所需的能力和素质，针对性地做好准备。

(四) 做出选择

哈佛大学曾做过一个关于人生目标的调查，调查的对象是一群智力、学历、环境、条件都差不多的大学毕业生，调查结果发现：27%的人没有目标；60%的人目标模糊；10%的人有清晰但比较短期的目标；3%的人有清晰且长期的目标。经过25年的跟踪研究，结果发现他们的生活状况及分布现象有一定的规律：3%有清晰且长期目标的人，他们大都成为社会各界的顶尖成功人士，其中不乏白手起家的创业者、行业领袖、社会精英；10%有清晰但目标比较短期的人，大都生活在社会的中上层，成为各行业的不可或缺的专业人士，如律师、医生、工程师、高级主管等；60%目标模糊的人，几乎都生活在社会的中下层，他们能安稳地生活与工作，但都没有什么特别的成绩；剩下的27%没有目标的人，几乎都生活在社会的最底层，他们的生活过得都不如意，常常失业，并且抱怨他人、抱怨社会、抱怨世界。可见，目标对人生有巨大的导向性作用。

确定职业目标是职业生涯规划中关键的一步，有无目标、目标明确与否关系到个体职业生涯能否顺利发展。

1. 职业目标制定的原则

目标和路径的确定要建立在自我认识和职业认识的基础之上，同时，确定职业目标时，应当遵循“SMART”这五个原则。

S(specific)即具体化原则，是指当谈论目标的时候，一定要是具体的而不能是抽象模糊的。例如，“我要找份好工作”这只是愿景，不是具体的规划，所以不能具体执行；而“我的目标是成为年销售额××××元的销售员”，则是具体的目标。

M(measurable)即可量化原则，是指目标的制定一定要可衡量、可测量，有一定的评定标准。

A(achievable)即可达到原则，是指目标必须是可以实现和达到的。目标应像“跳一跳能够得着的桃子”，而不是虚无和无法实现的。

R(realistic)即现实性原则，是指目标必须与其他目标相关联，设定的职业生涯规划要和岗位的工作职责相关联，不能有太大偏离。

T(time-based)即时限性原则，是指目标必须具有明确的截止期限，规定在什么时间内达成。

2. 职业目标决策的方法

(1) SWOT分析法。SWOT分析法由美国哈佛大学安德鲁斯教授提出，主要通过分析组织和个人内部的优势(strengths)与劣势(weakness)，以及外部环境的机会(opportuni-

ties)与威胁(threats)制定未来发展策略。

SWOT 分析是一种功能强大的分析工具，非常有利于检查个人技能、能力、职业、喜好和职业机会，如表 10-3 所示。利用 SWOT 分析法可以找出对自己有利的、值得发扬的因素，以及对自己不利的、要避开的东西，发现存在的问题，找出解决办法，并明确以后的发展方向。

表 10-3 SWOT 分析表

内部因素 / 外部因素	优势（学过什么、曾做过什么、最成功的是什么）	劣势（性格的弱点、经验的欠缺、最失败的事情）
机会（创造机会、寻找机会、等待机会）	发挥优势，抓住机遇	创造机会，弥补劣势
威胁（眼前风险、潜在风险、未来风险）	规避风险，等待机会	正视劣势，另辟蹊径

(2) 生涯平衡单法。生涯平衡单也用来帮助决策者面对多种选择时，从具体的角度分析和评价各种可供选择的方案，进行利弊分析，以便决策者做出理性决策。“条条大路通罗马”，当面对多种选择的时候，可以利用打分的方法，将每个选择的得失利弊用分数高低来表示，帮助我们做出选择。当然也需要考虑加权的项目，例如哪个项目比较重要和迫切。

心理小贴士

莎莎的生涯平衡单

莎莎，大学三年级，会计专业。她心里很矛盾，既希望工作稳定，又希望工作能有挑战性。她的个性外向、活泼、能力强、自主性高。目前，她考虑的三大方向是：考公务员、国内读研究生、到国外读 MBA。对于这三个方向，她的考虑如表 10-4 所示。

表 10-4 莎莎的三个考虑方向

考虑方向	考公务员	国内读研究生	到国外读 MBA
优点	▶满意的工作收入 ▶铁饭碗 ▶工作稳定轻松，工作压力较小 ▶一劳永逸	▶和国内产业发展不会脱节 ▶能建立与师长、同学、朋友的人际关系网 ▶获得较高的文凭 ▶日后工作升迁较容易	▶圆一个国外留学的梦 ▶增长见闻、丰富人生 ▶英文能力得到提高 ▶训练独立性 ▶日后工作升迁较容易 ▶激发潜力 ▶旅游

续表

考虑方向	考公务员	国内读研究生	到国外读 MBA
缺点	▶铁饭碗会生锈，容易产生厌倦 ▶不易升迁 ▶不容易专业化，而且无法想象自己会做一辈子的公务员 ▶不符合自己的个性	▶课业压力大 ▶没有收入	▶课业压力大 ▶语言、文化较不适应 ▶花费较大(一年可能需要几十万) ▶挑战性较大 ▶没有收入
其他	▶爸妈支持	▶男朋友的期望(男朋友也是研究生并已工作)	▶工作两年有积蓄，但不是很够 ▶自己一直想到国外走走

利用生涯平衡单，莎莎又进一步做了以下分析，如表 10-5 所示。

表 10-5　莎莎的生涯平衡单

考虑项目（加权范围 1～5 倍）	第一方案(考公务员)		第二方案(国内读研究生)		第三方案(到国外读 MBA)	
	得	失	得	失	得	失
1. 适合自己的能力		−4	5		6	
2. 适合自己的兴趣		−3	4		8	
3. 符合自己的价值观	5		3		7	
4. 满足自己的自尊心		−2	3		7	
5. 较高的社会地位		−5	3		6	
6. 带给家人声望	2		1		2	
7. 符合自己理想的生活形态	3		5			−3
8. 优厚的经济报酬	7			−1		−8
9. 足够的社会资源	2		8			−1
10. 适合个人目前处境	5		2		1	
11. 有利于择偶并建立家庭	7		5			−5
12. 未来有发展性		−5	5		8	
合计	31	−19	44	−1	45	−17
得失之差	12		43		28	

如果你是莎莎，你会做何抉择？结果显而易见。

(五) 实施策略

在确定了职业生涯目标之后，行动便成为关键的环节，行动方案是将目标转化为具体方案和措施的重要环节。没有达成目标的行动，目标就难以实现，也就谈不上事业的成功。计划分为三部分：一是短期计划，主要是指大学期间的计划，如专业学习、职业技能培养、社会实践等；二是中期计划，指 3～5 年的计划，如职场适应，知识、人脉等方面的积累，职位升迁等；三是长期计划，指 5～10 年的计划，如工作生活、身心健康、婚姻家庭、子女教育等。

(六) 评估与修正

俗话说，“计划赶不上变化”，影响职业生涯的因素很多，要使个人的职业生涯规划行之有效，就需要不断地对职业生涯规划进行评估，修正职业目标，调整职业策略。评估与修正的内容包括职业的重新选择、职业生涯路线的选择、人生目标的修正、实施措施和计划的变更等。评估和修正的时间因人而异，对大学生来说，一般可以半年左右评估并修正一次。

第三节 大学生择业心理偏差和调适

一、求职择业前的心理准备

毕业生在求职前须从宏观上了解国家的有关政策，从微观上了解自己专业就业的基本情况和改革趋势，正确认识自己所处的求职地位，积极、主动地适应社会需要。心理准备是求职择业过程中极为重要的准备工作，心理准备的效果直接影响求职择业过程中个人水平的发挥，从而影响求职择业的成败。大学生需要做好以下心理准备。

(一) 正确认识就业形势，树立正确的就业期望

近年来，我国高校每年的毕业生总人数不断攀高，当前及今后一个时期大学生的就业形势会相当严峻。凡事“预则立，不预则废”，大学生只有认清就业形势，正视就业现状，才能做到心中有数、处变不惊，随时根据自己的实际情况和就业形势调整自己的就业期望值。另外，大学生在择业时还要看得长远一些，学会规划自己整个人生的职业生涯。

(二) 积极转变角色，主动适应职场需求

大学生要做好从学生到“社会人”的角色转变。学生时代，主要以学业为主，而“社会人”的身份需要大学生们尽快适应职场。在职场中能否摆正自己的角色和位置取决于两方面，一是对自己的认识要客观，二是对职业的选择要实际，只有满足了这两个方面才能找准自己和职业的结合点。

(三) 努力转变求职择业观念

大学生在就业前要主动适应社会要求，转变求职择业的错误观念，如好高骛远、盲目

从众、骄傲清高等，加强自我理解与分析的能力培养，以平常心面对就业形势。

▶ 1. 要改变一次就业即终身就业的观念

在就业形势严峻的情况下，可以先就业再择业，不要因为第一次择业不够理想就丧失信心。要抱着豁达乐观的择业态度，坚信“天生我材必有用”，在实践中寻找适合自己的工作岗位。

▶ 2. 要改变一步到位的择业观念

大学毕业生择业一般很难一下就找到合适的理想工作，大学生在就业问题上要树立逐步到位的观念，勤奋务实、努力上进、专心致志、勇于创新，正确对待事业挫折，在曲折的工作经历和多次的工作更替中，实现自己的人生抱负。

二、常见的择业心理偏差

大学毕业是人生旅途的一个重要转折点。在求职择业的过程中大学生面临就业的复杂形势、机遇和挑战，心理必然承受一定的压力，也会出现一些不健康的心理现象。这些问题如不及时解决，就会影响择业的过程和结果。

(一) 求职焦虑

众所周知，必要的焦虑是人的正常心理现象，但一旦超过限度，就会成为心理问题，应当引起我们的重视。大学生求职焦虑心理主要表现在以下方面：

(1) 希望自己尽快地走向社会，获得理想的职业，但是又非常担心自己的理想不能实现，发放出去的大量求职信犹如“石沉大海”，害怕被用人单位拒之门外；

(2) 参加面试不断遭遇失利或性别歧视，四处奔波参加招聘会却找不到适合自己的工作单位，或担心自己在择业过程中的失误导致终身遗憾；

(3) 对走向社会准备不充分，害怕自己不能适应社会，在择业的过程中感到无所适从等；

(4) 签订就业协议后要求悔约而得不到用人单位的支持等。

以上情形如不加以关注，不给予心理引导和帮助，往往会积聚形成更加严重的心理问题。

(二) 急功近利

敏子是一名大专毕业生，她的目标是找到一份年薪 15 万元以上的工作，看着周边的同学起薪大多在 3000 元左右，她却不屑一顾，认为这些同学是在混日子，没有大目标。老师给她推荐了一份工作，但她却嫌弃工资低连面试都没参加。

近年来，由于受多种因素的影响和干扰，应届毕业生择业的期望值过高是普遍的心态，主要表现在不少大学生目光短浅，注重当前利益，不愿意从基层做起，更不愿意到边远贫困地区或者省外就业。薪酬、地域、个人发展机会和要求专业对口等个人功利取向方面都影响大学生的个人社会定位，没有结合实际认真考虑自身的知识和能力水平、专业的社会适应性、自身的个性特征等各种综合因素是造成学生产生急功近利心理的最大原因。这种急功近利的不良心理会严重影响学生就业取向，造成就业困难，即便是就业后也会在遇到挫折时产生很大的心理负担。

（三）自卑

自卑是大学生在择业过程中经常出现的心理现象，如在职业竞争中对自己的能力评价过低，觉得自己不如他人，缺乏自信心等。一方面，自卑有时可使人加倍努力以弥补自身的不足，使自己变得更加出色；另一方面，如果过于自卑就会无限扩大自己的弱点，无视自己的优点，最终认为自己完全不能满足用人单位的需要。在求职就业中，自卑的人更多表现为逃避，如面试时唯唯诺诺，不敢大胆表现自己，不敢参与竞争，甚至不敢大方地递交自己的求职履历等。有些大学生因害怕遭到用人单位的拒绝，没有尝试就放弃了求职的机会。

（四）自负

陈东在校期间担任学生干部，学习成绩也不错，形象佳、口才好，参加了多家单位的面试，面试时自我感觉良好。实习时，他被安排为总经理助理，但是公司的诸如打印、接待客人等工作却不愿意做，认为自己堂堂学生干部，哪能做这些工作，工作不满一月他就辞职不干了。

自负，在心理学上指过高地估计个人的能力，从而失去自知之明。一部分大学生自恃学有所长，过高地估计自己，在择业时往往以主观择业标准去衡量社会需要，结果常常是高不成低不就。过分自负是一种自我评价过高的心理倾向。这类人认为自己高人一等，能够胜任所有工作，在择业时往往好高骛远，趾高气扬，不考虑用人单位的要求和自己的实际情况。有些学生倚仗自己良好的家庭背景，认为无论自己在校期间表现如何，都能找到一份理想的职业，如果不能如愿，他们的情绪就会一落千丈，变得烦躁不安或者消沉失落。

（五）依赖

有的大学生从小依赖家庭，从读书到择业，缺乏独立和自主承担责任的意识，由此在就业上存在依赖心理。大学生应以什么样的态度去接受社会挑选，应以什么样的状态在用人单位面前出现，应选择哪种行业、哪类单位、什么性质的岗位、什么样的工作环境和待遇等都是应该充分考虑的问题。随着越来越多的独生子女进入大学，他们在家人的庇护下长大，往往缺乏独立思考、自我决定的勇气，遇事习惯于依赖家人、亲朋好友或老师，求职就业时常出现“全家总动员”现象。而如果个人不善于把握应聘机会，不愿走入人才市场参与激烈的选拔性竞争，最终会错失许多难得的就业机会。

（六）攀比

大学生血气方刚，喜欢争强好胜，虚荣心较强，容易引发攀比心理。表现在求职择业过程中就是忽视自身特点、对自我缺乏客观正确的分析、不从自身实际出发、不考虑所选单位是否适合自己，盲目攀比，总想找到一份超过别人的工作。这种攀比心理使得不少毕业生迟迟不愿签约，从而丧失就业机会。

（七）从众

高晨毕业时听从父母的安排，去了亲戚的公司做了一份跟自己专业不相关的工作，后来看着身边的朋友都自己开店赚钱了，高晨也学着人家的样子开奶茶店，结果因为没有经验，投入的10万元钱都打了水漂。

顺利就业是每一个学子和家人的期望，作为大学生，应认真、理性对待求职就业，以积极的态度做好就业准备，结合自身条件，合理确定就业目标和就业方向，主动参加竞聘活动。在实际中，有的学生由于平时对个人职业发展规划不够重视，对自身的职业倾向和性格特征了解不够，不清楚自己的优势和劣势，在选择就业目标、设计就业计划和确定就业意向等方面缺少主见，在择业态度上人云亦云，不知所措或盲目做决定，容易在激烈的就业竞争中陷入被动，甚至出现随意悔约现象，最终势必会影响个人的职业发展。

三、择业心理的调适

（一）正确认识自己

择业的过程就是主体条件与客观要求相适应的过程。每个毕业生都应对自己的职业能力、个性特长有一个客观认识，才能在择业就业中保持良好的心态，获得理想的职业。在择业时，不仅要考虑“我想从事什么职业”“我愿意干什么工作”，更要用全面的眼光审视自己“我能干什么”“我适合做什么”，要扬长避短、发挥优势。

（二）做好求职准备

机会从来都是留给有充分准备的人。

（1）要全面了解当前就业政策和趋势，尤其应对将要应聘的企业单位进行充分的了解。所掌握的企业单位信息越多、越全面、越可靠，越有利于就业。

（2）要认真参加院校组织的就业模拟招聘活动，克服择业竞争紧张心理，从模拟的择业实践中积累经验，从而提高择业的成功率。此外，还要准备好求职材料，不要让求职简历千篇一律、毫无特色。

（三）积极推销自我

在人才竞争中，毕业生需要具备一定的推销意识，积极向用人单位展现自我。例如，在招聘会上，充满自信地向用人单位展示自己的优势和特长；如果不能与用人单位直接见面，就应根据用人单位的招聘信息，将事先准备好的求职材料寄送过去，并主动与用人单位保持电话联系；主动进行网上求职，选择适合自己的单位。

（四）加强自我调适

在择业过程中，每个人都会出现不同程度的自卑、焦虑等心理。学会自我调适，掌握一定的解决心理问题的方法，对每个毕业生来说十分必要。自我调适的方法主要有自我激励、自我转化、情绪宣泄、借助外力等。在求职遇到挫折或处于不利境地时，通过自我鼓舞、自我激励，重振精神，增强自信。就业中遇到不如意的事，或者情绪低落时，要学会把自己的情绪转移到其他活动中去。当出现较大的心理压力，自我调节难以奏效时，要积极向专业心理咨询机构或人员求助。

案例讨论

17 项证书的考证狂人

证券分析师、初级会计师、期货从业人员资格证……重庆工商大学财政金融学院2014级金融学二班的黄金水，还有一个学期才本科毕业，但他已经拥有各类职业、从业、等级证书17项，其中阿里巴巴电商人才证书还是三合一统计的。2017年12月，黄金水刚刚参加了研究生入学考试。

1.“考证狂人”炼成记

大一的时候，很多同学还在适应大学里的“慢”生活，黄金水却早已做好了周密的考证计划。

大一开设了“会计学”课程，黄金水考了98分(满分100分)，基于会计学的基础知识，黄金水找来了“会计师从业资格证”所设的三门学科的相关资料进行自学、备考，最终会计基础知识考了80分(满分100分)、会计法律法规考了90分(满分100分)、电算化考了78分(满分100分)，拿下了第一本证书。

大一上学期，他还以552分的成绩通过了英语四级考试，下学期以563分的成绩通过了英语六级考试，拿到了英语四、六级证书和计算机二级考试证书。

大二上学期，黄金水火力全开继续考证，取得了期货从业人员资格证书、证券从业人员资格证书、基金从业人员资格证书、初级会计师证、剑桥商务英语等级证书。

大三是最疯狂的一年，黄金水一举考了7本证书——理财规划师、证券分析师、初级经济师、全国商务英语专业四级、普通话二级乙等、硬笔书法六级证书、阿里巴巴电商人才证书(包括云计算、内贸电商、跨境电商)。

黄金水说：“踏进大学校门之前，我就从网上了解了大学期间能够考取的证书有哪些，而后制订了详细的考证计划，逐步实施。”

2. 父亲、老师影响他

黄金水为何如此热衷于考证？很多同学不能理解，“他真不是一般的学霸”。

黄金水的父亲从事建筑类工作，在他上初中、高中时，爸爸白天工作、晚上看书备考，40多岁的年纪，通过几年的努力终于考取了“国家二级建筑师”和“全国招标师”证书。这两个含金量较高的证书立马改变了父亲的工作和收入状况，父亲当上了总监理工程师，家庭收入有了质的飞跃。

父亲的考证经历深深地影响着黄金水：“考证不仅有助于自我提高，也能让人拓展视野，站在更高的平台上。”

另一位影响黄金水的人是他的高中语文老师。“这位老师布置的作业很少，给同学很宽松的学习环境。”黄金水说，“他总是提倡学习要找对方法，提醒我们上大学时不要虚度光阴。”

3. 我的大学不虚度

高中语文老师的话深深地烙在黄金水的心里，还没跨进大学校园，他就在思考并计划着，怎么才能让自己的大学不虚度。于是，黄金水通过考证充实自己的课余时间，努力提高自己的能力。

分析和统计自己三年来考的证书，黄金水说，有些证书是大学生必考的，如英语四六级、计算机、普通话；有些是顺便考的，如自己从小喜欢书法，听说有个书法考级自己就报名参加了；还有些证书是与自己所学的学科相关的，如会计师从业资格证、期货从业资格证，有基础知识再考证比较容易，先考证后学相关课程对自己来说是一个挑战，但这样反而刺激了自己的学习。

校园里他经常过着四点一线的生活——寝室、教室、图书馆、食堂，在家里他也常常把自己关在书房里，像高三一样“拼”。在每天的学习时间里，他保持相当的专注力，甚至父母、老师的电话也不接。每晚他会在睡前集中处理自己的手机信息，这样平时他几乎都不刷屏看手机。黄金水说：“大学里，外界的诱惑很大，要抵御这些、专注学习，必须管理好自己的时间。”

大学该怎么过？作为2018届重庆市优秀大学生候选人的黄金水成为很多学弟、学妹的榜样，有机会大家都向他讨教考证的技巧、学习的方法。黄金水滔滔不绝地跟大家分享：大学应该充分发展自己的个性，学习成绩好只是其中一个方面。你要确定自己的目标，不要跟风、盲从，考证、创业、研究、社团都是很好的方向，找到适合自己的路。

“我最大的考证心得是，不要为考证而考证。考证也是学习的过程，看材料、做题、总结、整理，你会发现在考证的过程中收获得更多。”黄金水说，每次考证自己的心态都很平和，也都是一次通过。

4. 狂人亦是达人

在黄金水的带动下，2014级金融学二班掀起了一股“考证热”，辅导员徐阔说，二班40个同学，如今有80%，也就是有30多个同学都拿到了会计师从业资格证。

在徐阔的眼中，黄金水是一个品学兼优、全面发展、狂爱考证的“学霸”。大三时，黄金水的专业成绩名列全年级第一，他也是徐阔所带学生中拥有最多证书的一位。

“对于考证，大学生应该一分为二地来看。”徐阔说，“通过考证可以以考促学，将课堂上学到的枯燥知识运用于实践操作中，在运用中使能力得到提高，对所学的知识有更深入的理解。当然一些含金量大的证书也是就业的‘敲门砖’，从往届毕业生就业情况来看，拥有从业资格证书的同学就业更容易。”

“但同学们也不要过于热衷考证，仅凭一纸证书也不能完全说明能力。”徐阔说，“在大学里，同学们要充分锻炼自己各方面的才能，不要随大流而迷失自己。”

资料来源：重庆晨报，2017-12-26.

讨论：

1. 黄金水的大学经历对我们规划大学生活有何启发？

2. 黄金水的经历中，对他影响最深的是父亲和高中老师，这两个因素属于职业环境分析中的哪两类？

3. 好的职业生涯规划离不开强大的执行力，黄金水的执行力对你有何启发？

4. 对于考证狂人，网上有人嘲讽他没有目标才会一心考证，对此你怎么看？

心理测试

职业价值观测试

请回答以下题目，若答案为“很不重要”选 1，“较不重要”选 2，“一般重要”选 3，“比较重要”选 4，“非常重要”选 5。

序号	题目	分数				
1	你的工作必须经常解决新的问题	1	2	3	4	5
2	你的工作能为社会福利带来看得见的效果	1	2	3	4	5
3	你的工作奖金很高	1	2	3	4	5
4	你的工作内容经常变换	1	2	3	4	5
5	你能在你的工作范围内自由发挥	1	2	3	4	5
6	你的工作能使你的同学、朋友非常羡慕你	1	2	3	4	5
7	你的工作带有艺术性	1	2	3	4	5
8	你的工作使你能感觉到你是团队中的一分子	1	2	3	4	5
9	不论你怎么干，你总能和大多数人一样晋级和加薪	1	2	3	4	5
10	你的工作使你有可能经常变换工作地点、工作场所或工作方式	1	2	3	4	5
11	在工作中你能接触到各种不同的人	1	2	3	4	5
12	你的工作上下班时间比较随便，工作时间自由	1	2	3	4	5
13	你的工作使你有不断取得成功的感觉	1	2	3	4	5
14	你的工作赋予你高于别人的权力	1	2	3	4	5
15	在工作中，你能实行一些新想法	1	2	3	4	5
16	在工作中，你不会因为身体或能力等原因被别人瞧不起	1	2	3	4	5
17	你能从工作的成果中感觉到自己做得不错	1	2	3	4	5
18	你的工作经常要出差或参加各种集会、活动	1	2	3	4	5
19	只要你干上这份工作，就不会再调到其他意想不到的组织或岗位上	1	2	3	4	5
20	你的工作能使世界更美丽	1	2	3	4	5
21	在你的工作中，不会有人常来打扰你	1	2	3	4	5
22	只要努力，你的工资会高于其他同龄人，或升级、加薪的可能性比其他工作大得多	1	2	3	4	5

心理测试

续表

序号	题目	分数				
23	你的工作是对智力的挑战	1	2	3	4	5
24	你的工作要求你把一切事情安排得井井有条	1	2	3	4	5
25	你的工作环境中有舒适的休息室、更衣室、浴室及其他设备	1	2	3	4	5
26	你的工作有可能结识各行各业的知名人物	1	2	3	4	5
27	在你的工作中，能和同事建立良好的关系	1	2	3	4	5
28	在别人的眼中，你的工作是很重要的	1	2	3	4	5
29	在工作中，你经常接触到新鲜事物	1	2	3	4	5
30	你的工作使你常常能帮助别人	1	2	3	4	5
31	你在工作中有可能经常变换工作内容	1	2	3	4	5
32	你的作风使你被别人尊重	1	2	3	4	5
33	你的同事和领导人品较好，相处比较随便	1	2	3	4	5
34	你的工作有机会使许多人认识你，相处比较随便	1	2	3	4	5
35	你的工作环境很好，如有适度的灯光，舒适的座椅，安静、清洁的环境，宽敞的工作间等	1	2	3	4	5
36	在工作中，你为他人服务，使他人感到满意，你自己也很高兴	1	2	3	4	5
37	你的工作需要计划和安排别人的工作	1	2	3	4	5
38	你的工作需要敏锐的思考力	1	2	3	4	5
39	你的工作可以使你获得较多的额外收入，例如，常发实物，有机会购买打折食品，常发紧俏商品的购物券等	1	2	3	4	5
40	在工作中，你是不受别人差遣的	1	2	3	4	5
41	你的工作结果应该是一件艺术品而不是一般的产品	1	2	3	4	5
42	在工作中，你不必担心会因为所做的事情领导不满意而受到训斥或经济惩罚	1	2	3	4	5
43	在工作中，你和领导有融洽的关系	1	2	3	4	5
44	你可以看见你努力工作的成果	1	2	3	4	5
45	在工作中常常要你提出许多新的想法	1	2	3	4	5
46	由于你的工作，经常有许多人来感谢你	1	2	3	4	5

心理测试

续表

序号	题目	分数				
47	你的工作成果常常能得到上级、同事或社会的肯定	1	2	3	4	5
48	在工作中，你会成为负责人，虽然可能只领导很少几个人	1	2	3	4	5
49	你从事的工作经常在报刊、电视中被提到，因而在人们心中很有地位	1	2	3	4	5
50	你的工作有数量可观的夜班费、加班费、保健费或营养费等	1	2	3	4	5
51	你的工作体力上比较轻松，精神上也不紧张	1	2	3	4	5
52	你的工作需要和电影、电视、戏剧、音乐、美术、文学等艺术打交道	1	2	3	4	5

【结果解释】

1. 利他主义

工作的目的和价值在于直接为大众的幸福和利益尽一分力量。2、30、36、46 汇总得分____。

2. 美感

工作的目的和价值在于能不断地追求美的东西，得到美的享受。7、20、41、52 汇总得分____。

3. 智力刺激

工作的目的和价值在于不断地进行智力的操作，如动脑思考、学习，以及探索新事物，解决新问题。1、23、38、45 汇总得分____。

4. 成就感

工作的目的和价值在于不断创新，不断取得成就，不断得到领导与同事的赞扬或不断完成自己想要做的事。13、17、44、47 汇总得分____。

5. 独立性

工作的目的和价值在于能充分发挥自己的独立性和主动性，按自己的方式、节奏或想法去做，不受他人的干扰。5、15、21、40 汇总得分____。

6. 社会地位

工作的目的和价值在于所从事的工作在人们心中有较高的社会地位，从而使自己得到他人的重视与尊重。6、28、32、49 汇总得分____。

7. 管理权

工作的目的和价值在于获得对他人或某事物的管理支配权，能指挥或调遣一定范围内的人或事。14、24、37、48 汇总得分____。

心理测试

8. 经济报酬

工作的目的和价值在于获得优厚的报酬，使自己有足够的财力去获得自己想要的东西，使生活过得较为富足。3、22、39、50 汇总得分____。

9. 社会交际

工作的目的和价值在于能和各种人交往，建立比较广泛的社会联系和关系，甚至能和知名人物结识。11、18、26、34 汇总得分____。

10. 安全感

不管自己能力怎样，希望在工作中有一个安稳的局面，不会因为奖金、加薪、调动工作或领导训斥等经常提心吊胆，心烦意乱。9、16、19、42 汇总得分____。

11. 舒适

希望能将工作作为一种消遣、休息或享受的形式，追求比较舒适、轻松、自由、优越的工作条件和环境。12、25、35、51 汇总得分____。

12. 人际关系

希望一起工作的大多数同事和领导人品较好，相处在一起感到愉快、自然，认为这就是很有价值的事，是一种极大的满足。8、27、33、43 汇总得分____。

13. 变异性

希望工作的内容经常变换，使工作和生活显得丰富多彩，不单调枯燥。4、10、29、31 汇总得分____。

你得分最高的三项价值观是________、________、________，得分最低的三项价值观是________、________、________。

思考题

1. 请为 5 年后的你设想一下职业生涯发展目标。为了实现这些目标，从现在起，你需要做哪些努力？

2. 评估一下自己的性格，说说性格对你的职业生涯规划有什么影响？

3. 设想一下你 10 年后将从事的工作，并为之设计一个名片，包括名片的颜色、图标、称呼、职务等。你为什么做这样的设计？怎样才能达到名片上的职务？目前自己具备什么优势，有什么困难？

拓展阅读

图书《你的降落伞是什么颜色？》

如果你正在求职或者打算跳槽，这是一本你无论如何不应错过的著作，否则你将错过：聆听全世界最权威的职业指导大师 30 年研究心得的机会；了解如自己这般杰出的优秀人才为何屡屡在求职场上铩羽而归的原因；洞悉现存求职体系薄弱内幕的良机；走出求职误区的可能；领会最有效的求职思路和方法的机会……

请写出你的感受：____

电影《我要成名》

这部影片讲述了一位到我国香港地区演艺圈发展的内地女孩，她历经种种磨难，在经纪人的帮助下，最终问鼎威尼斯影后的故事。

请写出你的感受：____

第十一章　大学生心理问题识别与预防

——从容面对　疗愈心灵

案例导读

纳西瑟斯是希腊神话里的美少年。他出生时得到神谕：长大后会因为迷恋自己的俊美容貌导致郁郁而终。于是，纳西瑟斯的母亲刻意送他去往深山老林生活，远离溪流、湖泊、大海，让他无法映照自己的容貌。

终于，纳西瑟斯平安长大为世间第一美男子，少女们无不为之动心。可他却性格高傲，对此不屑一顾，只喜欢与友伴在林间打猎。复仇女神十分看不过眼，决定教训他。

一天，酷热的天气让狩猎中的纳西瑟斯汗流浃背。而一阵清风习习而至，引他走到一个水清如镜的湖边。湖？纳西瑟斯从没见过。他走近湖水，瞬间看见一张完美面孔！纳西瑟斯惊叹：这美人是谁?！多么漂亮！不禁痴痴凝望。

纳西瑟斯不明白美人其实就是自己的倒影，竟然深深地爱上了倒影。

他日夜痴守在湖边，不寝不食，不眠不休，终于憔悴而终。爱神怜惜他，把他化作盛开在水边的花儿，以便时时望见倒影。花儿就是 Narcissus，也就是水仙花。

故事结束了，同学们觉得水仙花向我们隐喻了什么？纳西瑟斯到底遭遇了什么问题？你是否有办法帮助他？有兴趣寻找答案的同学可以看看这一章，本章首先介绍不同水平的心理问题，然后讲解如何提升心理“免疫力”，最后了解来自专业人士的帮助。

第一节　不同水平的心理问题

生命的各个阶段有着不同的发展课题。人们在成长中体验着兴奋、喜悦、欢乐、自信，以及焦虑、苦恼、悲观、失望，身心也在突破困惑与矛盾冲突中愈发成熟。如同某些疾病病愈能使身体的免疫力得以提升，人们的心理亦然。

那么，心理问题的轻重又是怎么呈现的呢？让我们由浅至深，一起了解一下。

一、常见的心理困扰

心理困扰是由个人心理素质(如过于好强、孤僻、敏感等)、生活事件(如工作上不顺利、人际关系紧张、失恋等)、身体不良状况(如劳累、疾病)等因素共同引起。心理困扰的主要特点如下。

(1) 症状持续时间短，一般在一周内得以缓解。

(2) 对生活影响较小。处于心理困扰状态的人一般都能正常完成日常工作、学习和生活，只是情绪不佳，痛苦感大于愉快感，“真烦”“无聊”“郁闷”等是他们的口头禅。

(3) 有能力自己调整。大部分人能通过自我调整、放松来改善心理状态，如休息、聊天、运动、娱乐等方式都有助于心态的改善。如果不能及时调整，不良心态可能会相对固定下来，此时应寻求心理咨询机构人员的帮助，以便尽快恢复心理平衡。

(一) 心理困扰的主要表现

曾有一名女生入校一周便申请退学，原因是晚上睡不着，食堂饭菜吃不下，精神紧张、心情烦躁，难以坚持集体生活。另有一位男生对专业没兴趣、不满意，总想转系或退学重考，遇到课业难题也从不求助老师或同学，在犹豫中度过了第一学期，结果期末考试两门功课亮起了红灯。对于这些状况，你有何感想？是否能体会这类同学的心理困扰？

生活中，任何人都避免不了心理困扰。大学生的心理困扰主要集中于以下几个方面。

1. 适应

你是否仍对新生生活记忆犹新？初入校园的自己，面对来自不同家庭教育、成长经历、学习基础的同学，是否需要在自我认知、同学交往、自然环境等方面进行调整，适应新的班级与宿舍？你是否发觉，由于自理能力、适应能力和调整能力的参差不齐，同学们经历的适应期也有差异，甚至有极少数人不能适应新环境？当然，也有很多适应良好的同学很快地适应了新的环境，投入了新的学习和生活。

2. 学习

积累了十几年在校学习经验，你的状态是担心成绩、焦虑考试，还是对于学习信心十足、游刃有余？虽然大学生在学业方面是同龄人中的佼佼者，但由于学习模式不同于中学阶段，可能也面临着新挑战，需要在学习方法、态度、兴趣、主动性等方面做出积极调整。

3. 人际关系

生命历程中，曾有多少人被允许深入你的内心，令你放松信任？有多少欢乐时刻与朋友共享？有多少困难和友人共担？大学里，与同学友好相处、形成自己的朋友圈、建立和谐的人际关系，是很重要的课题。然而，每个独立个体的个性特征、待人接物的习惯皆有不同，青春期心理的羞涩、敏感和冲动仍有残留，良好的交往愿望和人际关系不协调的矛盾容易引起内心冲突，带来困惑、焦虑。这些都是大家将面对的挑战，也是成长的机遇。

4. 恋爱与性

你在恋爱吗？有没有亲密的异性朋友？是否懂得性保健知识？总体来说，目前教育体系中关于亲密关系、爱与性方面的教育缺乏深度、广度，有的学生不可避免地陷入困扰中，例如，与异性交往困难、多角关系、失恋异常痛苦、性冲动焦虑、自慰导致自责等。

5. 人格与情绪

你和你的同学有没有拖延症？是否有谁曾长久陷入情绪低落？人格形成与成长经历有关，其异常原因也较复杂，不良表现主要为自卑、怯懦、依赖、猜疑、神经质、偏激、敌对、孤僻、抑郁等。情绪的波动与心理状态紧密联系，对于情绪的觉察和认知则是人们了解自己、认识自己的重要渠道之一，值得大家投入精力探究学习。

（二）心理困扰的主要特征

心理困扰所引发的反应也具有共同性。

1. 自豪感与自卑感的矛盾

高考突围的你，是否也曾一度优越感、自豪感爆棚？然而，踌躇满志的同学们随后会发现，在群英荟萃、强手如林的大学里，以往的优势未必能延续。加之学业、人际的新挑战，心理上容易在自豪与自卑之间波动。

2. 新鲜感与恋旧感的矛盾

大学生活不仅意味着陌生城市、新奇学业、新鲜社群，也需要生活方式与态度的改变，其间都蕴藏着新鲜感与挑战性。与此同时，大家也会思念家乡、怀念旧友、想念亲人和师长。挥别逝去的岁月，恋旧情绪也浓浓淡淡地萦绕心间。告别过去、面对未来，是生命成长永恒的话题，是成长的重要课程。

3. 独立感与依赖感的矛盾

成为大学生之后，你是否发现手中的自主权越来越大？远离了父母约束、老师监督，进入自由、开放、宽松的大学环境，大学生需要积累社会经验，逐渐摆脱依赖感，发掘主动性，发展独立自主的意识，去发现并经营自己所追求的生活。

4. 社交需要与独处需要的矛盾

无论何时何地，人类作为群居生物都渴望被理解、被接纳，这也是大学生的强烈需要。同学们经常共同外出打工、游玩，集体学习、工作，挥汗球场、月下夜谈……但有时，你是不是也想独自待会儿？不要怀疑，自己与自己的安然相处也是心灵成长的必然需要。

5. 理想自我与现实自我的矛盾

你有没有在心里描画过自我的画像？是否诧异于朋友们口中的“我”有点陌生？在一定程度上，这源于理想自我与现实自我之间的距离。自我期望的高低、优越感的强弱，在自己与周围人的评价之间比较，就容易发现差距甚至产生矛盾。虽然这往往令人困惑，但也会启动自我再认识和自我实现的过程。

经历心理困扰是生命的常态，但若困扰重重且被持久纠缠，感到痛苦焦灼，那么，对于心理问题根源的探究也许就需要升级了。

心理小贴士

应对心理困扰的自助小方法

亲爱的朋友，当你为生活中遭遇挫折而感到沮丧、烦恼时，不妨尝试下面这些自助的小方法。

(1) 振奋精神：来吧，先做会儿运动，洗个热水澡，再听听音乐，喝杯咖啡或清茶。

(2) 自得其乐：记得那些让你快乐的事物和才艺爱好吗，重温旧梦又如何？

(3) 爱好广泛：除了原有的爱好，何不再学些新的知识和技能？

(4) 乐于交往：交一个好朋友，悲伤有机会减半，快乐更可以加倍！

(5) 开怀一笑：何不换个视角，幽自己一默，或者看个喜剧片也不错。

(6) 分散心思：攻不下的难关先放一放，调整好身心再“卷土重来”。

(7) 当机立断：该下决心了，勇敢点！毕竟，长痛不如短痛。

(8) 为快乐生活制订计划：来吧，给学习和工作排个轻重缓急，做好每周、每月、每年的时间管理，经常保持心情舒畅、快乐。

二、常见的神经症

听到“神经症”一词，常常让普通人心中一抖。“症”就代表着病了吧？实则不然，健康的普通人通常也会遇到神经症水平的心理问题。

神经症又称神经官能症，是一组由精神因素造成的非器质性的、大脑神经机能轻度失调的心理病症，会在一定程度上妨碍人们的心理或社会功能。

(一) 焦虑症

焦虑症是一种以焦虑情绪为主的神经症，包括惊恐性障碍和广泛性焦虑障碍。焦虑症主要表现为发作性或持续性的焦虑、紧张，常伴有头晕、胸闷、心悸、呼吸困难、口干、尿频、尿急、出汗、震颤和运动型不安等症状。

(二) 强迫症

强迫症是以强迫观念和强迫动作为主要表现的神经症。强迫症患者在主观上会感到某种不可抗拒、被迫无奈的观念、情绪、意向或行为的存在，虽然能够清醒意识到这些都是毫无意义且毫不合理的，却无法克制，越抵制越紧张。

(三) 抑郁症

抑郁症是一种常见的神经症类型。抑郁症患者表现为情绪低落、兴趣减低、悲观、思维迟缓、缺乏主动性、自责、饮食睡眠差、担心自己患有各种疾病，感到全身多处不适，严重的会出现自杀念头和行为。

(四) 恐惧症

恐惧症是指对某些特殊事物或情境有强烈的恐惧感，且恐惧感与引起恐惧的事物、情境极不匹配，他们明知不切实际，但却无法自控。常见恐惧症有社交恐怖、旷野恐怖和动物恐怖。

(五) 疑病症

疑病症以对自身健康的过分关心和持有难以消除的成见为特点。疑病症患者怀疑自己患了某种事实上并不存在的疾病，反复就医检查并确定正常，但医生的解释仍不能打消其顾虑，常伴有焦虑或抑郁情绪。

三、常见的人格障碍

英国有一个叫托马斯的图书馆管理员，钓鱼的时候总将自己打扮成一棵树；还有一位叫查尔斯的绅士，野外郊游时总爱睡吊床，并把脚伸出来期待吸血蝙蝠的光顾，好让他见识一下中世纪的吸血鬼传说。如果遇到这样的人，不知你会有何感想？会不会把他们划分到人格障碍的群体中去呢？

人格障碍又称人格异常或人格疾患。一般认为，人格障碍是指个体在没有认知或智力障碍的情况下表现出异常的情绪反应、动机和行为，出现人格发展的内在不协调。

(一) 人格障碍的表现

1. 人格障碍的突出表现

人格障碍的突出表现为行为和认知上的障碍，并对他人造成影响甚至伤害。

心理学家科尔曼说，人格异常的人觉得自己对别人是没有责任的，即使做了什么不道德的事情也没有负罪感，更不会为此后悔。甚至，他会把自己的问题和困难都归咎于他人或者命运的不公，是“人人负我”，自己是没有问题的。无论走到哪儿，都会把自己的固执想法带到哪里。当他把周围人搞得鸡犬不宁的时候，自己却可以泰然处之。

2. 人格障碍的其他表现

人格障碍还表现为情感和意志活动的障碍，虽然他们的思维智力并无异常。

著名印象派画家凡高的画作举世闻名，他的形象思维达到了极高的高度。然而，形象思维与其他能力发展的不平衡、不协调，导致他难以适应生活环境，使其精神极为痛苦。当然，也有很多著名人物摆脱了这样的困扰，例如，众所周知，爱因斯坦的抽象思维能力很高，但他平时也注意培养自己形象思维的发展，如平时喜欢拉小提琴等。作为一个尖端的理论物理学家，他的人格中也充满了人文味道。

那么，刚刚提到的图书馆管理员和绅士属于人格障碍吗？不，这些只能算是人格异常行为，并非人格障碍。他们只是满足了内心一些比较可笑的想法，让自己的身心得到调节放松罢了，是快乐的样本。

英国的一位临床心理学家研究表明，在这些有怪癖的人当中，只有四分之一可能属于人格障碍。人格障碍在正常和异常的范围中居于中间位置，不像精神分裂那样严重，又比一般生活中的异常要厉害。人格障碍在行为表现上有程度的差别，严重的才会伴有身体或精神性问题。

(二) 人格障碍的类型

依照美国《精神障碍诊断与统计手册》的划分，人格障碍有三大类。

1. 古怪和偏执的人格障碍

(1) 偏执型人格障碍，主要表现为对他人的不信任和猜忌。这类人会持续、无端地猜忌他人，一旦发现自己不受重视或被藐视，就会很愤怒甚至使用暴力，会心存怨恨多年。但他们自己可以藐视别人的意见，或者表现为情绪冷淡。他们往往敏感且教条，能从无关的情境中找到隐含的不愉快意义，认为朋友会背叛自己，配偶会不忠。如果进一步发展，会形成偏执型精神分裂症。

(2) 分裂型人格障碍，是指一种观念、外貌和行为奇特，以及人际关系有明显缺陷，且情感冷淡的人格障碍。他们对社会关系不重视，情感生活孤独内向，生活圈子狭小，孤僻是其最突出的特点。他们喜欢孤独的环境，很沉默，很少愤怒，不在乎别人的夸奖，同样不在乎别人的批评，一切都无所谓。他们的怪癖会表现在思想、语言和行为中，例如，交谈时突然自言自语或做出怪异举动。据统计，男性患分裂型人格障碍的比例比女性要高。

2. 戏剧或情绪化的人格障碍

(1) 反社会型人格障碍，又称悖德型人格障碍、违纪型人格障碍、无情型人格障碍，是指破坏社会准则，无视别人权利、需要和感受的人格障碍。他们无论是在亲密关系还是在人际交往上都有严重问题，不履行责任、不歉疚反省，严重的会滥用药物，没有羞耻心和同情心，只想满足自己的欲望。这种类型的人在少年时即表现出违法特征，多见于男性。

(2) 边缘性人格障碍，主要以情绪、人际关系、自我形象的混乱、不稳定为特征。边缘性人格障碍的典型特征是“稳定的不稳定”，有时候由于焦虑或抑郁而情绪低落，但几小时后又会转为兴奋。他们对愤怒的情绪难以控制，容易与人争执、冲突，通常还会伴有自我毁灭的举动，如自伤、自杀、吸毒等。这种人格障碍成因复杂，往往伴有其他障碍症状，治疗难度很大，女性的发病率高于男性。

(3) 表演型人格障碍，又称癔症型人格障碍或戏剧型人格障碍，是指以过分的感情流露或夸张的言行表现自我获取他人关注的人格障碍。这种类型的人情绪外露、表情丰富、喜怒哀乐皆形于色。他们是以自我为中心者，不停地追求他人对自己的夸奖和赞扬，十分关注外表，有的人为了获得瞩目甚至常表现出挑逗行为。如果不能成为万众瞩目的人物，他们的不正常行为和认知就会显露出来，表现为人格异常。女性的发病率约为男性的两倍。

(4) 自恋型人格障碍，其基本特征是对自我价值感的夸大和缺乏对他人的共情。这种类型的人容易海阔天空地自我陶醉，却自私、不愿意分担责任，缺乏人际交流，对其他人的看法表现得不屑一顾，其实内心非常在意别人的关注和赞扬。

在很多方面，自恋型人格障碍与表演型人格障碍相似，表演型人格障碍外向且热情，自恋型人格障碍则内向、冷漠。

3. 焦虑或恐惧的人格障碍

(1) 逃避型人格障碍，又称回避型人格障碍，特点是行为退缩、心理自卑、逃避挑战。《精神障碍诊断与统计手册》中对逃避型人格障碍这样描述：①很容易因他人的批评或不赞同受到伤害；②除了至亲之外，没有好朋友或知心人(或仅有一个)；③除非确信受欢迎，一般总是不愿卷入他人事务之中；④行为退缩，对需要人际交往的社会活动或工作总是尽量逃避；⑤心理自卑，在社交场合总是缄默无语，怕惹人笑话，怕回答不出问题；⑥敏感羞涩，害怕在别人面前露出窘态；⑦在做那些普通的但不在自己常规之中的事时，总是夸大潜在的困难、危险或可能的冒险。只要满足其中的四项，即可诊断为回避型人格障碍。该类型的退缩与分裂型人格障碍不同，分裂型人格障碍的独来独往是自愿，而逃避型人格障碍则是出于自卑。

(2) 依赖型人格障碍，对亲近与归属有过分的渴求，这种渴求是强迫的、盲目的、非理性的，与真实的感情无关。他们往往缺乏自信，表现得顺从，宁愿放弃个人的趣味、人生观，只要能找到一座靠山，时刻得到别人对他们的温情就心满意足了。依赖型人格障碍的这种处世方式使得他们越来越懒惰、脆弱，缺乏自主性和创造性。由于处处委曲求全，依赖型人格障碍患者会产生越来越多的压抑感，这种压抑感反过来又阻止他的行动力和判断力。

(3) 强迫性人格障碍，僵化地要求严格、秩序和完美，容易把冲突理智化，具有强烈的自制心理和自控行为。这种类型的人对自我过分克制，过分注意自己的行为是否正确适当，因此表现得特别死板。责任感特别强，往往用十全十美的高标准要求自己，同时又墨守成规，过于谨小慎微，常因过分沉溺于细节而忽视全局。他们总是焦虑紧张，很少享受轻松、愉快的满意感，同时容易陷入与自己、与他人、与环境的冲突之中。

四、常见的精神疾病

精神疾病是心理问题中最严重的，是指人脑机能活动失调，丧失自知力，不能应付正常生活，且不能与现实保持恰当接触的严重心理障碍。

(一) 双相情感性精神病

双相情感性精神病是以心情的高涨或低落为基本症状的精神病。情绪高涨时，伴有联想加速、活动过多、话多和夸大，称为躁狂发作或躁狂症；情绪低落时，伴有悲观、缺乏乐趣、缺乏精力，以致动作和思维迟钝，称为抑郁发作或抑郁症。躁狂和抑郁可以单独发作，也可以交替发作，因此又称躁郁症。

(二) 精神分裂症

精神分裂症是一种由于大脑功能出现问题，感知、思维、情感、行为等多方面出现障碍，以精神活动不协调和精神活动与环境不协调为特征的一种最常见的精神病。患者的思想、情感、行为与现实脱节，不能分辨幻想与现实，因而丧失或降低自理能力以及对社会生活的适应能力。它属于重性精神病之一，严重影响病人的日常工作、社交和生活。

(三) 偏执型精神病

偏执型精神病是一组疾病的总称，其共同特点是以持久、系统且比较固定的妄想为主要特征，行为、情感反应与妄想观念相一致，无幻觉或偶伴幻觉，病程长而无精神衰退，智能保持良好。

（四）反应性精神病

反应性精神病是由剧烈或持续的精神紧张性刺激直接引起的精神疾病。这些刺激包括沮丧、凌辱、自然灾害等。这类精神病大多数为期短暂，常随诱发因素的消退而减轻，经适当治疗，精神状态可恢复正常，愈后良好，一般不复发。

第二节 提升心理“免疫力”

一、影响心理健康的因素

（一）生物学因素

▶ 1. 遗传

人们发现，亲属中人格障碍的发生率会与血缘关系成正比，血缘越近，发生率越高。双生子与寄养子调查结果都支持遗传因素作用的观点。病态人格患者的子女即使从小寄养在正常家庭，仍有较高的发生率。另外还有染色体异常的影响，47XYY综合征和47XXY综合征患者中，人格障碍的发生率也非常高。

▶ 2. 脑发育

情绪不稳定型人格障碍者较多表现神经系统软体征，在神经心理学测验中也显示轻微脑功能损害。有学者发现，常有攻击行为的男人中，57%具有异常脑电图，且多表现在前颞区，被认为问题可能在网状激活系统或边缘系统。

▶ 3. 躯体机能

临床证明，中枢神经系统的传染病，如斑疹伤寒、流行性脑炎等，由于病菌、病毒损害神经组织结构而导致器质性心理障碍或精神失常，可以阻碍心理的发展，造成智力迟滞或痴呆。

（二）环境因素

▶ 1. 社会因素

文化涵盖了人类社会的全部领域，无时无处不影响人们的生活，使个体由一个无知的自然人成长为具有丰富内心活动的“社会人”，形成不同文化下各有差异的、丰富多样的身心特点。例如，在某些民族中，躯体的异常状态是可以接受的、被认为是正常甚至美观的，而在另外的民族中则被认为病态。

心理小贴士

社会文化对人格的影响

社会文化对人格具有塑造功能，这可以体现在不同文化的民族有其固有的民族性格。社会心理学家米德等人曾做了一项关于非洲新几内亚民族的研究，发现三个不同民族的人格特征各有特色，很鲜明地体现出社会文化、地理环境对人格的影响。

在山丘地带居住的阿拉比修族，崇尚男女平等的生活方式，成员之间相亲相爱，团结协作，没有弱肉强食、恃强凌弱，没有争强好胜，整个民族展现了一幅平和、幸福的画面。

在冰川地带居住的蒙杜古姆族，以打猎为生，男女之间存在权力和地位的争夺，对孩子的教育也极为严厉。这个民族的成员表现出很强的攻击性，以及冷酷残忍、妄自尊大的人格特征。

在湖泊地带居住的章布里族，男女性别角色差异明显，有一些女系民族的影子，女性是这个社会的主体，她们掌握着经济实权。而男性则处于社会的从属地位，负责养育孩子，从事艺术、工艺、祭祀等活动。这种社会分工使女性表现出刚毅、支配的性格，而男性则更多表现出一种自卑感。

▶ 2. 家庭教育

幼儿大脑发育未成熟，强烈的精神刺激会影响其心理发展。例如，父母对子女的遗弃、虐待、专制、忽视、溺爱和放纵都会影响子女的人格发育，甚至导致人格障碍。父母的教育方式对儿童个性的影响如表 11-1 所示。

表 11-1　父母的教育方式对儿童个性的影响

父母的教育方式	儿童的个性
支配的	消极、缺乏自主性、依存、顺从
干涉的	臆病、神经质、被动、幼稚
娇宠的	任性、放肆、幼稚、神经质
拒绝的	自我显示、冷淡、暴躁
不关心的	攻击性、情绪不安定、冷酷
专横的	反抗、情绪不安定、依存、服从
民主的	协作、独立、坦率

▶ 3. 学校教育

校园中，教师的行为示范，尤其是同学间的关系模式，影响青少年的生活风格和人格发展。曾有研究发现，在冷酷、刻板、专横的老师所管辖的班级中，学生的欺骗行为会增多；而友好、民主的老师所管理的班级中，学生的欺骗行为会减少。

▶ 4. 应激事件

重大生活变故形成的应激事件常可以改变一个人的生活，甚至人格，如亲人离世、父母婚变、家庭不睦、好友反目、学业失败、自然灾害等事件。有美国学者认为，很多精神病患者住院前都经历过重大变故造成的心理创伤。也有学者发现，东南亚海啸的幸存者，会因为他人死亡、自己存活而产生负罪感，导致严重心理障碍，甚至出现自杀倾向。但是仍有大量研究发现，重大生活变故这类外在刺激并非精神疾病的直接影响因素，真正对其产生影响的是人们对刺激的评价及其应对方式。

心理小贴士

霍尔姆斯的应激事件研究

霍尔姆斯对43件重大生活事件赋予分值(见表11-2)，当个体一年累计分数超过300分，则来年患病的可能性为70%；超过200分则来年患病的可能性为50%；低于100分则健康安泰。他认为，当个体在某段时间内遭遇很多生活事件时，生活事件对个体的作用会累加，增加心理应激，影响个体的身心水平。

表11-2 生活应激事件量表

顺序	生活事件	评分	顺序	生活事件	评分
1	配偶死亡	100	23	子女离家	29
2	离婚	73	24	司法纠纷	29
3	与配偶分居	65	25	突出的成就	28
4	坐牢	63	26	配偶开始或停止工作	26
5	亲人死亡	63	27	升学或辍学	26
6	受伤或疾病	53	28	生活条件变化	25
7	结婚	50	29	生活习惯改变	24
8	被解雇	47	30	与上级有矛盾	23
9	复婚	45	31	工作时间或条件改变	20
10	退休	45	32	搬家	20
11	家人患病	44	33	更换学校	20
12	怀孕	40	34	娱乐	19
13	性生活问题	39	35	宗教活动改变	19
14	家庭增加新成员	39	36	社会活动改变	18
15	调换新工作	39	37	小量贷款	17
16	经济状况改变	38	38	睡眠习惯改变	16
17	好友亡故	37	39	家庭成员变化	15
18	职业性质改变	36	40	饮食习惯改变	15
19	夫妻不和	35	41	假期	13
20	大量借贷	31	42	圣诞节	12
21	抵押或借贷到期	30	43	轻度违法	11
22	职位的变化	29			

二、自我调节的方法

许许多多的主客观因素塑造、雕琢着生命的形态，作为生命主体、人生主人，我们可以为自己做些什么呢?

(一) 提高心理健康的水平

日常生活中，大家不妨从以下几个方面对自身心理状况加以调整。

1. 积极看待自身和世界

把自己看作是被喜欢的、被需要的、被热情接待的、有能力的人，并生活在自己能应付的世界里。

2. 拥有人际信任

有热情、亲密的人际关系，和他人有基本的信任；在关心他人方面达到高水平；在各人生阶段与他人共享有质量的生活。

3. 独处

有时间完全冷静地独处反省，使自己有机会揣摩、体验各种人的情感，从而更好地理解自己的人格、自己的心理状态。

4. 发展社会性能力

在智力方面和职业的各种技能方面取得成功，即在学习上、工作上和与人交往上有成功的体验。

5. 拓展兴趣广度

接受新思想、新观念，以及和有独特见解的人交往。新的思想可以从书中或者对戏曲和音乐的领悟中取得，也可以从旅行或者和陌生人的交谈中获得。

6. 表达自我

找出能够充分表达自己情绪的方法，和朋友保持亲密关系或和一群青年人聚在一起有助于情绪的宣泄。

7. 独立

逐步减少对他人的依赖而更多地依靠自己的能力和价值体系，如对工作和家庭、邻里，以及人类社会承担更多的责任。在该做、该说的场合中，自如地表达自己的意见，自尊和自爱。

8. 灵活性和创造性

不在任何情境中都按一个标准行事；学会不总是"非此即彼"，而是考虑无限量的各种组合。

(二) 增强应对心理困扰的能力

1. 积极调整情绪

情绪宣泄、注意力转移、认知调节、放松训练都是有效的情绪调节方法。具体参考阅读第五章。

▶ 2. 寻求滋养环境

良好的人际氛围更为滋养人，有时只是与大家保持日常联系、分享经历、共同对话也对心理健康十分有利。例如，与朋友一起散步、听音乐或是发会儿呆，都可以在一定程度上消除消极状态的困扰。

▶ 3. 暂不做重大决定

处于严重困扰中的个体，处理问题的能力比平时要低，收集和理解信息的能力受限，常无法做出正确决策。在这种情况下匆忙做出重大决定，反而会造成更大的伤害。

▶ 4. 直面自身问题

充分了解问题之所在，向有经验的人和处理心理困扰的专家请教，或到专业机构寻求心理咨询师、心理治疗师的直接帮助。

（三）了解就诊专业机构的注意事项

人们从专业机构或医院获得诊断结果与治疗的前后，时常有一些认识误区，为此特别提醒以下几点。

▶ 1. 勿有羞耻感

理解陷入心理困扰的人，例如，抑郁也是躯体疾病，是神经内分泌和中枢神经递质功能异常，与其他躯体疾病一样需要服药或住院治疗。

▶ 2. 学习识别身心异常症状

避免对身心异常症状一无所知，同时避免断章取义给自己贴标签。

▶ 3. 勿抱侥幸思想

心理疾病自愈者是少数，不按疗程治疗往往复发率增高，并可能加重症状，延长病程，徒增康复难度。

三、一些心理学家的理论

（一）弗洛伊德

精神分析学者弗洛伊德认为，有效、得当的应用防御机制可以减轻很多内心的不适和痛苦，帮助度过心理难关。当然，也要避免过度采用防御机制，应认识到过犹不及。

▶ 1. 压抑

压抑是一种消极的防御机制，是指个体尽量将过去遭受失败引起的痛苦、焦虑等深埋心底，这是一种主动遗忘和抑制。例如，战场上的士兵、从火里逃生的人、失恋的人等，在事件过后，有的人会失去记忆以避免面对痛苦与悲伤。

▶ 2. 投射

投射是指把自己内心一些不能得到社会允许的冲动、态度、行为等转移到他人身上，以减少压力。例如，有些不良少年，别人无意中看他一眼，他就会动手打人，误会别人瞧不起他。

▶ 3. 退化

退化是指遇到挫折无法处理时，就放弃已有的成熟态度和行为模式，使用较幼稚的方式应对。偶然发生退化行为会给生活增添不少情趣与色彩，但如果经常发生退化行为，使用原始、幼稚的方法来应对困难，利用自己的退化行为来搏取别人的同情与照顾，以避免面对现实问题与痛苦，其退化行为便是一种心理症状了。

▶ 4. 隔离

隔离是指人们将一些不快的事实或情感分离于意识之外，以免引起不愉快情绪的机制。例如，有人死去，大家因为伤痛会刻意逃避，不直接说“死”这个字，而用“仙逝”“长眠”这样的词。

▶ 5. 补偿

补偿是指当个体因本身生理或心理上的缺陷致使目的不能达成时，改以其他方式来弥补这些缺陷，以减轻焦虑。例如，一个相貌平庸的女学生，致力于学问上的追求，而赢得别人的重视。这和我们常说的“失之东隅，收之桑榆”的含义是一样的，都是成功的补偿。

▶ 6. 合理化

合理化是指个体遭遇挫折时使用一些理由来为自己解释和申诉。例如，娶了姿色平平的妻子，说她有内在美；嫁给木讷寡言的丈夫，说他忠厚老实；孩子资质平庸，说他“傻人有傻福”。

▶ 7. 认同

认同是指借由心理上分享他人的成功，从而为个人带来不易得到的满足或增强自信。例如，一位物理系学生留胡子，是因为他十分仰慕系中一位著名教授，而教授具有标志性的特点就是他很有个性的胡子，他通过这种方式表示对教授的认同。

▶ 8. 升华

升华是指当个体原有的冲动或欲望不能实现或不能得到社会允许时，就将它们改变成社会许可的形式，或者用更崇高的、具有创造性和建设性的、有利于社会的活动表现出来。例如，有打人冲动的人，借拳击或摔跤等方式来满足；喜欢骂人则以成为评论家来满足；一生命运多舛的西汉文学家、史学家司马迁，被判处宫刑后在狱里撰写了《史记》等。

弗洛伊德认为，升华是最高水平的防御机制，是一个人在很成熟和健康的时候才会采用的机制。

（二）马斯洛

马斯洛认为自我实现是人生追求的最高境界，他列举了历史上 38 位成功的名人，包括富兰克林、林肯、罗斯福、贝多芬、爱因斯坦等，从他们的人生经历中归纳出以下 16 条参考特征：

- 了解并认识现实，有较为实际的人生观；
- 悦纳自己、别人，以及周围的世界；
- 在情绪与思想表达上较为自然；
- 有较广阔的视野，就事论事，较少考虑个人利害；

· 能享受自己的私人生活；
· 有独立自主的性格；
· 对平凡事物不觉厌烦，对日常生活永感新鲜；
· 在生命中曾有过引起心灵震撼的高峰体验；
· 爱人类，并认同自己为全人类之一员；
· 有关系至深的知己、有亲密的家人；
· 有民主风范，尊重别人的意见；
· 有伦理观念，能区别手段与目的，绝不会为达到目的而不择手段；
· 带有哲学气质，有幽默感；
· 有创见，不墨守成规；
· 对世俗和而不同；
· 对生活环境有改造的意愿和能力。

马斯格认为，上述参考特征是塑造健全人格、达到自我实现、形成健康心理的主观条件。

四、了解一些评估方法

如果想要对自身的心理健康状态有所了解，可借助的方法有很多。

（一）问卷法

问卷法又称自陈测验，是指借助书面形式的问卷评估心理健康或者测量人格的方法。标准化的问卷是经过科学检验的，有信度、效度，操作方便，广为使用。

（二）访谈法

访谈法是指通过面对面的方式了解被测试者心理特点的方法，这在心理评估中也较为常见。访谈法分为有计划的结构式访谈和无目标的开放式访谈，通过访谈法可以直接获取具体信息。

大家在社团纳新、面试工作等场合，都会有这样的访谈经历，采用这种办法要考虑到被测试者是不是容易受到访谈环境及主观因素的影响而使信息不能准确地反馈。

（三）投射法

投射法是指对被测试者施加若干个模棱两可的刺激，被测试者可对其任意解释，使自己的动机、态度、感情和性格等在不知不觉中反映出来，然后对此加以分析推断。虽然该方法被评价为缺乏客观标准，但在实际生活中广受欢迎。

心理小贴士

投 射 法

联想法、构造法、完成法、表露法都属于投射法。

联想法是给你一个刺激（字词、墨迹等），让你说出由此联想到的事物。精神分析学家最早使用这种方法，著名的有罗夏墨迹测验。

构造法是要求被测试者根据一套含有过去、现在、未来等发展过程的图片编故事，借由故事分析被测试者的内心，著名的测验有TAT主题统觉测验。

完成法要求被测试者将一些不完整的句子、故事或材料以自己的方式补充完整从而得出判断，例如，“我认为婚姻……”“我喜欢……”等。

表露法是利用一种媒介，如绘画、舞蹈、游戏等获得自然表露的心理状态的方法，常用的有画树测验。

（四）情境法

情境法是指在预先设定的情境下，观察被测试者的表现并以此判断其心理状况和特征的方法。例如，招聘面试时，曾有公司在走廊设置歪倒的扫帚，然后观察应聘者的表现，用的就是这种方法。

如今，获取人们心理状况和人格信息的手段越来越多。如果使用以上这些方法依然不能让你了解自我，还有一个最直接、简单的办法——到专业的心理咨询机构去寻求帮助。

第三节 寻求专业人士的帮助

越来越多的人注重提升身心生活质量，希望从专业的心理咨询机构和人员那里获得帮助。人们应对各种层面的心理问题时，可以获得帮助的途径也有很多样，如精神卫生医院、心理门诊、心理咨询机构等。大学生拥有更为便利的求助条件——从学校设立的心理咨询中心获得帮助。

一、心理咨询概述

有些人对心理咨询有误解，认为走进心理咨询机构的就是精神病。其实，心理咨询是一种专业的助人过程，帮助你解决心理适应过程中出现的问题，更帮助你求得自身能力的最大发挥，寻求更高质量的生活。咨询中，咨访关系不但是必需条件，而且这种关系足以令人改变和成长。同时，心理咨询是为那些缺乏良好的心理状态以致产生问题的人所进行的一种特别治疗。

在提供心理咨询服务的过程中，心理咨询师的职责如下：

（1）清楚知道来访者有困难或有适应不良的症状，对生活的苦恼需要倾诉，需要他人的帮助；

（2）与来访者建立咨访关系；

（3）引导来访者表达感受，同时对问题做出澄清和详尽说明；

（4）共同探讨来访者的感受和个人信息；

（5）探索改变的理想方法；

（6）将来访者的感受做适当处理，通过强化、解释等方法引导来访者发生改变；

(7) 促进来访者的自觉，协助发展观察和分辨能力；

(8) 自始至终评估整体的咨访关系。

在这个过程中，心理咨询师会以良好的职业道德保守秘密，并帮助你实现“心灵的再度成长”。

心理小贴士

伦理道德守则与保密例外

心理咨询师要特别注意道德修养，具备高尚的职业道德，不能利用工作之便做出有损于来访者的事。除依靠心理咨询师自身通过诚实、自省来确保职业道德之外，心理咨询起步较早的一些国家，往往通过立法和专业学术团体，对心理咨询师的行为做出明确规定，并严格执行，督促心理咨询师加强责任感，保护来访者利益。这样的规定就叫作“心理咨询师伦理道德守则”，包括价值中立、知情选择、隐私保密、双重关系、持续成长和转介等内容。其中，有关保密原则也有例外情况：

(1) 当来访者企图要自杀或伤害自己时，心理咨询师为保护来访者生命安全，须通知家属或有关医疗急救人员。

(2) 当来访者企图要伤害他人或危害公共安全时，心理咨询师为了保护来访者免于犯罪，以及保护其他无辜的第三者免于受害，须通知有关机构与无辜第三者。

(3) 当来访者的行为涉及家庭暴力或儿童虐待时，心理咨询师为保护受害人，以及预防家庭暴力的继续发生，须通知相关机构。

具体地讲，心理咨询可以在以下四个方面为你提供帮助：

第一，帮助你了解自己，学会管理自己的情绪，拥有积极稳定的心态，避免罹患各种心理障碍和心理疾病；

第二，帮助你拥有更健全的人格，摆脱自卑、自恋、自闭等不良心态，更好地投入学习、工作和生活中去；

第三，帮助你摆脱因失恋、失业等造成的痛苦，教你应对生活中种种挫折的方法；

第四，帮助你迎接人生各阶段的种种挑战，在人生重大问题上做出正确抉择。

总之，心理咨询能帮助你提高爱自己、爱他人、爱世界的能力，更加幸福地工作和生活。

(一) 心理咨询的种类

心理咨询的种类按照不同的标准可有不同的划分方法。

1. 依据性质和对象划分

(1) 发展性咨询，是指面对不同成长阶段的心理困扰进行的辅导，如婚姻、恋爱择业、求学、职业适应等，引导求助者更好地认识自己、发挥潜能、提高生活质量。

(2) 障碍性咨询，是指对咨询对象出现心理异常，影响了正常学习和生活而进行的辅导。需要注意，严重心理障碍者必须接受配合药物的系统心理治疗，心理咨询只是辅助手段。

▶ 2. 依据咨询对象人数划分

(1) 个别咨询，是指心理咨询师与来访者一对一单独进行的心理咨询，是最为常见的咨询类型。

(2) 团体咨询，是指将具有类似问题的来访者组成小组或团体，进行共同讨论和辅导。团体咨询的人数没有固定标准，但最多不超过 20 人。

(二) 心理咨询的途径

▶ 1. 当面咨询

当面咨询是指来访者与专业机构进行的面对面心理咨询，是最常见的咨询途径，有利于建立具有治疗意义的咨访关系，以及取得良好的咨询效果。

▶ 2. 电话咨询

电话咨询是指利用电话与来访者沟通完成的心理咨询。电话咨询适用于时间紧迫和不愿意暴露身份的来访者，但是咨询效果有限。目前，很多城市都设有心理咨询热线。

▶ 3. 网络咨询

网络咨询是指心理咨询师借助网络手段完成的心理咨询。网络咨询适用于行动或地域受限情况下的求助者，但是咨询效果也相对受限。

(三) 如何准备接受心理咨询

不少走进心理咨询机构的来访者正处于心理受挫导致的心理困扰中，或是处于心理障碍和心理疾病状态。从近年的来访者情况来看，以心理困扰和心理障碍者居多。

心理小贴士

判断心理健康与否的简单方法

关于心理健康，有一个简明的主观判断标准，即是否拥有“四感”：安全感、充实感、自信感和精神愉快感，其中最重要的是精神愉快感。就像身体完全健康的人气血通畅、精力旺盛、浑身都感觉很舒服一样，健康人内在的自我感觉就是安全、充实、自信和精神愉快。

咨询前请做好以下准备。

▶ 1. 主动咨询的愿望

如果来访者没有沟通的愿望，仅仅是被老师、家长逼迫而来，往往不情愿谈及真实的自我，初始咨询效果可能会受到影响。

▶ 2. 减少不必要的担心

有的来访者担心谈话的内容外露，会犹豫不决或者隐去某些问题。其实不必担心，专业的、有操守的心理咨询师都会遵守保密和价值中立原则，这是最基本的职业道德。

▶ 3. 选择合适的心理咨询师

咨询前，要了解一些关于心理咨询师的情况，如职业背景、从业经历、擅长领域等，注意寻找受过正规专业训练、具有从业资格的心理咨询师。与心理咨询师接触后，如果感觉不合适，可以提出中止咨询或请求转介。

心理小贴士

如何识别优秀的心理咨询师

亲爱的朋友，当你决定尝试进行心理咨询，非常想找一位优秀的心理咨询师时，可以参考我们的提示。综合西方心理咨询界的研究，优秀的心理咨询师通常具备以下特质：

（1）对自己、来访者和心理咨询的效果有信心；

（2）态度积极；

（3）凡事不轻易下论断；

（4）能够容忍模糊不清的事物和局面；

（5）仁爱，富有同情心；

（6）具有高度的创见性，精力充沛；

（7）男性心理咨询师比一般男性更敏感；

（8）女性心理咨询师比一般女性更自信和有冒险精神。

▶ 4. 了解咨询设置

进行心理咨询之前，需要向心理咨询师提前了解咨询设置。例如，通常每次咨询时长约 50 分钟；咨询次数可多可少，依据来访者心理问题的程度和心理咨询师的咨询方法，有的需要 1 次、2 次，有的则需要 1 年、2 年；心理咨询一般需要提前预约，来访者应按照预约时间准时赴约，如遇特殊情况需提前联系更改时间等。

二、主流的心理咨询

（一）精神分析疗法

精神分析治疗依托于精神分析理论。精神分析理论的创始人弗洛伊德认为，心理障碍是由于本能欲望或意念被压抑在潜意识当中，无法释放导致的结果。当无意识心理过程上升为有意识，破除了潜抑作用，揭穿防御机制的伪装，病人真正了解症状的意义，症状就会消失了，这个转变过程就是精神分析。他认为最适合采用精神分析治疗的是歇斯底里、强迫症和恐惧症。精神分析师通常使用解析、自由联想、催眠、释梦等技巧，分析梦的隐意，厘清症状的真意，破除阻抗。

经典精神分析疗法的疗程很长。通常每周治疗 3～6 次，每次 1 小时，至少需要持续半年、1 年甚至 2～4 年。累计费用很高。

目前，由经典精神分析治疗发展而来的精神动力学治疗，在治疗理论和手段上都有了发展。治疗通常每周治疗 1 次，每次 50～60 分钟，持续几个月到几年不等。累计费用相应减少。

（二）行为疗法

行为疗法的基本理论来自行为主义的学习原理：经典的条件反射原理、操作条件作用原理和模仿学习的原理。

行为疗法认为，异常行为与正常行为一样，都是通过学习、训练和后天培养而获得的。人的心理问题既然可以通过学习获得，同样也可以通过学习而改变或消失。常用的行为疗法包括系统脱敏疗法、满灌疗法、厌恶疗法、生物反馈疗法等，强调利用控制环境、实施强化等手段使来访者习得良好行为。

心理小贴士

常用的行为疗法

1. 系统脱敏法

系统脱敏法于20世纪50年代由精神病学家约瑟夫·沃尔帕首次使用，用于治疗来访者在特定情境下的超常紧张、焦虑或恐惧症状。系统脱敏法的主要做法是诱导来访者缓慢暴露于焦虑情境，同时通过心理放松状态对抗焦虑情绪，消除症状。

2. 满灌疗法

满灌疗法又称冲击疗法、暴露疗法，主要做法是一开始就迅速向来访者呈现其害怕的刺激，直至他对此刺激习以为常。

3. 厌恶疗法

厌恶疗法又称对抗性反射疗法，是利用惩罚性的厌恶刺激来矫正、消除某些适应不良行为的方法，多用于戒酒、戒烟、性变态以及青少年不良习惯。厌恶疗法的基本原理是让不愉快的惩罚性刺激与不良行为同时出现，对抗并取代旧有的愉快、激励性感受，形成新的条件反射，消除不良行为习惯。

4. 生物反馈疗法

生物反馈疗法是借助仪器将某些生理活动的信息(如肌电活动、心率、血压、脑电信号、皮肤温度等)，以视觉或听觉方式呈现给人们，从而有意识地控制生理和心理活动、调整机体功能，达到防病治病的目的。生物反馈疗法可用于治疗头痛、偏头痛、哮喘、高血压、皮肤病，以及焦虑症、恐惧性神经症、失眠、腰背痛等，可配合药物及其他治疗方法使用。

(三) 以人为中心的治疗

以人为中心的治疗是人本主义的心理治疗方法之一。创始人卡尔·罗杰斯的思想基础是对人性的深刻理解，以及对人的尊重和信赖。他认为人性发展的基本属性是建设性的，人有追求美好生活和为之奋斗的本性。

以人为中心的治疗主要有两种形式：一是个别谈话治疗，二是通过小组进行小团体治疗。

(四) 认知疗法

认知疗法由美国心理学家艾伦·贝克创立。它强调人的信念系统和思维，对于行为、感觉的影响是非常重要的。行为和情感的中介是认知过程，情绪障碍和非适应行为都源于不良认知，即歪曲的、不合理的、消极的信念或思想。矫正这些不合理认知，就能使情感和行为得到改变。

认知疗法一般包括四个过程：建立求助动机；矫正不良认知；在处理日常生活问题的

过程中培养观念的竞争，用新的认知对抗原有的认知；改变有关自我的认知。

（五）森田心理疗法

森田心理疗法简称森田疗法，由日本慈惠医科大学森田正马教授于1920年创立，适用于神经症的治疗。森田疗法是一种顺其自然，为所当为的心理治疗方法，分为门诊治疗和住院治疗两种形式。治疗以一个月为一个进程，也就是说，来访者只有实践到一个月的时候才可能有一定的体会。总的实践时间短则三个月，长则半年。

心理小贴士

神经症的故事

一对师徒走在路上，徒弟发现前方有块大石头，他皱着眉头停在石头前面，师父问他："为什么不走？"

徒弟苦着脸说："这块石头挡着我的路，我走不下去了，怎么办？"

师父说："路这么宽，你怎么不会绕过去呢？"

徒弟回答道："不，我不想绕，我就想要从这个石头前穿过去！"

师父："可能做到吗？"

徒弟说："我知道很难，但是我就要穿过去，我就要打倒这个大石头，我要战胜它！"徒弟很痛苦，"连这个石头我都不能战胜，我怎么能完成我伟大的理想？！"

师父说："这两者压根就不是一回事，你太执着了。"

神经症患者就像故事中的徒弟，被症状（大石头）所困扰，而森田疗法的治疗师就像故事中的师父，让神经症患者（徒弟）对症状视而不见，带着症状继续正常的生活（绕道继续往前走）。这就叫作"顺其自然，为所当为"。

顺其自然包括：

(1) 对情感活动顺其自然；

(2) 对各种想法和观念顺其自然；

(3) 对症状顺其自然；

(4) 对事物的客观规律顺其自然。

为所当为包括：

(1) 忍受痛苦，为所当为；

(2) 面对现实，陶冶情操。

经典的森田疗法是住院治疗，是严重神经症患者的最佳治疗方法。森田疗法的治疗程序大致分四个时期：卧床期、轻度作业治疗期、重度作业治疗期、复杂的实际生活时期。

现代社会中，心理治疗理论与技术的发展日趋多元，融入了诸多不同文化与学科领域。例如，东方文化背景下的亚洲著名疗法、内观疗法等；东西方融合下的短程疗法、整合疗法等；艺术化了的绘画美术治疗、音乐舞蹈治疗、意象对话治疗、儿童游戏治疗等；融入科技的脑神经学心理咨询、虚拟现实心理咨询等。

三、心理咨询与心理治疗的异同

心理咨询与心理治疗常被当作同义词，但两者的区别仍然显而易见。心理咨询的对象主要是正常人，他们的主要困难是现实生活中的适应与发展问题，而心理治疗的对象主要是有较严重心理障碍的人，如重度人格障碍；心理咨询着重处理的是日常生活中人际关系、职业选择、教育过程中的问题，心理治疗的适用范围是身心疾病、精神病患者的康复期适应等；从事心理咨询的是心理学工作者、社会工作者等，而从事心理治疗的多是临床心理学家、精神科大夫。

心理咨询师的实践常被心理治疗师看作心理治疗，心理治疗师的实践又被心理咨询师看作心理咨询，它们确有许多相似之处：采用相同的专业基础理论方法；均强调帮助来访者成长和改变；都注重施助者与求助者之间良好关系的建立，并认为这是帮助求助者发生改变的必要条件；目标都是维护和增进心理健康。

案例讨论

喜剧电影《火柴人》上映之后引发了心理学家和医学界人士对强迫症的关注。

“火柴人”是一句美国俚语，是指那种能让你掏心掏肺并掏钱的骗徒：即使他手上只有一盒火柴，都会有高明的办法夸大火柴的效能，让一堆人捧着现金抢购他的火柴。影片主角罗伊就是这样一个职业骗子，并同时患有强迫症与广场恐惧症。

罗伊“工作”时可谓沉着冷静、巧舌如簧、应对自如、游刃有余，事业“蒸蒸日上”。可一旦离开“职场”，他就得依靠药物来维持精神状态。除了去超市购物，他几乎拒绝一切户外活动，拒绝阳光、拒绝电视、拒绝一双踩在地毯上的鞋、拒绝掉落在地毯上的任何肉眼可见的杂物，甚至拒绝一片漂浮在游泳池中的枯叶。他不仅容不下丝毫混乱，还不能置身于开放空间，否则就会感觉错乱，几乎要崩溃。所以只能像个“套中人”似的窝在房间或车子等密闭空间里，偶尔出门就得戴上墨镜，给世界“染”个色才感觉舒适些。

一次意外失手打翻了药瓶，接下来的几天里，罗伊没日没夜地大肆打扫房间，直至每个角落都锃亮，直至自己筋疲力竭。

我们来看看影片中罗伊的几个强迫症症状的表现片段。

片断一：宽敞舒适的客厅整洁得如同五星级宾馆客房，宽大的玻璃门被百叶窗遮得严严实实，令室外灿烂的阳光望而却步。罗伊走到窗前，轻轻掀起一叶窗帘，一脸严肃，用他那挑剔的眼神巡视了一下正对着窗门的游泳池，池水湛蓝清澈，在阳光下波光灵动，他满意地回转身。罗伊在柔软的地毯上每走几步，就弯腰轻轻地捡起一点散落的灰尘，脸上带着不满的神情。之后继续到各个房间检查，每开或关一次门，都要连续动作三遍，口里数着“1、2、3”。检查完毕后，他“仔细”地穿上永远是锃光瓦亮的皮鞋。最后来到厨房，洗手并用纸巾反复地擦干净后，从壁橱里拿出一瓶药，取出并吞下一颗。一切就绪之后，该出门了，临走时，罗伊又不放心地回身探视了一下各个房间，这才数着“1、2、3”关上房门，驾车离去。这是罗伊每天起床后到出门前的例行公事。

片断二："客户"家中，罗伊和搭档珠联璧合，眼看"买卖"就要成功，这时女主人为把不安静的家犬引走，打开了通往花园的门，罗伊的脸一下子就变了色，两眼直盯着敞开的门，眼中一片迷茫，神情怪异，说话含糊不清，要不是他经验丰富，加上搭档的掩饰，真不知该如何收场。从"客户"家中出来，他心有余悸，不能自控地做出一连串失常的举动，频繁地眨动单眼，不时地甩头并发出类似小狗的叫声。

片断三：罗伊不小心把唯一的药瓶打翻了，粉色的药片眨眼间随着"哗哗"的水流消失在水管口，而医生也联系不上了，绝望的罗伊突然发疯般地卷袖操帚，开始没命地大扫除，家里的每个角落都没有放过……

影片还出现了五次心理咨询面谈的场景，显然，每次面谈都为剧情发生转折和进一步展开做了铺垫，同时也清晰展现了罗伊在不同阶段的心理健康状况和内心的矛盾冲突。

强迫症患者成天忙于各种古怪的、自我麻烦的事情，试图避免想象中的危险，尽管这种做法与想象中的危险根本就没有任何现实联系。比方说，他们可以一天洗 40 次手来保证家人不会生病；又或者，他们会尽最大可能去避免一些"不吉利"的数字，认为这样就可以避免交通事故。不同于强迫性购物狂和强迫性赌徒，强迫症患者在他们的强迫行为中并无快乐可言，更确切地说，他们简直就是苦不堪言。

他们对于安全的要求也极高，例如，临睡前总要反复检查窗户门锁。规律性的程度就像在进行某种仪式一般。走在人行道上，会刻意避免地砖的接缝部分，似乎一定要踩在地砖正中央，才能脚踏实地、心安理得。这些都是强迫症患者常见的症状。

许多精神疾病患者面临"病在脑中不能讲"的挣扎与困扰，有时这些问题所带来的痛苦比疾病本身还严重。只有通过正式的临床心理治疗，这类症状才能够逐渐得到控制。

讨论：对影片主人公罗伊表现出的强迫症症状，你怎么看？是否猜测过自己或者身边的朋友有类似症状？如有这样的自我猜测，你打算怎么办呢？

心理测试

你有强迫症倾向吗？

亲爱的朋友，你想知道自己是否有强迫症倾向吗？可以回顾自己最近一段时间的感觉，对照以下内容自行评定。

1. 头脑中有不必要的想法或字句盘旋。
2. 忘性大。
3. 担心自己的衣装不整齐或者仪态不端正。
4. 感到很难完成任务。
5. 事情必须做得很慢以保证不出错误。
6. 做事必须反复检查。
7. 难以做出决定。
8. 反复想一些无意义的事。

心理测试

9. 注意力不能集中。

10. 反复洗手，清点数目。

11. 反复做毫无意义的动作。

12. 经常怀疑自己的生活环境被污染。

13. 总是担心家人，会做出不好的联想。

14. 出现一些不可控制的相互对立的想法和观念。

【计分规则】

没有这种情况，0 分；

有这种情况但很轻，1 分；

有这种情况但程度中等，2 分；

情况偏重，3 分；

有很严重的这种情况，4 分。

【结果解释】

如超过 20 分，则有强迫症的倾向。若需确认是否为强迫症，则要到专业机构做进一步测评。

思考题

1. 在你身边，是否有与本章案例导读中纳西瑟斯类似的人？据你判断，他出现了哪方面的心理问题？根据你对他的评估结果，会给他何种帮助或建议？

2. 你能否对自己目前的心理健康水平进行一个评估？如果遇到心理困扰，打算如何帮助自己？或者你觉得谁可以帮助自己？

3. 若此时你的朋友正在寻找心理咨询师，不知道该去哪里预约咨询、不清楚怎样的咨询师适合自己，你可以给予哪些帮助和建议呢？

4. 现代心理咨询有丰富的发展分支，如绘画治疗、音乐治疗、心理剧治疗等，非常有趣。你听说过这些治疗方法吗？试着从网络上了解相关的信息。

拓展阅读

电影《黑天鹅》

《黑天鹅》是 2010 年由达伦·阿伦诺夫斯基执导的美国电影，由娜塔莉·波特曼、文森特·卡索和米拉·库妮丝等联袂出演。

影片讲述了一个有关芭蕾舞的超自然惊悚故事。女主角是一个资深芭蕾舞演员，她发现自己被困在了与另一个舞者的竞争状态中。随着一场重大演出的日渐临近，许多麻烦也随之而来。而且她不确定竞争对手是一个超自然的幻象，还是她自己出现了错觉。

请写出你的感受：______________________________

____

____

____

图书《生命之重建：治愈你的身体》

我们生命中的每一段经历，都是由自己造成的。我们此刻的所思所想，都在创造着我们的未来。我们每个人相信什么，说了什么，决定了我们将要拥有的人生经历。生活可以充满阳光、充满希望，也可以充满悲伤、充满束缚、充满痛苦。明明想要活出生机勃勃的新生命，却反复在内心的纠结里徘徊。这时候，唯有坚定的信念可以帮助我们重建生命。露易丝·海在书中给我们揭示了疾病、抑郁和纠结背后所隐藏的心理模式，为人们开辟了重建生命整体健康的完美道路。如果我们愿意改变自己最基本的信仰结构，从当下开始爱和疗愈，我们的生活会变得前所未有的充满能量。

在中国，露易丝·海作为身心成长领域的权威人物，早已声名远播。在本书引进中文版权之前，就已有露易丝·海的其他著作相继问世。露易丝的演讲和著作将深刻的哲理、科学的精神以及博大的爱，结合自己坎坷的亲身经历，用浅显、生动的语言娓娓道来，如清泉般滋润每一位读者的心田。

请写出你的感受：______________________________

____

____

____

参考文献

[1] 樊富珉，费俊峰．青年心理健康十五讲[M]．北京：北京大学出版社，2006.

[2] 黄群瑛．大学生心理素质训练[M]．大连：大连理工大学出版社，2008.

[3] 谭春虹．EQ 情商：决定个人命运的最关键因素[M]．北京：海潮出版社，2004.

[4] 王秀彦，高春娣．大学生心理适应指南[M]．北京：北京工业大学出版社，2012.

[5] 王文鹏，王冰蔚．高校学生心理健康教育与指导[M]．北京：清华大学出版社，2011.

[6] 刘晓明，杨平．大学生心理健康教育：体验・认知・训练[M]．北京：科学出版社，2009.

[7] 张将星，曾庆．大学生心理健康教育[M]．广州：暨南大学出版社，2013.

[8] 吴少怡．大学生人格教育[M]．济南：泰山出版社，2008.

[9] 臧平，张金明．大学生心理健康教育[M]．北京：高等教育出版社，2012.

[10] 杨雪梅，朱建军．大学生心理咨询与治疗案例解析[M]．北京：中央编译出版社，2011.

[11] 王晓刚．大学生心理健康[M]，北京：清华大学出版社，2008.

[12] 张文新．大学生心理健康教育[M]，济南：山东人民出版社，2013.

[13] 夏翠翠．大学生心理健康教育(慕课版)[M]，北京：人民邮电出版社，2015.

[14] 倪海珍，杜旭林．大学生心理素质训练[M]，北京：科学出版社，2009.

[15] 提摩西・威尔逊．最熟悉的陌生人：自我认知和潜能发现之旅[M]．段鑫星，武瑞芳，范韶维，译．北京：人民邮电出版社，2014.

[16] 卡伦・达菲，伊斯特伍德・阿特沃特．心理学改变生活[M]．8 版．张莹，丁云峰，杨洋，译．北京：世界图书出版公司北京公司，2006.

[17] 克里斯托夫・安德烈．自我评估：爱自己才能更好地与人相处[M]．徐牧，译．上海：上海人民出版社，2005.

[18] 弗雷德里克・方热．从自我苛求中解放出来[M]．周行，译．北京：生活书店出版有限公司，2016.

[19] 阿里斯・托马斯．快乐密码：心理测试 1000 问[M]．刘锦辉，文晓云，译．上海：百家出版社，2006.

[20] 简・M. 腾格，W. 基斯・坎贝尔．自恋时代：现代人，你为何这么爱自己？[M]．付金涛，译．南昌：江西人民出版社，2017.

[21] 布鲁纳．多变世界中的压力应对[M]．北京：高等教育出版社，2008.

[22] 卢海东．左手情商，右手逆商[M]．哈尔滨：哈尔滨出版社，2016.
[23] 冯江平．挫折心理学[M]．南昌：江西教育出版社，1991.
[24] 麦格劳·希尔编写组．妙趣横生的心理学[M]．王芳，译．北京：人民邮电出版社，2013.
[25] 弗洛姆．爱的艺术[M]．北京：光明日报出版社，2006.
[26] 张晓．大学生恋爱心理面面观[M]．呼和浩特：内蒙古人民出版社，2003.
[27] 菲利普·津巴多．心理学与生活[M]．王垒，王甦，等，译．北京：人民邮电出版社，2004.
[28] 亚伦·皮斯，芭芭拉·皮斯．为什么男人不听 女人不看地图[M]．罗玲妃，陈丽娟，译．北京：中国城市出版社，2009.
[29] 郑日昌．大学生心理健康：自主与自助手册[M]．北京：高等教育出版社，2007.
[30] 理查德·格里格，菲利普·津巴多．心理学与生活[M]．北京：人民邮电出版社，2016.
[31] 戚炜颖．人格魅影：祛魅人格心理学[M]．北京：北京大学出版社，2007.
[32] 柳菁．菊花心语：生活中的心理咨询[M]．北京：北京大学出版社，2007.
[33] 郑雪．人格心理学[M]．广州：暨南大学出版社，2002.

教师服务

感谢您选用清华大学出版社的教材！为了更好地服务教学，我们为授课教师提供本书的教学辅助资源，以及本学科重点教材信息。请您扫码获取。

教辅获取

本书教辅资源，授课教师扫码获取

样书赠送

公共基础课类重点教材，教师扫码获取样书

清华大学出版社

E-mail: tupfuwu@163.com
电话：010-83470332 / 83470142
地址：北京市海淀区双清路学研大厦 B 座 509

网址：http://www.tup.com.cn/
传真：8610-83470107
邮编：100084